U0564843

本书的出版获得法治江西建设协同创新中心出版经费资助。

法天下学术文库

2005 年海牙《选择法院协议公约》批准问题研究

——以国际商事法庭建设为视角

2005 NIANHAIYAXUANZEFAYUAN
XIEYIGONGYUE PIZHUNWENTIYANJIU
YI GUO JI SHANG SHI FA TING JIAN SHE WEI SHI JIAO

王吉文 著

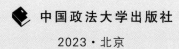
中国政法大学出版社

2023·北京

图书在版编目（ＣＩＰ）数据

2005 年海牙《选择法院协议公约》批准问题研究：以国际商事法庭建设为视角/王吉文著.—北京：中国政法大学出版社，2023.11

ISBN 978-7-5764-1255-0

Ⅰ.①2… Ⅱ.①王… Ⅲ.①国际法－民事诉讼－研究 Ⅳ.①D997.3

中国国家版本馆 CIP 数据核字(2023)第 231244 号

出 版 者	中国政法大学出版社
地　　址	北京市海淀区西土城路 25 号
邮寄地址	北京 100088 信箱 8034 分箱　邮编 100088
网　　址	http://www.cuplpress.com (网络实名：中国政法大学出版社)
电　　话	010-58908586(编辑部) 58908334(邮购部)
编辑邮箱	zhengfadch@126.com
承　　印	固安华明印业有限公司
开　　本	720mm×960mm　　1/16
印　　张	14
字　　数	250 千字
版　　次	2023 年 11 月第 1 版
印　　次	2023 年 11 月第 1 次印刷
定　　价	59.00 元

目 录

自 2005 年海牙《选择法院协议公约》（以下简称"2005 年海牙公约"）通过后，它的批准问题就受到了国际社会的极大关注。毕竟，在当今国际社会全球化、信息化、数字化和市场扁平化的浪潮下，民商事法院判决在国际社会的自由流动不仅是公平正义的实际要求，也是国际民商事关系正常进行的要素，是国际社会发展的现实需要。因为，"判决作出后如果得不到承认和执行，就如同没有判决一样，当事人的权益不能获得保护，交易安全自然没有保障"。[1]毫无疑问，拒绝承认和执行判决所导致的后果是消极的，在全球化与信息化时代下可能更加严重——因为全球化、人员与资本国际流动的自由化会更便于败诉方转移财产进而导致法院判决难以执行。其实 20 世纪学者们已经注意到这种严重后果："当今世界交通频繁，私人间涉外法律关系往往发生于本国境外，若一国判决在外国毫无效力，则败诉债务人只需携产逃往他国，债权人即无法追偿，殊非良策。"[2]其最终将损害国际民商事关系当事人的正当权益和国家的司法权威。而且，全球化的发展也使得一国法院判决无法被其他国家认可的状况更加轻易地被国际社会知晓甚至在全球扩散，从而给国家司法权威和国际形象带来不可避免的损害。

长久以来，国际社会间对于外国判决的承认与执行在国际合作问题上面临着"囚徒困境"。对此，外国学者曾经作出解释：一国在外国判决承认与执行上选择"合作"还是选择"背弃"，有两个方面利益的考虑。首先，国家

---

〔1〕　Celia W. Fassberg, "Rule and Reason in the Common Law of Foreign Judgments", *Can. J. & Juris.*, 1999（12），p. 193.

〔2〕　卢峻：《国际私法之理论与实际》，中国政法大学出版社 1998 年版，第 327 页。

利益的获得：一方面，就外国判决而言，被执行者多为在内国居住或从事商业活动的人，而申请执行者则多为外国居民，那么内国法院承认与执行外国判决显然是耗时费力"为他人作嫁衣"，因而选择"背弃"可以使国家获利；另一方面，如果内国法院拒绝承认或执行外国判决，被告为了保证自己的财产安全，可能会把在国外有执行风险的财产转移到内国这一"安全港"，由此将给本国带来税收收入的增加等利益。其次，各国承认外国判决的报偿主要是获得公共利益，增进国际社会的"集体福利"：一方面将减少无谓的财产转移造成的社会资源浪费，因为如果实现法院判决的自由流动，被告继续进行财产转移就没有现实价值；另一方面会促使原告选择诉讼成本最低的国家的法院提起诉讼进而减少国际社会的交易成本，因为若各国相互认可对方的判决，就大大减少了原告在多个具有管辖权的国家法院进行选择时需要考虑的因素。但在当前主权林立的国际社会，国家更关注的是国家利益而非国际社会的公共利益，这似乎表明在外国判决的承认与执行上存在着"囚徒困境"，各国都将"背弃"（拒绝承认或执行外国判决）作为其最优策略选择。[1]正因如此，2005 年海牙公约的通过与生效具有重要的意义，其有利于实现判决在国际社会自由流动的价值目标，促进国际民商事关系的正常进行，保护当事人的正当权益，保障法院的司法权威。

需要注意的是，与涉及一般性管辖权依据的普遍性判决公约不同，2005年海牙公约是一个仅涉及选择法院协议（即协议管辖）的单一管辖权判决公约。[2]这实际上使得在对外国判决的承认与执行方面，2005 年海牙公约仅适用于依据选择法院协议行使管辖权的国家法院所作的判决。毫无疑问，这一明显的缺陷将会极大地影响 2005 年海牙公约在外国判决承认与执行的国际合作的意义；不过，正如学者所指出的："不能因为 2005 年海牙公约没有达到美国的期望就认为该公约是一个失败……这不应该成为拒绝批准该公约的理由。被普遍认可的国际法原则都是通过不断的实践形成互信而逐渐形成的。海牙公约是朝着这种趋势发展的第一步……虽然光亮不如期望的那么明显，

---

〔1〕 M. Whincop，"The Recognition Scene：Game Theoretic Issues in the Recognition of Foreign Judgments"，*Melbourn Univ. L. Rev.*，1999（23），pp. 416~439.

〔2〕 王吉文：《我国对 2005 年〈海牙公约〉的批准问题——以 2005 年〈海牙公约〉的实质为视角》，载中国国际私法学会、武汉大学国际法研究所主办：《中国国际私法与比较法年刊》（第 18 卷），法律出版社 2015 年版，第 74~88 页。

但我们也不能因此返回到公约前的那种拒绝承认与执行外国判决的黑暗之中。"[1]毕竟，在当前承认与执行外国判决的国际合作存在明显困境的情况下，2005年海牙公约显然提供了判决相互承认与执行的有效机制，也提供了解决判决承认与执行"囚徒困境"的合适路径；而且，选择法院协议在当前国际民商事领域广泛地适用，在客观上也推动了2005年海牙公约在承认与执行外国判决的国际合作中发挥作用。因此，国际社会在经过一段时间的审慎考察之后，逐渐对2005年海牙公约表示了接受的实践。2007年墨西哥率先向海牙国际私法会议提交了加入2005年海牙公约的批准文件，2015年欧盟完成了2005年海牙公约的全部批准程序，这满足了公约生效所需的缔约方条件，[2]2005年海牙公约于2015年10月1日生效。此后，新加坡、黑山、丹麦（不适用于法罗群岛和格陵兰岛）、英国分别于2016年、2018年、2020年批准或加入了2005年海牙公约。除此之外，中国、美国这两个当今国际社会重要经济体已经签署了2005年海牙公约，但尚未予以批准。

在2005年海牙公约的批准问题上，我国国际私法理论界和实务界普遍持积极的立场，并强调在"一带一路"建设、人类命运共同体建设的背景下需要尽快批准——"从中国的长远利益来看，批准2005年海牙公约有利于我国法院判决的跨国执行，推动我国协议管辖制度和判决承认与执行制度的完善，倒逼我国国际商事仲裁制度的完善和促进'一带一路'倡议和人类命运共同体理念的实现……由于海牙公约本身规定了一系列制度与规则克服其固有弊端，中国在批准该公约时完全可以利用这些规则避免不利局面，彰显加入海牙公约的优势，完善中国的涉外司法与国际仲裁制度，提升中国在国际民商事争议解决市场上的竞争力，为推动'一带一路'建设提供更加有效的法治保障。因此，中国应尽快批准2005年海牙公约。"[3]

客观而言，在承认与执行外国判决的国际合作存在实际困境的情形下，2005年海牙公约作为全球性判决公约所具有的意义确实非比寻常。诚如参加

---

〔1〕　Matthew H. Adler and Michele C. Zarychta, "The Hague Convention on Choice of Court Agreements: The United States Joins the Judgment Enforcement Band", NW. J Int'l L., & Bus., 2006 (27), p. 37.

〔2〕　2005年海牙公约第31条规定，公约将在第二份依据第27条所规定的批准、接受、核准或加入文件存放后3个月期满后的下一个月的第一天生效。

〔3〕　肖永平、朱磊主编：《批准〈选择法院协议公约〉之考量》，法律出版社2017年版，第218~219页。

海牙公约缔约会议的中国代表所言："国际经济一体化必然导致私法规范和司法制度的一体化，海牙《选择法院协议公约》正是为了适应这种要求适时制定的国际公约，它会获得国际社会的接受，从而成为国际社会私法统一的一个重要国际文件。"[1]对于我国而言，情况应也是如此，在我国经济的持续迅速发展以及国际政治、经济地位持续提升的当下，需要不断增强判决承认与执行的国际合作，因而 2005 年海牙公约对我国的价值可能就并不仅仅限于判决的承认与执行领域。尽管如此，我国似乎尚未把 2005 年海牙公约的批准问题纳入议事日程，因而我国对公约的批准还需要经历一段时间。这种理论与实际之间的反差预示着我国在 2005 年海牙公约的批准上可能还存在某些实际性的问题。不可否认，判决的承认与执行不仅涉及国际民商事关系当事人权益的实现与保护问题，也实质性地牵涉国家利益尤其是司法管辖权问题，在各国都不同程度地扩张本国国际民商事管辖权的状况下尤其如此；那么，对 2005 年海牙公约的批准做更加全面、深入的审慎考察，对 2005 年海牙公约的现实效果进行旁观性的独立分析，可能都是合适且必要的。另一方面，也需要认真关注拒绝批准可能导致的潜在后果及其不利影响。因为我国拒绝批准公约确实可以不履行承认与执行外国被选择法院判决的公约义务，以避免我国法院受案少而承认与执行外国判决多的消极后果；然而，我国对公约的拒绝并不能阻碍当事人（尤其是外国强势方）对外国法院的选择，甚至可能促使当事人千方百计挑选缔约国法院，以达到法院判决在公约缔约国范围内自由流动的目的。这种结果既不利于保护我国当事人的利益，也可能使我国法院被选择的机会更少。作为理性人，当事人将更愿意选择那些熟悉的，或者有过成功实践的法院。对于当事人（尤其是外国当事人）来说，选择缔约国法院不仅可以享受到法治进步与成熟经验所带来的公平，还可以享受公约所赋予的承认与执行便利。那么，久而久之，我国法院被当事人选择的概率将会更小，也更难以积累国际案件的审理经验。[2]正是如此，僵硬、机械地墨守成规和突进、固执地急于求成都不足取，而需要结合国家的当前状况和未

---

〔1〕　徐国建：《建立国际统一的管辖权和判决承认与执行制度——海牙〈选择法院协议公约〉述评》，载《时代法学》2005 年第 5 期，第 5~16 页。

〔2〕　王吉文：《我国对 2005 年〈海牙公约〉的批准问题——以 2005 年〈海牙公约〉的实质为视角》，载中国国际私法学会、武汉大学国际法研究所主办：《中国国际私法与比较法年刊》（第 18 卷），法律出版社 2015 年版，第 74~88 页。

来发展作出合适的安排。

　　某种程度上，2005 年海牙公约本质上是仅以选择法院协议这一管辖权依据为基础的单一管辖权判决公约，这就意味着公约给一国带来的利益取决于当事人的选择，即只有被当事人选择的法院所属国才能真正获得判决承认与执行在公约范围内自由流动的利益，[1]而未被选择的法院所属国则不能获得使其法院判决在公约范围内获得自由流动的利益。因此，2005 年海牙公约并非对于各国都利益均沾，而是有的国家享有的公约利益更大，有的国家则更少，更为甚者，还可能出现"案件国际转移"现象，[2]影响那些在涉外协议管辖上处于不利地位的国家在判决承认与执行上的利益。有鉴于此，作为一个法治正在进步的发展中大国，我国对于 2005 年海牙公约的批准在未来一段时间内可能会处于弊多于利的局面；所以，对 2005 年海牙公约的批准坚持审慎的立场符合我国当前的利益格局。

　　不过，国际商事法庭的设立给 2005 年海牙公约的批准问题注入了新的因素，开创了新的考察思路。近些年来，国际社会出现了重构或设立国际商事法庭（院）的倾向，以为国际商事关系提供更优质的国际司法服务，进而提升国家的司法竞争力、促进本国法律的适用。那么国际商事法庭的建设，2005 年海牙公约的批准是否会、将如何产生相应的促进效应，以及对于 2005 年海牙公约的批准，国际商事法庭的建设会带来何种程度的影响，显然是摆在国际社会面前需要深入探究且具有深远意义的现实问题。我国国际商事法庭的建设有着多重意义的价值追求，从而使得我国国际商事法庭建设的成功

---

　　[1]　当然，从国际社会的"公共利益"层面看，2005 年海牙公约实现判决的自由流动能够实现集体利益的共享，从而使各国都从中获利。毕竟，在判决承认与执行的"囚徒困境"之下，2005 年海牙公约固然可能会偏好国际民商事关系当事人青睐的某些国家，但是公约所带来的判决承认与执行相互合作的状况以及因此形成的互惠观念，将会极大地破解当前判决承认与执行领域互惠关系难以启动的消极局面。

　　[2]　"案件的国际转移"主要是指由于国际民商事关系中当事人的强弱地位和利益偏好等原因，当事人协议选择的结果不当地把国际民事案件从一个国家转移到另一个国家的现象。毫无疑问，选择法院协议具有赋予和剥夺管辖权的效力，未被选择的法院因此丧失了对案件管辖权的行使，这种协议管辖的效力是正常的，也是权力理论向公平理论发展的自然结果。不过，如果国际民事关系当事人不是基于案件本身的便利与公平合理，而是不当地利用其优势地位、意识形态或地域偏好而故意挑选某些发达国家的法院，那么这种管辖权的转移就显然并不合理。因而，"案件国际转移"现象并不符合协议管辖的本意。对于 2005 年海牙公约形成"案件国际转移"现象及其消极后果的相关论述可参见王吉文：《2005 年海牙〈选择法院协议公约〉研究》，东南大学出版社 2008 年版，第 219~231 页。

也因此意义非凡。那么，在这种背景下，我国国际商事法庭的建设会对 2005 年海牙公约的批准产生何种意义的效果、公约的批准又会对国际商事法庭的建设带来何种情形的影响便是新形势下我国理论界和实务界均需要深入研究的实际课题。

一、国家批准国际公约有关影响因素的一般性探讨

在国家批准国际公约的原因探究方面，国际社会形成了三种解释性理论，即理性主义（Rationalism）、建构主义（Constructivism）和自由主义（Liberalism）理论。这些理论提供了国家批准条约的根源性基础。

理性主义假定国家寻求权力，国家能够识别自身利益并理性地加以追求，而且以理性局外人能够理解的方式行事。理性主义假设国家有一致的、有序的偏好，这些偏好被用来计算国家行动的成本和收益；国家根据其偏好和对现实的看法采取行动，在采取行动之前计算行为的成本与收益，这些成本与收益取决于国家的自身利益和相对权力（实力）。那么理性主义预测，国家会在符合自身利益的情况下批准条约，而当大国提供物质奖励与惩罚时，小国可能会被迫批准条约。因而，当一项条约能带来物质利益，或者在一个更强大国家实施压力时，国家将会批准条约。[1]在条约批准问题上，理性主义提供了基本的分析思路，在当前主权国家林立的情形下，理性主义的成本—收益分析法确实为我们解决条约的批准问题提供了直接的切入点和分析视角。建构主义理论试图解释规范对国家行为的影响，探寻规范是如何演变的，以及构成国家身份的要素。一般而言，建构主义模型有四个主要特征：其一，建构主义理论强调观念在构建社会变革和国家行为中的作用。观念是关于是非对错的个人信念，它可以发展成为规范，而规范界定了行为模式，这种行为模式给出了有关应该做什么的规范性期望。其二，建构主义理论认为，行为人可能是主观决策者。与理性主义的成本–收益分析相反，建构主义强调游说在于积极地灌输规范，国家只有在有意识地相信规范的真实性、有效性或适当性时，才会将其内化。其三，建构主义理论关注社会环境的整体性。社会结构通过规范、身份、知识和文化赋予国家以意义。国家利益是通过与其

---

[1] Robert O. Keohane, "Realism, Neorealism, and the Study of World Politics", in Robert O. Keohane (ed.), *Neorealism and its Critics*, New York: Columbia University Press, 1986, pp. 7~15.

他国家的互动形成的，并随邻国利益的变化而变化，因为社会结构既约束行为者，又使他们能够发展自己的利益；重要的是，这些共识塑造了社会环境本身。其四，建构主义采用本构方法（constitutive approach）而非因果方法来阐释国家行为。国家受其邻国和邻国行为的影响。[1] 基于此，建构主义提出，一个国家是否愿意批准一项条约，它是否愿意接受条约所体现的准则或观念尤为重要。例如，在一些人权事项上，美国普遍强调人权条约以及因此形成的人权标准都是对其他国家的要求，而不包括美国在内（因为在美国的意识里美国一直是人权的先驱），因此经常性不乐意批准国际人权公约，因为在美国看来那些对人权保护的最低标准不应成为美国的条约义务。那么，国家首先需要被这些准则说服，而一旦一项条约的价值观在一个国家内部得到体现或发展，这个国家就会积极地批准条约；而希望获得批准条约的行为人可能会通过战略性使用信息、符号和故事来诉诸国家的规范理想，国际组织（包括政府间国际组织和非政府组织在内，某种程度上非政府组织可能会起更大的作用）也会努力将规范性思想与实质性目标联系起来，从而鼓励各国因此批准条约。自由主义理论则关注国内政治对国家行为的影响。自由主义认为个人和私人团体是国家行为的主要参与者；国家本身并非微不足道，但国家偏好是由国内政治而非像国家权力等诸如此类的物质因素决定的。因此，与理性主义和建构主义不同，自由主义关注国内领域，国家-社会关系以及每个国家内部的利益集团动态。因而，在自由主义下，国家行为源于政治、法律、经济、社会和文化等国内因素，而不是国际权力的相对分配。因此，要理解国家的行为，研究者必须考察国内政治和结构，因为国家与国内层面的政治参与者相互作用，这种相互作用决定了国家的偏好。归根结底，国内利益和跨国个人利益的集合成为国内利益。[2] 那么，在条约的批准问题上，自由主义强调需要考察和形成国家的偏好，并强调要把目标对准国家的利益集团，因为国家内部的利益集团是强有力的行为者和倡导者，决定国家偏好的是国内政治，而不是像国家权力或跨国网络这样的国际因素。在这种情况下，国

---

〔1〕 James Fearon and Alexander Wendt, "Rationalism v. Constructivism: A Skeptical View", in Walter Carlsnaes et al. (eds.), *Handbook of International Relations*, London: Sage Publications Ltd., 2002, pp. 52~59.

〔2〕 Anne-Marie Slaughter, "International Law in a World of Liberal States", Eur. J. Int'l L., 1995 (6), pp. 508~514.

家对条约的批准就具有了更大的可能。

对于国家批准条约上的上述三种解释性理论，有学者进行了归纳，认为理性主义、建构主义和自由主义对国家批准条约行为提出了不同的因由。理性主义主张，当批准会带来物质利益或受到一个更强大国家的胁迫时，一个国家将批准条约。建构主义认为，当国家与条约所体现的价值观相同时，就会导致对条约的批准；如果一个国家最初并不认同这些价值观，它可能会被那些在国际社会已具有规范性意义的论断（normative arguments）说服进而最终批准条约。自由主义则认为，当国内行为人支持和游说时，国家就会批准条约，而如果强大的国内行为人反对时，则国家批准条约的可能性不大。[1] 从理论解释层面看，这些解释理论从不同视角探究出了国家行为的内在因素和驱动力，从而为国际社会提供了观察世界、分析问题的切入思路。当然，一个国家行为通常并非只由单一的因素促成，而通常是多种因素、各种条件共同成就的结果，也通常难以用一种理论作出完全有效的解释。无论如何，这些解释性理论还是为国际社会提供了揭示现象背后情形的分析思路。

具体而言，一国对于国际公约的批准，通常会有三个方面的影响因素，即国家层面的因素、国际公约层面的因素和其他因素。

（一）国家层面的因素

国家层面的因素是国家批准条约的主观因素与决定性因素。建构主义强调国际公约的规范意义对国家观念的效应，但也明显地认可只有国家真正将其内化并愿意接受国际规范的效力，才会导致对国际公约的批准。国家层面影响国家批准条约因素是多样性的，是多种因素共同作用的结果，而且这些因素在效用等级上并非始终如一，可能会因为条约性质、条约内容、条约价值目标等方面而对这些影响因素产生作用。因而，这里只在普遍意义上对具有较大实质效应的因素进行阐述。

1. 国家利益因素

理性主义强调国家利益在条约批准上的作用，认为国家通常只会在符合国家利益的情况下批准条约。毫无疑问，理性主义符合当前国际社会多主权存在的实际，各国均主要基于本国利益的考量来从事具有国际意义的国家行

[1] Uta Oberdorster, "Why Ratify? Lessons from Treaty Ratification Campaigns", Vand. L. Rev., 2008 (61), p. 694.

为。其实，无论是建构主义还是自由主义，国家利益都是从事国家行为的基本动因。事实上，在稍早时期国家利益（而且可能主要的是国家经济利益）就是国家批准条约的基本考量因素。例如，对于《联合国海洋法公约》的批准问题，我国著名学者就从国家利益的角度提出了分析：《联合国海洋法公约》确定了不超过 12 海里的领海宽度，从而冲破了海洋大国对海洋宽度的限制，有利于保护我国主权安全和海洋利益；《联合国海洋法公约》保障了沿海国对其所属用于国际航行的海峡行使主权和管辖权，但其过境通行制度对于我国海洋力量发展有利；《联合国海洋法公约》确立的 200 海里专属经济区制度，对于我国海洋权的保护有着重要意义；国际海底开发制度不仅对于整个人类社会是有利的，对我国这样一个有一定开发利用能力的发展中国家也是有利的；《联合国海洋法公约》对专属经济区和大陆架海洋环境和海洋科研活动的主权权利的规定符合广大发展中国家的利益需要。[1]当然，随着社会的发展，在国家利益的界定上，国际社会通常从利益内容的角度把国家利益区分为国家政治利益、国家安全利益、国家经济利益、社会发展利益等。国家利益是一切满足民族国家全体人民物质与精神需要的东西，在物质上，是指国家需要安全与发展，在精神上，是指国家需要国际社会的尊重与承认。国家利益至少可以包括安全需求、经济需求、社会需求、文化需求和政治需求等重大利益。[2]因此，在批准条约上对国家利益的考量，国家通常需要考虑的不只是涉及的国家经济利益，还要考虑国家政治利益、国家社会发展利益等多个层面。此外，国际社会的公共利益有时也会成为国家利益的组成部分而在条约批准上被加以考虑。当然，这种国际公共利益的考量并不是国家批准条约上的基本对象。

通常而言，单纯的经济利益因素可能只存在于经济性、技术性条约之中，国家在此类条约的批准上将会把审查对象主要集中于国家批准条约可能形成的各种经济性利益和不利益，其中包括实际的有形利益和未来的潜在利益。如世界贸易组织（WTO）协议，国家通常会考量在 WTO 体制内的经贸利益，也会考量在 WTO 体制外会承受的各种利益损失。尽管如此，在条约批准的国

---

〔1〕　赵理海：《我国批准〈联合国海洋法公约〉问题》，载《海洋与海岸带开发》1994 年第 1 期，第 59~60 页。

〔2〕　王逸舟：《国家利益再思考》，载《中国社会科学》2002 年第 2 期，第 160~161 页。

家利益因素上，通常较少仅涉及这种单纯国家经济利益的情形，而通常是各种利益形态的综合；因为即使是经济性、技术性条约，也会实质性地包含其他利益如政治利益和安全利益的因素。在其他国际条约上，国家利益的情形则更加复杂。政治性条约会涉及国家在国际社会的地位和权利行使，如《联合国宪章》就涉及国家的国际形象与国际声望。国家的国际形象与国际声望是国家软实力的重要组成部分。国家软实力利用其吸引力和诱惑力来吸引其他国家接受或尊重一国的利益，还有助于一国制定有利于自身利益的国际制度和国际秩序。正如约瑟夫·S. 奈所指出的："如果一个国家可以使其权力被其他国家视为合法，则她将遭受更少对其所期望目标的抵制；如果她能够建立与其社会相一致的国际规范，则她无须被迫改变；如果她支持使得其他国家按照主导国家的预期采取行动或限制自身的行为，则她可能无须以高昂的代价运用强制性权力或硬权力。"[1]作为国家软实力的重要组成部分，国家形象与国家声望在一国吸引其他国家跟进上占有独特的地位。所以，条约的批准如果将涉及国家的国际形象与国际声望，则国家需要对此加以全面审查并更倾向于批准。国际人权条约也许是一个合适的例子。在全球化发展进程中，对人权的保障逐渐发展为国际社会共同关注的事项，甚至对国家主权及其行使产生了一定程度的限制性效果。那么，国际人权条约的批准问题便通常就会牵涉国家的对外形象与声望。而且，在国际人权条约的批准问题上，国际社会尤其是一些强国经常将经济利益因素置于人权条约之上，如将投资、贸易或者施加经济性制裁等与人权条约批准或一国的人权状况挂钩，由此迫使其他国家尤其是发展中国家批准人权条约。正如有学者所指出的："所有国家从批准人权条约中至少可以得到这一小小的利益：它们再也不会因为未批准人权条约而承担不尊重人权的骂名。如果人们无法确定某一个国家所作的关于善待其国民之承诺的真实性，那么该国未能批准某一重要的人权条约这一事实便会传达这样一个清晰而可信的信号：该国无意承诺尊重人权，因而（或许）不配获得一个尊重人权的国家可能得到的相关利益，如承认和贸易。"[2]

在主权国家林立的国际社会，对本国利益的保护显然还是国家主权的基

---

〔1〕 ［美］约瑟夫·S. 奈：《硬权力与软权力》，门洪华译，北京大学出版社 2005 年版，第 107 页。

〔2〕 ［美］杰克·戈德史密斯、埃里克·波斯纳：《国际法的局限性》，龚宇译，法律出版社 2010 年版，第 125 页。

本内容。所以，在国际条约的批准上，国家通常会也需要进行国家利益因素的考量，断定国际条约的批准给国家利益带来的效果。当然，由于国家利益的多元性与国际条约的复杂化，国家通常需要在各种利益形式的权衡之下作出相应的抉择。

2. 国家宪法体制因素

广义上看，国家宪法体制可能会涉及条约批准的权力机关、条约批准的程序等方面的事项。无论是通过"吸收"方式还是"转化"方式，国家批准的条约都会成为国家法律的组成部分，在该国具有相应的法律效力而得以适用。那么，国家受宪法体制的制约，可能对其批准条约带来影响。例如依据美国宪法规定，国会和总统都有批准条约的权限。但是在通常情况下，美国国会受到党派之争和利益集团的制约，其对国际条约的批准程序不仅繁琐，而且经常难以达成一致从而无法批准条约；与此有较明显的不同，总统签署行政协定的程序和条件都相对较低，从而更利于条约的批准。正是如此，我国学者断定：行政协定和条约既然在涉及的事项和法律效力上基本相同，而在缔结的程序方面前者简便很多，美国行政协定的比重趋向于越来越大于条约，这是实际需要的必然结果。[1]当然，在条约批准上国家法律体制问题主要存在于联邦制国家，以及像我国这样拥有享有高度自治权的领土单位（即香港、澳门特别行政区与台湾地区）的单一制国家[2]之中。作为一个多法域国家，我国在条约的批准上也可能会遭遇法律体制问题。根据《中华人民共和国缔结条约程序法》与《缔结条约管理办法》的规定，条约和重要协定的批准由全国人大常委会决定，其他协定由国务院核准或备案，香港特别行政区与澳门特别行政区则有权单独签订除国防、军事、外交等之外的一些条约。很显然这种复杂的情况将会给国际条约的批准带来更多的变量，从而影响我国对条约的批准。

联邦制国家的国际民商事条约批准问题会变得复杂；因为依据联邦体制，国际民商事领域的立法权属于州法而非联邦的管辖范围，从而对国家的条约

---

〔1〕 李浩培：《条约法概论》，法律出版社 2003 年版，第 84 页。

〔2〕 我国是一个单一制国家，香港特别行政区、澳门特别行政区、台湾地区都是我国领土的组成部分。不过，这些地方享有高度的自治权从而形成了具有自身特色的法域，尤其是对于民商事领域而言。因而，在条约的批准上是否需要征求这些法域的意见、条约是适用于这些法域、这些法域能否批准条约等事项，都可能会产生法律体制的问题。

批准带来了阻碍效果。在 1938 年的"Erie"案中，美国联邦最高法院声称，在涉外案件中并不存在一般适用的联邦法；而且，在多国（州）案件中，联邦法院应适用其所在地州的实体法。[1]这个案件实际性地确认或改变了美国联邦法院与州法院、联邦法与州法之间的关系，强调了美国联邦体制下国际民商事事项属于州法而非联邦法的管辖范围。事实上，由于美国的这种联邦体制，在 2005 年海牙公约的批准问题上，美国国际私法学界普遍担心 2005 年海牙公约的非自动执行条约性质将会影响到美国的批准：由于公约不属于自动执行条约，因而美国在批准公约后需要转化立法，但可能会遭遇实际的困难。在美国联邦体制下，管辖权事项以及外国判决的承认与执行事项均属于州法的管辖范围。"Erie 案"确认把涉外案件的管辖权事项与外国判决的承认与执行事项归属于州法管辖范围之内，从而明确了一直以来争议不断的外国判决承认与执行所应适用的法律问题。有鉴于此，有美国学者提出，由于美国联邦体制的制约，无论是选择法院协议还是判决承认与执行事项，均属于州法的管辖范围。因而，这将导致各州法律差异，进而带来不确定问题。其一，对于各国公共政策，各州的理解并不一致，那么就可能带来选择法院协议和判决承认与执行效力的不确定性。其二，各州法的差异也会带来挑选法院的问题，而这也与 2005 年海牙公约中的"非统一法制国家"的规定有关，公约不影响这类国家法律体系的效力问题。因而，即使美国批准了公约，挑选法院的现象在美国境内也会存在。而且，对于美国来说，这种挑选法院实践还可能会因州法之间、州法和联邦法之间的不方便法院原则的适用而受到影响，但是公约又排除了不方便法院原则的适用。其三，判决承认与执行上的差异（即美国各州存在 1962 年和 2005 年外国判决承认与执行统一法两种体制——笔者注），也将带来不确定的结果。所以，上述不确定性因素将使国际社会对美国产生疑虑。[2]

国际条约的批准将给国家带来履约上的责任，并给国家及其人民带来相应的影响与效果。因而，国家的一些机制诸如国家的宪法体制将会平衡国际条约的批准权限与相应的利益保护关系，从而给条约的批准带来影响。我国

---

〔1〕 Erie Railroad Co. v. Tompkins, 304 U. S. 64 (1938), p. 78.

〔2〕 William J. Woodward JR, "Saving the Hague Choice of Court Convention", *U. Pennsylvania J. Int'l L.*, 2008 (29), pp. 669~713.

作为多法域的单一制国家，宪法对不同性质的条约、不同法域的条约批准权限有特殊的制度规定，而且对于需要扩展适用于香港特别行政区、澳门特别行政区的国际条约，在批准之前要征询特别行政区的意见或者通知特别行政区国际条约将适用于特别行政区。毫无疑问，受这种权限的影响，国家在条约批准的审查上会形成更多的影响因素。

3. 国家法律制度因素

国家法律制度与国际条约之间的冲突程度与调和空间，以及国家法律制度在国家法律体系中的地位程度，也是国家在条约批准上经常需要进行考量的重要因素；在法学研究领域，这种因素通常还是基本甚至首要的分析思路，探究国际条约与国内法制度之间是否存在实际的冲突、这种冲突的协调空间如何。约定必守原则强调缔约国在条约的有效期内应当有依约善意履行的义务。因而，国家批准了条约就需要承担善意履行条约的义务。对于其中的因素，规范法学派的凯尔森提出：一个条约之有拘束力，是根据一个习惯国际法规则，这个规则通常以协定必须信守原则来表示。这个规则是条约有效力的理由，所以是条约产生的一切法律——所谓协约国际法，与习惯国际法相对照——的渊源。协约国际法，就其有效力的理由来说，较之习惯国际法为低。[1]虽然规范法学派从规范的效力等级并假定习惯国际法具有基本规范的效力这样的主张存在实际的理论缺陷，但似乎并未影响约定必守原则之于国际条约效力在国际社会的接受。《条约法公约》第26条规定："凡在有效之条约对其各当事国有拘束力，必须由各该国善意履行。"为此，各国立法都规定了国际条约在国家法律体系中的效力地位。当然，各国法律规定的内容并不一致，主要的实践包括条约地位与国内法相等、条约优越于国内法两种情况，如我国宪法虽然没有对国际条约的效力等级作出相应规定，但一些民商事法律却承认了国际条约优先性效力的地位。当然，也存在国内法优于条约与条约优于宪法两种极端现象。无论如何，使国际条约成为国家法律体系的组成部分并具有法律的效力均是国际社会的一般观念和通行实践。

约定必守原则对各国提出了善意履行国际条约义务的要求，而这个习惯国际法原则通常仅会受到相当有限的限制，诸如国际条约在法律上必须是有效的、情势变更原则可以改变一国对条约的履行义务、条约的善意履行不损

---

〔1〕　转引自李浩培：《条约法概论》，法律出版社2003年版，第284页。

害国家自保权 [1] 等。因而，国家在条约的批准上，就需要国家法律制度因素进行审查，以断定条约规定与国家法律制度之间的相合程度。否则，如果二者之间存在实质性的冲突，必然会导致法律适用的冲突现象从而引发法律制度的改变或者对条约作出相应的保留两种相对复杂的情况，进而影响国家对条约的批准。

此外，国家法律制度在国家法律体系中的地位也是条约批准上会产生效果的重要因素。因为，如果国家法律制度具有重要的地位，那么与此相冲突的条约制度将会在条约义务的履行上与国家法律形成适用上的冲突，因而国家法律制度的地位因素就将阻碍条约的批准。例如，2001 年 2 月 28 日全国人大常委会通过《关于批准〈经济、社会及文化权利国际公约〉的决定》，对该公约予以了批准。但是，对于《公民权利及政治权利国际公约》，我国却并未加以批准，其中的原因应该涉及公约制度中的一些制度（如死刑制度）与我国的法律制度有较大冲突，而死刑制度是我国刑法中的重要制度，刑法则是国家的基本法律且是国家安全和社会进步的根本保障。有鉴于此，条约法律制度与我国重要法律制度的冲突导致了我国对《公民权利及政治权利国际公约》不予批准，虽然该公约中所规定的公民权利和政治权利都在我国宪法和基本法律中得到了相应的法律承认。与此有较大的差异，我国在一般民商事条约的批准上则更富有灵活空间。例如，虽然《联合国国际货物销售合同公约》有关国际货物买卖合同的形式要件规定与我国当时的法律规定存在实质性冲突，因为当时的《中华人民共和国涉外经济合同法》等相关法律要求国际商事合同应采用书面形式，从而与公约不要求书面形式的制度不一致。尽管如此，我国仍然批准了《联合国国际货物销售合同公约》。当然，我国在对该公约的批准时对第 11 条有关合同形式要件的规定作出了书面形式的保留，要求国际货物买卖合同应采用书面形式，因而这种保留机制消除了我国在公约批准上的阻碍因素。不过，在一定程度上，即使没有这种保留机制，也不必然影响我国对该公约的批准。因为，一方面，对合同的绝对书面形式要求不仅与国际社会的一般发展趋势不相符，也会不当增加当事人的缔约困难和缔约成本，因而这种书面要件的合理性不足；另一方面，我国民商事法律坚持的国际条约优先于国内法实践也可以有效解决二者不一致的问题。所

---

〔1〕 李浩培：《条约法概论》，法律出版社 2003 年版，第 273 页。

以，我国民商事法律中的一般性法律制度并不会对条约的批准产生绝对的阻碍效应，虽然会带来一定的影响性作用。

4. 国家法律文化因素

在建构主义理论中，观念具有重要的意义。在建构主义下，观念不仅可以在规范中体现出来或者发展为规范，还是国家批准条约时会受到影响的因素。毫无疑问，国家的法律文化对于法律制度有着直接的效果，从而影响着法律制度的具体内容、实质内涵与价值目标等各个层面。诸如受中华法系影响的东亚和东南亚各国，普遍更加关注经济社会权利，而对政治权利的重视程度则相对更低。[1]受此影响，国家对于不同性质的国际条约接受与认可的程度就会形成差异，从而导致在条约批准上观念的不同。而且，国家法律文化还实质性地浸润在国家的法律制度之中，从而形成各国各具特色、有着本土文化内涵的法律制度。不可否认，全球化的发展导致了一定程度的法律趋同化现象。但是，法律趋同化没有消除各国法律的制度差异、法律文化差异和价值目标差异。

国家法律文化不仅在国家法律制度之中体现出来，也会对国家的观念产生效果，从而在条约批准上发挥效应。我国对《公民权利及政治权利国际公约》予以了签署，但至今尚未批准；其中重要的原因之一在于公约中的死刑制度和我国的死刑制度有较大的冲突，公约规定只有最严重的罪行才能判处死刑，并规定对一切判处死刑的案件均得给予大赦、特赦或减刑，这种制度与我国的死刑制度之间存在很大的不同。更重要的是，我国的死刑制度隐含着我国对死刑的一般观念，即"杀人偿命"的死刑报应功能及"杀一儆百"的死刑威慑功能。正如有调查研究数据分析所指出的：由此可见，"杀人偿命"的报应观与"杀一儆百"的威慑观仍然是当代中国民众根深蒂固的主导性死刑观念。[2]应当认为，我国对死刑制度的上述观念不仅与人的主观与朴素思想有直接关联，也受到长期法律文化的影响，过去两三千年的死刑法律所形成的法律文化深刻地影响着民众的观念。因而，在这种死刑观念下，死刑制度的废除甚至严格的限制适用都可能难以实现。那么，受法律文化的教

---

〔1〕　当然，这并不是指这些国家不关注或重视政治权利，或者说这些国家公民的政治权利不高，而是认为这些国家在两类权利的重视程度上有一定的差异性。

〔2〕　梁根林、陈尔彦：《中国死刑民意：测量、解构与沟通》，载《中外法学》2020年第5期，第1261页。

育与熏陶影响下的我国有权机关也可能难以接受死刑废除的观念，而且代表人民群众利益的人民代表大会制度也要考虑我国民众的观念，因而在《公民权利及政治权利国际公约》的批准上我国有权机关显然难以作出决定。在一般情况下，相比于经济技术性条约甚至国际民商事条约，国家在政治性条约上通常更容易受到国家法律文化因素的影响。有人在对美国拒绝批准《儿童权利公约》的因素进行分析时指出：美国的固有观念在其中发挥着某种程度的重要作用。因为，美国认为，国际人权运动其实是为了改善其他国家而不是改善美国的人权状况的，因而对于《儿童权利公约》中有关对各国义务的规定难以认可。[1]虽然在国际社会看来美国的观念毫无来由且不符合实际，但是并没有改变美国对于《儿童权利公约》的基本立场。

（二）国际条约层面的因素

在国际条约的批准问题上，国家层面的因素无疑具有决定性作用；毕竟，《联合国宪章》所强调的主权平等原则确认所有主权国家的国际法律地位平等，不能因为国家的大小、贫富、强弱等而加以歧视甚至干涉他国的内政，条约只对缔约国有效力且对第三国"既无损也无益"的原则也不允许强制国家对国际条约的批准。当然，国家批准国际条约，还受制于国际条约自身的因素。

1. 条约的性质因素

实际上，对于条约依其性质来做区分并不是一个具有确定性的实践，基本的原因在于条约性质本身并不是一个具有确定意义的概念，而且条约所涉内容的复杂多样性也很难将条约简单地纳入哪一个性质。尽管如此，对条约进行分类并界定其性质，不仅是可行的，对条约批准问题的分析也是有一定的积极意义。因为，不同性质的条约不仅在条约的目的与宗旨、条约的具体制度等上会存在实际的不同，对国家所具有的意义以及对国家的要求也会有不同的效果。而且，不同性质的条约在缔结与批准上的程序各国的规定也有较大的不同，从而对国家的批准带来影响。

通常情况下按照性质来区分国际条约，可以划分为经济技术性、国际民商事条约、政治性条约、军事国防性条约等诸如此类。当然，如前所述，这

---

[1] 王崇兴：《美国拒绝批准联合国〈儿童权利公约〉原因探析》，载《南京师大学报（社会科学版）》2006年第2期，第53~57页。

样的分类方法并非国际的通行实践，而且这种分类也难以使各种国际条约在界限上泾渭分明。尽管如此，这种性质区分的国际条约在批准的程序上有差别，从而将形成国家批准条约的复杂程度状况，进而影响国家在条约批准上的态度。技术性条约的批准一般由相关中央主管部门签署，而无须经过国内严格的批准程序，所以此类条约的批准就相对容易。经济性条约则根据其所涉内容的重要程度可以区分为行政协定和重要条约，分别由主管部门签署、中央行政机关核准或国家最高权力机关批准。毫无疑问，这些条约的批准难度也不相同。其他的政治性条约、国防军事条约等则由国家最高权力机关批准。我国在一定程度上也遵循了这种划分实践。依据我国《缔结条约管理办法》的相关条款，涉及经济、政治、国防、外交等国家重大利益事项的条约，由全国人大常委会决定批准。[1]其他涉及国家较大利益事项的条约则由国务院决定核准。[2]而其他属于国务院各部、委员会、中国人民银行、审计署、具有管理职能的直属机构职权范围内事项的条约，可以由这些职权机构予以签署，报国务院备案。因而，不同性质的条约，批准程序的复杂程度不同，国家在批准条约时需要衡量的因素也不相一致。

值得注意的是，在一些国家中还存在自执行条约与非自执行条约之分，从而也会影响这些国家对条约的批准。在自执行条约和非自执行条约的概念确定上，国际社会的理解似乎并不一致。至于其中的因素，既是因为各国的具体实践并不一致，也是因为自执行条约在美国最先形成时没有加以明确，从而导致了后来适用与理解上的模糊。根据我国学者的研究，自执行条约是指无需借助任何立法，本身就可以由国内法院适用的条约；非自执行条约的义务指向政治部门而非司法部门。所以，二者的实质差异在于条约是否能够在国内被司法机关直接适用，与是否需要国内的补充立法之间没有实质的关系。[3]虽然美国的自执行条约的确定似乎只强调了条约能否被司法机关直接适用，而对于国内立法机关的立法行为之间未予以明确，尽管如此，条约的这种自执行条约和非自执行条约的方式划分，和国家在条约适用上采用"吸收"或"转化"方式之间似乎还是存在一定的关联。正如学者提出的：除了

---

〔1〕　主要体现在《缔结条约管理办法》第16条中。
〔2〕　主要体现在《缔结条约管理办法》第17条中。
〔3〕　左海聪：《直接适用条约问题研究》，载《法学研究》2008年第3期，第89~91页。

采取必须把条约转变为国内法的制度的那些国家，凡把条约一般地接受为国内法的国家，实际上都有区别自动执行和非自动执行的条约的必要。因为在这些国家中，在其缔结的条约生效时，不论是自动执行或非自动执行条约，当然都受条约的约束。但是，凡被归入自动执行的条约，在生效时都应由国内司法或行政机关直接适用，无须补充立法，以解决自然人和法人的权利义务问题，而被归入非自动执行的条约，则必须补充立法，才能由司法或行政机关适用以解决私人的权利义务问题。[1]不过，与条约在国内适用的"吸收"或"转化"方式来导致条约在国内的适用不一致，这种实践主要取决于国家的观念与既有经验。条约的自执行条约与非自执行条约的性质之分，可能则涉及条约所规定内容的重要情况、所涉国家利益的重要程度、条约所可能带来的社会影响等相关因素。自执行条约和非自执行条约这种分类方法最早在美国进行实践，现在有一定的国家也实行这种实践。那么对于这些国家而言，自执行条约和非自执行条约在国内适用的不同效果，不仅可以体现出这两类条约在所涉内容甚至目的与宗旨等方面并不相同，也会给国家带来不同的要求，因而给国家在条约批准上的实践带来不同的效果。

2. 条约制度因素

在国家批准条约的分析路径方面，对于条约制度的研究是常见的开门方式。毕竟，批准条约后生效条约对缔约国形成的善意履行义务，客观上要求国家遵循条约制度，履行条约制度所形成的条约义务。因而，从研究者的角度分析，国家在条约批准问题上，除了在特殊情况下可能涉及国家形象、国际声望等国际政治因素，通常更主要的关注显然就是条约制度，关注条约制度的潜在后果及其可接受程度。例如，在对《联合国海洋法公约》批准问题的探讨上，我国著名国际法学者并且曾任国际海洋法法庭首届法官的赵理海先生撰文，从领海制度、用于国际航行的海峡制度、专属经济区制度、国际海底区域制度、大陆架制度等各方面来探究对我国的效果，并认为这些效果整体是积极有效的，因而应加以尽快批准。[2]其实，在条约批准问题上这种分析方法是国际社会常用的。

---

〔1〕 李浩培：《条约法概论》，法律出版社 2003 年版，第 320 页。

〔2〕 赵理海：《〈联合国海洋法公约〉的批准问题》，载《北京大学学报（哲学社会科学版）》1991 年第 4 期，第52~61 页。

在对条约制度的分析上，通常的实践是探究条约制度与国家法律的相合性问题，即考察条约制度与国家法律体系之间是否存在实质性及无可调和的冲突，以及对于这些冲突是否存在可资利用的相关机制来加以调整。应当认为，这样的分析思路符合当前国际社会的现实。条约必须遵守原则要求缔约国应当善意履行条约义务，从而保证条约的有效实施。如果条约制度与国家的法律制度存在实质的冲突，就会给国家的法律制度带来严重的冲击，并因此需要对国家的立法进行较大幅度的修改。这种情形不仅会引发国家法律制度的调整与修改，也会给国家的观念带来负面效果，进而对国家有权机关的决策产生影响。

此外，条约制度的分析还会涉及条约中的特殊制度问题，考察这些特殊制度是否对国家法律形成了实际的冲击效果从而对国家批准条约造成阻碍。在条约中可能会有特殊的法律制度，以实现条约的某些需要。如《联合国海洋法公约》确立了一种特殊的"国际海底区域"制度，确认这个区域不属于任何国家而属于人类共同继承财产，从而促进全人类的共同利益。为了实现这个目标，《联合国海洋法公约》还规定了国际海底区域的开发制度。国际海底区域制度在公约谈判缔结时是一个崭新的制度形式，是可持续发展观念、人类共同继承财产等新型理念在国际社会日益扩展的积极产物。不过，对于这个特殊的"全新"制度，国际社会的反应差异很大，多数海洋大国因为被限制了利用自由度而明确表示反对。1971 年海牙《民商事案件外国判决的承认与执行公约》（1971 年海牙判决公约）也确定了一个所谓的"双边化"制度，即 1971 年海牙判决公约规定公约生效后在当事国之间尚不能据以相互承认和执行判决，而这些国家必须再彼此缔结补充性的双边协定才开始实行承认和执行。[1]对于双边化的原因，起草公约的特别委员会报告人弗拉基斯塔斯（Fragistas）进行了说明：海牙国际私法会议是世界性的组织，其成员包括 30 多个国家（这是当时的成员国数量——笔者注）。在这些国家中，有的关系较为密切，有的较为疏远；有的法律体系较为接近，有的截然不同；有的司法较为健全，有的相对欠缺。所以，如果公约规定在公约生效后当事国之间必须据以相互承认和执行裁判，很可能各国将对某些当事国法院所作出的判决不愿承认和执行，

---

〔1〕　李浩培：《国际民事诉讼法概论》，载凌岩编：《李浩培法学文集》，法律出版社 2006 年版，第 396 页。

因而不愿批准该公约。因此，为了使各国在批准本公约后，尚能在全体当事国中选择其愿意相互承认和执行判决的那些国家，作出了双边化的规定。所以，本公约双边化的目的，是使本公约容易得到各国的批准。[1]

不可否认，条约的特殊制度具有特殊的原因基础和价值目标，尽管如此，这些特殊制度却也可能会增加国家接受条约的困难。事实上，《联合国海洋法公约》在通过后的一段长时间内经历了复杂的时刻，其中关键的因素是因为当时的海洋大国明确表示拒绝"国际海底区域"制度因而宣称不会批准该公约，并企图绕开联合国另行举行海洋法条约大会缔结海洋大国间的海洋法条约。最终经过联合国以及国际社会的共同努力，对《联合国海洋法公约》中的国际海底区域制度进行了修改，才促成了国际社会对《联合国海洋法公约》的批准与接受。虽然海洋大国不顾国际社会共同努力和共同意志的做法使国际社会得以正确认识它们对于国际法的真实立场与观念，但是也确实表明条约制度会给国家的批准行为带来实际效果。在某种程度上，1971 年海牙判决公约的双边化对于各国批准公约具有一定的现实价值，可以使各国根据其他成员国的具体情形而作出不同的选择，与不同的国家签订不同的双边协定。不过，这种双边化对于缔约国在外国判决承认与执行上的合作却可能是致命性的缺陷，使公约的现实作用受到严重的伤害。因为，按照 1971 年海牙判决公约第 21 条的规定，一个缔约国作出的判决不得根据上述条文规定为另一缔约国承认或执行，除非该两国都是公约签约国并为此目的的订立了一项补充协定。因此，虽然各缔约国批准了该公约，但如果缔约国之间未签订双边附加议定书（即双边协定），则它们之间仍不能依据公约彼此承认与执行各自的判决。而且，公约双边化所涉及的事项可能多达 22 项，[2]这必然使缔约国之间的双边条约存在较大的差异，从而事实上使得公约被内容各异的双边条约所取代，损及公约的统一性，也使缔约国面临重新进行双边条约谈判的困境。公约双边化的上述问题，必然使各国应当审视公约的现实价值以及批准公约的意义问题。事实上，该公约迄今为止只有塞浦路斯、荷兰和葡萄牙三国批准，而它们之间也尚未签订双边附加议定书，因而公约并未真正生效。

---

〔1〕 引自李浩培：《国际民事诉讼法概论》，载凌岩编：《李浩培法学文集》，法律出版社 2006 年版，第 396~397 页。

〔2〕 1971 年海牙判决公约第 23 条规定了 22 项可双边化的事项。

3. 条约保留因素

对于多边条约允许保留是现代条约的普遍实践，其目的主要在于实现条约的完整性价值与条约的普遍性价值的有效平衡。条约的完整性价值要求保障条约内容的完整和不能任意更改。很显然，如果在议定约文后开放签署和批准或加入的过程中，各国可以任意地甚至可以不顾其他有关国家的反对，不仅作出可能严重损害公约价值的、或者可能严重改变当事国之间的相互关系的实质性保留，而且还可以在这种情形下成为公约的当事国，那么，条约的谈判过程将毫无意义，议定的约文也将减损其价值。相反，保留的作出国不仅能享有缔约国的身份，也能享受从保留中产生的多余利益。一个国家在加入时作出保留，就使其处于特权地位。如果这种地位可以不经其他缔约国的同意而达到，那么该其他缔约国的地位可能难以维持。而且，一个国家不改变自己的要求，对其他国家未做任何让步，将会限制已构成所有国家共同接受规定的意义和效力对它的适用，从而将会损害由于相互让步所已达成的合意。条约的普遍性价值则要求条约能够在尽可能多的范围内适用，使条约的适用范围具有普遍性。尽可能地使更多的国家成为条约的成员国，这是保证条约有效性的一个重要前提与基础。否则，如果条约成员国数量不多，就可能会影响到条约的现实价值。毕竟，条约对第三国既无损也无益原则使得条约只对缔约国有条约效力。那么，条约保留制度便允许国家通过单方面声明对条约制度进行调整换取条约普遍性价值的实现。不过，条约保留制度损害了条约的完整性，使统一的多边条约形成了多个内容不同的双边条约。

为了减轻条约保留对条约完整性的危害，国际社会对条约保留制度进行了合理的限制。其中，要求不违反条约的目的与宗旨，是对条约保留的首要限制标准。条约保留应遵循条约目的与宗旨原则，最早来自国际法院关于《防止及惩治灭绝种族罪公约》的保留问题的咨询意见。在该案中，国际法院的多数意见声称，一个多边公约的性质及其目的、条款、准备和议定，是在该公约对于保留问题并无明文规定的情况下必须予以考虑的一些因素，借以决定是否可以作出保留……一个保留是否符合该公约的目的和宗旨，必须作为评价一个国家在加入时作出保留的态度的标准，也必须作为一个国家在反对保留时评价该保留的标准。[1]受该案的影响，对条约的保留不得违反条约

---

〔1〕　引自李浩培：《条约法概论》，法律出版社 2003 年版，第 135~153 页。

的目的和宗旨的原则在《条约法公约》中得到了确认，并已经成了国际社会判断条约保留效力的依据。当然，国际法院的多数意见遭到了持不同意见的法官的反对，这些法官认为企图将保留分为"符合公约宗旨和目的的"与"不符合公约宗旨和目的的"两类，就意味着必须将公约的规定相应地分为重要的和不重要的两类。而且，灭绝种族罪公约的目的和宗旨是什么、公约是只有一个目的与宗旨还是多个，这些都是不明确的。因而这些法官对于国际法院咨询意见中的多数意见均表示反对。

国际法院有关条约保留的主张后来在《条约法公约》中得到了接受，从而肯定了条约保留制度的存在意义。那么，作出条约的保留便是缔约国的一种权利，且其作出保留后的缔约国身份也不会因此受到影响。当然，其他拒绝承认其成员国地位的缔约国除外。所以，条约保留制度为国家对条约的批准提供了一种灵活的变通路径，使得国家对条约中的某些制度的阻碍因素能够进行合理的化解，不会因为条约制度或者其他有关规定的问题而导致条约批准上的困难，也有利于消除由条约制度所形成的国内观念所带来的条约批准上的阻碍因素。例如，《联合国国际货物销售合同公约》规定了"书面保留"，允许缔约国对公约中不需要书面合同形式的规定作出保留。由于当时的《中华人民共和国涉外经济合同法》规定了严格的书面形式要件，因而我国在批准该公约时就作出了书面保留。应当认为，由于当时我国国际经济贸易还处于相对落后的状况，社会主义法治建设也刚起步不久，所以对涉外经济合同规定严格的书面形式有利于保护我国当事人的权益、确立我国社会的契约观念。而公约中的书面保留规定就为我国对公约的批准奠定了基础。当然，需要注意的是，并不是所有单方面的条约保留都能够被接受。条约的目的与宗旨是条约的核心与基础，所以违反条约目的与宗旨的保留不具有效力。除此之外，有些条约还会明确提出不得保留的事项，那么不符合条约规定的保留也就没有效力。如根据《联合国海洋法公约》第 309 条 "保留和例外" 条款，实质上禁止缔约国对公约作出保留。事实上，在《联合国海洋法公约》谈判过程中，我国曾主张在不影响公约宗旨和原则的情况下，可以对公约提出保留，土耳其也有相同主张，但是中、土的提案遭到了否决。对此，早期有学者就担心这个方面的因素将成为我国批准《联合国海洋法公约》的影响因素。[1]

---

〔1〕 周洪钧：《我国应尽快批准海洋法公约》，载《法学》1995 年第 3 期，第 9 页。

条约的保留制度在条约完整性价值与条约普遍性价值的协调平衡，为国家批准条约提供了一个灵活的制度设计与逃避机制。当然，并非所有的保留都能获得条约的认可与其他缔约国的接受，不被承认的保留不会产生法律效力，因而作出保留的国家其缔约国的身份就难以被接受，从而影响其对条约的批准。

二、2005 年海牙公约批准的一般影响因素

应当认为，经过国际社会的艰苦努力最终协商一致通过的 2005 年海牙公约，[1] 显然承载了国际社会对判决承认与执行国际合作及其合作机制的满心期待。毕竟，长期以来国际社会在判决承认与执行的现实困境是一个实际有感也现实可见的事实。而且，判决承认与执行国际合作机制的先前实践也未见成效，1971 年海牙判决公约虽然最终缔结通过，但没有真正生效从而在判决承认与执行的国际合作上未能发挥真正的效用。当然，1971 年海牙判决公约的失败有公约自身的因素，其中涉及公约仅规定了间接管辖权而对直接管辖权未做明确，以及公约的"双边化"，从而导致 1971 年海牙判决公约未能真正发生效力，外国判决承认与执行国际合作的困境也没有因此得到缓解。所以，在 2005 年海牙公约这个单一管辖权公约[2] 通过后，国际社会对公约表达了极大的热情，期待能够因此解决当前判决承认与执行国际合作的困境，实现判决的相互承认与执行。2007 年墨西哥率先加入公约后，直到 2015 年欧盟才加入，从而达到了 2005 年海牙公约生效的条件。由于欧盟所涉成员国众多，所以欧盟对 2005 年海牙公约的加入实际上使得公约的成员国远远不止 2个。而且，欧盟作为世界重要经济体，其对公约的批准也显得意义不凡，对

---

〔1〕 2005 年海牙公约最先起源于美国代表团 1992 年向海牙国际私法会议所提的建议，美国提议就民商事管辖权和相互承认与执行判决问题制定一项全球性公约。由于国际社会在判决承认与执行国际合作的困境，美国的提议获得了海牙国际私法会议和国际社会的积极响应。但是，公约的起草谈判过程非常曲折与困难，甚至多次面临困顿乃至濒临失败。最终，在各国的共同努力以及公约转向单一的选择法权协议这个管辖权依据之后，公约的谈判才真正出现良好的转机并最终促成了公约的形成，并于 2005 年 6 月协商一致通过。对于 2005 年海牙公约形成过程困难情况的相关论述，可参见王吉文：《2005 年海牙〈选择法院协议公约〉研究》，东南大学出版社 2008 年版，第 55~64 页。

〔2〕 2005 年海牙公约以选择法院协议作为法院行使管辖权的基础，要求对以选择法院协议为依据行使管辖权的法院所作出的判决予以承认与执行，而对以其他管辖权依据行使管辖权的法院所做判决不得依据公约进行承认与执行。所以，2005 年海牙公约确认了选择法院协议这个直接管辖权依据，而且仅承认了这一管辖权依据，因而其本质上是一个单一管辖权公约。

外国判决承认与执行的国际合作格局将带来重要的转机，也将会对其他国家带来积极的示范性效果。后来 2016 年新加坡批准公约、2018 年丹麦、黑山批准公约、2020 年脱欧后的英国也加入了公约，这些情形在某种程度上反映了 2005 年海牙公约生效后对国际社会的吸附效应。当然，这也实质性地反映了国际社会对于判决公约的现实需要。除此之外，我们注意到，在国际司法竞争力和国际商事法庭建设的背景下，2005 年海牙公约的批准还拥有某种程度的符号性价值，使得国际社会注意到缔约国对于判决承认与执行的一种积极意愿，从而在互惠关系的启动上愿意主动与秉持善意，并因此增强该国司法的竞争力。不可否认，这种积极态度在当前互惠关系难以启动、外国判决承认与执行存在"囚徒困境"的状态下将有着正向的意义，使国际民商事关系当事人对这些国家及其法院保持一种乐观的期望。

不过，与此同时，美国于 2009 年签署、中国于 2017 年签署 2005 年海牙公约之后，似乎并没有真正批准公约的意愿与决心，导致当今世界最大的两个经济体尚未成为公约的缔约国。毫无疑问，这种状况不仅使中、美两个国际民商事关系大国未能利用 2005 年海牙公约来促进判决的国际承认与执行，也实际性地影响着 2005 年海牙公约的价值体现。对此，正如有学者所指出的："2005 年海牙公约的成功取决于国际社会主要经济大国如美国、欧盟以及中国是否批准该公约。"[1] 毕竟，与其他公约不同，2005 年海牙公约是一个全球性判决公约。所以，通过公约实现判决在全球的自由流动，不仅取决于国际社会法律制度与法律环境的宽松度，也更取决于国际民商事交往的密度和规模。那么，如果当前国际社会国际民商事交往最密切、国际社会最主要的两大经济体未能加入其中，显然将对判决承认与执行的国际合作产生严重影响，也必然会大大减弱 2005 年海牙公约的价值。当然，对于 2005 年海牙公约而言，除了中美两国需要积极参与其中，作为一个全球性判决公约，也需要其他更多的国家也积极参与。毕竟，在当前这个全球化与市场扁平化时代，国家之间的联系程度已经达到了相互需要难分彼此的程度。正因如此，2005 年海牙公约的批准情况应当还不能算乐观，国际社会仍需要充分地探究影响国家批准该公约的各种影响因素，从而引导和促进国家广泛利用积极因

---

[1] Thalia Kruger, "The 20th Session of the Hague Conference: A New Choice of Court Convention and the Issue of EC Membership", Int'l & Comp. L. Q., 2006 (55), p. 455.

素并消除不利因素，积极批准公约以真正实现判决在国际社会的自由流动。综合而言，在 2005 年海牙公约批准问题上，仍然需要对以下方面的事项加以权衡。

（一）2005 年海牙公约与国家法律制度之间的相合性

2005 年海牙公约与国家法律规定之间的相合性问题的关键在于是否存在实质性的以及无可调和的冲突，因为这将直接影响到国家对公约批准的可行性。如果二者之间的冲突是实质性的且无可资利用的相关机制来加以调整，那么必然会给国家法律制度带来严重的冲击，并可能要求国家法律作出较大幅度的修改。那么这种情况不仅是一项挑战，也必将给国家的观念带来消极的影响。正因如此，国际社会在对 2005 年海牙公约的批准问题上，大都关注了公约与国家法律制度的相合性问题，从二者的冲突与协调方面来探究国家应当坚持的一般立场。事实上，国际社会在对 2005 年海牙公约的前身——1999 年公约草案[1]的批准问题上，各国学者似乎更加关注该公约草案规定与国家法律制度之间的相合性问题，[2]并以此作为是否应当批准该公约草案的基本思考逻辑。

2005 年海牙公约与我国法律制度的相合性，一直就是我国国际私法学界对于批准 2005 年海牙公约问题的考察视角。我国学界的一般观念是，2005 年海牙公约与我国法律制度之间并没有实质性的冲突，而且二者之间的冲突也

---

〔1〕　在某种程度上，"1999 年公约草案"是 2005 年海牙公约的前身。在海牙国际私法会议将民商事管辖权和外国判决承认与执行项目纳入议题之后，经过各方的努力，海牙国际私法会议形成了"1999 年公约草案"，内容涉及广泛的管辖权依据和判决承认与执行事项。但是由于各国对"1999 年公约草案"分歧严重未能获得通过而导致失败。最后经过多方努力，公约的起草谈判转向已经形成共识的协议选择法院这一单一管辖权依据，最终形成了 2005 年海牙公约。

〔2〕　例如 1998 年美国《布鲁克林国际法杂志》（*Brooklyn Journal of International Law*）与布鲁克林法学院国际商法研究中心（Brooklyn Law School Center for the Study of International Business Law）举办了一次专题研讨会，其后纽约大学法学院也举办了一次专题研讨会，两次研讨会都形成了相应的研讨论文并大都发表在《布鲁克林国际法杂志》第 24 卷（1998 年）上。这两次研讨会的与会代表涉及美国、加拿大、英国等国家的知名国际私法学者。这些研讨论文基本上都涉及公约草案与国家法律制度的相合性问题，并基于此对国家应持的立场进行了广泛的探讨。我国学者也主要从二者的相合性方面来探究 1999 年公约草案的批准问题。我国学者的此种论文相当丰富，例如沈涓：《存异以求同　他石可攻玉——海牙〈民商事管辖权和外国判决公约〉（草案）与中国相关法律之比较研究》，载中国国际私法学会主办：《中国国际私法与比较法年刊》（第 4 卷），法律出版社 2001 年版，第 239~275 页；肖永平、何其生：《对海牙〈民商事管辖权和外国判决公约〉（草案）的分析》，载中国国际私法学会主办：《中国国际私法与比较法年刊》（第 4 卷），法律出版社 2001 年版，第 276~294 页。

可资利用的公约机制和国内法机制加以协调，所以对公约的批准是可行的，也符合我国的需要。[1]其实，对于 2005 年海牙公约与我国法律制度间的相合性问题，笔者曾经从五个方面进行了详细而深入的探讨，并最终得出无实质冲突的一般结论。[2]其一，公约的适用范围与我国法律规定之间的关系问题。我国法律的专属管辖规定将会与 2005 年海牙公约产生冲突，因为公约中并没有关于专属管辖的规定，也就是公约允许当事人对我国专属管辖事项进行协议管辖选择管辖法院，但我国有关专属管辖的规定具有强制性，要求涉外协议管辖不得违反我国专属管辖的规定从而导致我国法律与公约规定的冲突问题。不过，2005 年海牙公约设置的一种特殊机制——第 21 条"就特别事项的声明"制度——将使得二者的不一致所可能产生的批准公约上的阻碍作用被极大地降低。依据该"声明制度"，如果一国认为某一或某些未被 2005 年海牙公约第 2 条第 2 款排除的事项在该国具有强烈的利益，从而需要排除在公约适用范围之外，则该国可利用此种特殊的机制。所以，虽然因为公约缺乏专属管辖的规定因而与我国法律发生了直接的冲突，但是，公约这种"声明制度"可以使我国对公约中未涵盖的专属管辖事项作出排除适用的声明，从而将有力地消除我国有关公约批准的这种担心。其二，有关排他性选择法院协议的问题。一方面，2005 年海牙公约有关排他性选择法院协议的明确排他性效力认定与我国法律规定之间存在一定的差异，我国立法对管辖协议的效力问题既没有表明是否承认排他性协议与非排他性协议，也没有表明在协议没有明确时应如何处理；另一方面，二者在协议的形式要件方面也有着内在的不同，我国法律对协议管辖形式要件规定了严格的书面形式。不过，对于这些冲突，最高人民法院可以通过司法解释来解决我国管辖协议的效力认定问题，而且将《中华人民共和国民法典》有关合同形式要件的规定扩展适用于协议管辖形式要件，则能够解决我国协议管辖规定的严格书面形式的问题。其三，被选择法院的义务问题。2005 年海牙公约第 5 条要求被选择法院行使管辖权作为被选择法院国家的一项基本义务，并要求不得适用国内法中有关不方便法院原则或者未决诉讼中的先受理法院原则来拒绝承担行使管辖权的

---

〔1〕 See Guangjian Tu, "The Hague Choice of Court Convention: A Chinese Perspective", Am. J. Comp. L., 2007（55），pp. 361~365.

〔2〕 相关具体阐述，可参见王吉文：《2005 年海牙〈选择法院协议公约〉研究》，东南大学出版社 2008 年版，第 194~212 页。

公约义务，除非依据被选择法院国的法律协议是无效的。虽然我国法律规定了"实际联系原则"条件，但是具体司法实践中我国法院通常并不会拒绝承认与我国缺乏实际联系原则的协议管辖的效力。而且，在涉外海事诉讼领域，我国海事特别程序法还放弃了这个"实际联系原则"条件。这些都表明在被选择法院的义务方面，2005年海牙公约与我国法律制度之间并不存在实质性冲突。其四，未被选择法院的义务问题。2005年海牙公约第6条把未被选择法院应尊重被选择法院的管辖权规定为公约的另一项基本义务，这将会与我国协议管辖制度的"实际联系原则"条件产生冲突。我国民事诉讼法规定当事人选择的法院应与争议有客观实际的联系，这种要求与2005年海牙公约的规定形成了冲突。虽然我国协议管辖的"实际联系原则"有现实的存在基础，但是这种条件将会使当事人选择中立法院的愿望难以实现从而损害协议管辖制度的存在价值。而且，单纯以此为由拒绝对2005年海牙公约的批准也缺乏合理根据。因为，我国可利用公约中的规定来达到我国"实际联系原则"所期望实现的目的：一是2005年海牙公约第2条中的保护性排除事项（即消费者合同事项与个人雇佣合同事项）；二是2005年海牙公约第6条中的"明显不公正"与公共政策例外。利用这些公约规定可以在一定程度上起到我国实际联系原则所期望实现的目的，因而即使不坚持协议管辖的"实际联系原则"条件也并不会产生过多的问题。其五，被请求承认与执行法院的义务问题。2005年海牙公约把判决的承认与执行规定为公约的另一个基本义务，要求被请求法院依据公约对被选择法院作出的判决加以承认与执行，除非存在公约规定的例外情形。在这个问题上，我国有关外国判决承认与执行的法律规定虽然较为简单，甚至对外国判决的拒绝情形也未作出必要的明确，从而影响了我国与其他国家之间判决的相互承认与执行，但是这种法律规定与公约的规定却并不存在实质性的冲突。

由此看来，在2005年海牙公约的批准问题上，一国法律制度与公约规定之间的相合性通常都是各国的首要考察因素。毕竟，受制于约定必守原则，国际条约在一国境内无论是通过"转化"方式还是"吸收"方式，抑或是自执行条约还是非自执行条约，国家批准条约后都会导致国家遵守并适用条约的义务。因而，只有国家法律与条约规定之间不存在实质性的冲突，国家的批准也才会具有更大的可行性。

（二）2005 年海牙公约的实质所形成的效果

需要特别注意的是，与涉及广泛管辖权依据的普遍性判决公约不同，2005 年海牙公约是一个仅涉及选择法院协议这一单一管辖权依据的判决公约，是仅以选择法院协议为载体的单一管辖权判决公约。根据 2005 年海牙公约的规定，只有当事人协议选择的法院所作出判决才能在公约范围内获得承认与执行，被请求法院应当承担对被选择法院所作判决予以承认与执行的公约义务，未被选择法院所做判决则不得依据公约获得承认与执行。为了增强这种公约义务的效力，2005 年海牙公约还形成了所谓"致命组合"[1]的公约规定，即选择法院协议的有效性依被选择法院地法规则[2]和选择法院协议的独立性原则。[3]正因如此，2005 年海牙公约之于各国的意义，则与国家的国际民商事关系发展状况或者国家的国际民事诉讼情况不一定直接相关，而实际上取决于国际民商事关系当事人的私人协议，取决于当事人对各国法院的选择。因为，一国法院作出的国际民商事判决并不是都能依据公约获得承认与执行，只有被当事人协议选择的法院作出的判决才能获得公约的利益，而未被当事人协议选择法院所作出的判决，显然不得享有公约利益，其他国家无需承担判决予以认可的公约义务。毫无疑问，2005 年海牙公约的这种实质，使得它与普遍性判决公约之间存在着根本性的差异，并可能因此引发不同国家在公约利益享有上的现实差异。[4]正因如此，对于国家而言，是否批准2005 年海牙公约获得公约利益，使本国法院判决能获得国际社会的承认与执行，需要对本国法院在国际商事关系当事人法院选择中的地位问题作出相应的考察。

依据理性人假设理论，当事人在从事行为时都以获得最优利益为导向。因而，在协议选择法院时，当事人通常不仅会考虑诉讼便利的程度、相关法

---

[1] 这个术语是著名国际私法学者陈隆修先生提出的。在陈先生看来，这个组合致命性的原因在于将会完全剥夺处于弱势地位的当事人寻求公正法院的机会，也剥夺了法院（包括协议选择法院和其他未被选择的受诉法院在内）基于公正拒绝行使管辖权或确认协议管辖无效的机会。可参见陈隆修：《2005 年海牙法院选择公约评析》，五南图书出版公司 2009 年版。

[2] 2005 年海牙公约第 6（a）条。

[3] 2005 年海牙公约第 3（d）条。

[4] 王吉文：《我国对 2005 年〈海牙公约〉的批准问题——以 2005 年〈海牙公约〉的实质为视角》，载中国国际私法学会、武汉大学国际法研究所主办：《中国国际私法与比较法年刊》（第 18 卷），法律出版社 2015 年版，第 75~77 页。

律的有利等因素；更会考虑国家法治发展和完善的状况、法官司法能力与水平。毕竟，与前者相比，后者才更具有实际性意义，会在当事人选择法院考虑的因素中占据更大的地位。在某种程度上，当事人选择管辖法院还可能会受到意识形态、不当国际舆论、错误观念、地域偏见等各种难以预料的因素影响。除此之外，选择法院协议制度是以地位平等的双方当事人自由意思为基础的，是当事人意思自治的产物，因而，当事人的实际地位不对等将会影响当事人法院选择的实际有效性。那么，在协议选择法院的方面，处于强势地位的一方当事人将会更多地对他的考虑因素加以强调，并作出对其更有利的管辖法院选择。对此，曾有外国学者对 2005 年海牙公约规定的合理性提出了质疑，强调公约缺乏对选择法院协议实质有效性的公平关照："2005 年海牙公约没有把附合合同（主要是指格式合同——笔者注）排除在公约适用范围之外，不仅会对弱势的个人消费者不利，甚至对于中小企业都极为不利，因为中小企业在附合合同中也是处于弱势地位的一方，提供附合合同的一方并没有就合同条款与中小企业进行协商。"[1]当前，国际商事领域的现实表明，发达国家的当事人普遍处于更优越的地位，从而导致其在协议选择法院时经常更能选择对其有利的法院；相反，发展中国家当事人整体的弱势地位，则会导致其在协议选择法院上处于不利的状况之中。而且，更为严重的是，2005 年海牙公约还强调了这种协议的有效性，2005 年海牙公约的"致命组合"强调了当事人选择法院协议的有效性，这种规定甚至消解了非被协议选择的受诉法院公平性调整当事人选择法院协议效力的能力。

正因如此，在 2005 年海牙公约的批准问题上，公约的实质对于各国当事人在国际商事关系的地位所具有的效果，应当会引发国家的关注，国家需要对本国当事人在国际商事关系中的地位以及在选择法院协议中的作用作出合适的判断。另外，国家及其法院在国际商事关系当事人选择法院协议上的地位，也是国家在 2005 年海牙公约批准问题上需要考察的内容。作为理性人，国际商事关系当事人在协议选择法院时通常更愿意选择法治更进步、法官司法水平与能力更强的国家法院。在这方面，发达国家的法院显然拥有更加明显的优势，而发达国家当事人在国际商事关系领域普遍处于优越地位的状况

---

〔1〕 Adam Kerns，"The Hague Convention and Exclusive Choice of Court Agreements：An Imperfect Match"，Temp. Int'l & Comp. L. J. ，2006（20），p. 509.

则进一步扩展了发达国家法院在当事人法院选择上的优势。受先前经验、所受教育、意识形态、地域偏见等各种因素所形成的思维定式的影响，发达国家的优越当事方更愿意选择发达国家的法院作为他们争议的管辖法院，而这也将进一步消解广大发展中国家的法院在选择法院协议中的地位以及因此能够享有的公约利益。韩国政府在对"1999 年公约草案"发表的一份评论中曾这样指出："韩国最高法院从来没有出来过一件由外国当事人选择韩国法院的案件。"〔1〕虽然韩国政府这份评论的指向性并不十分明确，但其表达的意思似乎是要说明韩国法院在国际民商事关系当事人法院选择中的消极地位。那么，可以合理推断，与发达国家相比，广大发展中国家由于本国当事人在国际商事关系和选择法院协议上的弱势地位，以及国家和法院在国际商事关系当事人法院选择上的消极局面，会明显地导致在 2005 年海牙公约的批准上面临更大程度的弊大于利的消极状况。否则，这些国家在 2005 年海牙公约批准后可能会发现，对公约的批准所承担的公约义务实际上形成了"为他人作嫁衣"的状况，本国法院成了单向度对他国法院判决进行执行的司法工具。

（三）国家存在批准 2005 年海牙公约的必要性

在缺乏条约机制的情况下，判决承认与执行的国际合作主要利用的是互惠机制，通过互惠原则的激励和报复功能来实现判决的相互承认与执行。应该肯定的是，虽然各国学者在互惠原则上普遍均持反对的立场，否定其在外国判决承认与执行上的意义，不过，各国的司法实践表明，在外国判决承认与执行上要求互惠原则的运用其实已经成了一个不可否认的事实，是目前国际社会普遍坚持的一个现实机制。从消极角度来看，互惠原则在外国判决承认与执行领域的适用，确实在一定程度上构成了国际合作的障碍，影响了各国相互合作的进程，并严重损害了当事人（在一般情况下是外国当事人，但一些案件中也可能是本国当事人）的合法权益以及公平原则。当然，在当前国际社会缺乏有效合作途径的状况下，就某一个具体的案件而言，外国判决的承认与执行都具有一定程度的单向性，〔2〕因而各国通常会把己方"背弃"

〔1〕 The Republic of Korea, Comments on the Preliminary Draft of the Convention on Jurisdiction and Foreign Judgments in Civil and Commercial Matters.

〔2〕 所谓"单向性"，主要是指在判决承认与执行领域，被请求国需要对外国法院判决的效力予以认可并加以执行，而请求国则无须或至少在一个具体的时间段内不会立即面临相应的局面从而呈现出一定意义上的单方受益的状况。

而他方"合作"作为最优选择策略。而当前这种缺乏有效合作机制的局面更加促成了上述选择策略的合理性。因此，适用互惠原则作为外国判决承认与执行的一个先决条件，主观上看对于国际合作的实现却是有利的，避免一国只选择"背弃"而拒绝"合作"的消极状况的出现。正是如此，虽然互惠体制在判决承认与执行国际合作领域成效不明显，但并没有妨碍国际社会对它的利用。

在当前主权林立的国际社会，各国司法主权仍然坚持法院对案件（即使是涉及私人权利的民商事案件）的管辖具有国家利益，因而在外国判决的承认与执行方面也会对国家利益产生直接的效果。而国际社会又缺少一个能够直接保证在判决承认与执行相互合作的有效机制，互惠原则就还会有继续存在的空间。尽管如此，互惠原则的缺陷使得互惠体制显然不是判决承认与执行国际合作的有效方式。

第一，互惠原则适用上的缺陷导致的现实后果。互惠原则适用上的缺陷，一是互惠原则适用形式的多样性，在各国的适用上呈现出多样化和不确定性；二是互惠原则适用时法院自由裁量权对效率价值的损害。在互惠原则的适用上，各国坚持的互惠标准通常不同，更有甚者，一些国家出于多种因素的考虑，可能有意识地要求严格的互惠标准，如事实互惠或整体互惠，从而使互惠关系的存在难以获得有效的证明。"因各国间对外国判决承认与执行设置的条件宽严程度不一，倘若一国对这方面的条件掌握过严，就容易造成互惠关系的阻断，从而使跨国判决的相互承认与执行无法实现。按照博弈论，就是在该问题上将陷入'相互背弃'的困境，由此将损害各国的共同利益。"[1]互惠关系证明上的困难，不仅将直接影响外国判决胜诉方的正当权益，也会对国家间的相互信任造成不可预见的损害，甚至陷入循环往复的消极状况。互惠标准适用的多样性实际上赋予了受诉法院相当大的自由裁量权，使得法院可自由衡量案件的各种因素，并对本国的政策因素加以相对自由的考察，还可以增加外国判决胜诉人的证明责任与难度。[2]毫无疑问，这些都可能会使互惠关系的存在与否变得不可预测，进而损害外国判决承认与执行上当事

---

〔1〕　徐崇利：《经济全球化与外国判决承认和执行的互惠原则》，载柳经纬主编：《厦门大学法律评论》（第8辑），厦门大学出版社2004年版，第63页。

〔2〕　王吉文：《论我国对外国判决承认与执行的互惠原则——以利益衡量方法为工具》，载《法学家》2012年第6期，第154～164页。

人所期待的效率价值。

第二，互惠原则适用上强调公权对私权干预的消极后果。互惠原则在适用上过于强调国家利益，对判决承认与执行中的私人利益实现这一价值目标未能给予适当关注，甚至根本无视私人利益，从而在事实上以个案公正和私人利益为代价而强调对狭隘国家利益的保护。公权力对私权领域的渗透现象在当前社会并非罕见，在相当程度上，这种渗透体现了社会对良好秩序和实体正义的追求，因而总体上符合社会发展进步的需要。不过，随着社会的进步与人权观念的增强，私权受到越来越多的尊重，并逐渐要求公权力的干涉应限定在一定幅度之内，以避免对私权产生不当的损害。但是，互惠原则在判决承认与执行领域的适用，却主要是关注对国家主权利益的尊重，而忽视了对私权的正当保护。在外国判决本身不存在程序或实体事项方面的缺陷时，却仅因为被请求国法院认为互惠关系的缺少而加以拒绝，这无疑将对私人权利产生消极的后果。外国判决的胜诉人不仅要承担起繁重的互惠关系的证明责任，而且在互惠关系不被认可的情况下将不得不负担在被请求国另行提起诉讼的不利后果。而且，互惠原则的适用还出现了可预见性缺失的消极局面。在外国判决承认与执行上，被请求法院在进行互惠原则的分析时，既可能会因为互惠机制的形式多样性而导致结果的不确定，通常很难预见法院会坚持何种标准的互惠原则，也可能由于互惠标准的主观性与政策因素的考虑而有意作出符合内国利益的判断。而这些都是以当事人的正当期望和法律的可预见性为代价的。

第三，互惠原则报复功能的潜在后果。客观上说，互惠原则在判决承认与执行领域能够获得各国立法与司法的认可，其所具有的激励功能与报复功能发挥着关键性的作用，从博弈论分析得出的结论看，在重复型博弈中，各国如果不断地实施"投桃报李、以牙还牙"的策略，对于选择"背弃"的国家实行报复以示惩罚，将实质性地改变该国的策略选择——要么加强合作，要么闭关锁国。因而，互惠原则的报复功能为主权国家提供了有保障力的手段。不过，互惠原则的报复功能最终针对的对象（或者说最后的承受者）在判决承认与执行领域却发生了偏移。按照博弈理论本应由主权国家承受的报复效果，却由于外国判决所涉私人权利的性质而最终转移到由与国家之间并不存在直接关联的当事人头上。"现在各国在承认和执行外国裁判的问题上所适用的互惠原则实质是报复原则，即由于外国不承认和不执行己国的裁判，所以己国也不承认外国的裁判，以示报复。但是这里报复的对象却完全错误了，因为报复的结果受损害的不是裁判作出国，而是在外国诉讼中胜诉的个人。而这个胜诉人有时还是拒绝承认和执行国的本国国民。"〔1〕这种报复对象的错误，将使无辜的当事人承担不利后果，同时也不会对拒绝合作的外国产生直接的损害。那么，这种结果可能使得互惠原则的报复功能难以发挥真正有效的作用。而且，互惠原则报复功能所可能的"回响效应"，最终会使判决承认与执行的国际合作关系无法形成。因为，"在互惠机制实施过程中，一旦一方偏离合作的轨道，导致对方报复，由此可能会滋生相互怨恨，并会无限制地持续下去"。〔2〕虽然这种报复由于对象的错误而无法起到真正的效果，对于那些选择背弃的国家并不会遭受实质性的损害。但是，报复本身所具有的回响效果却可能因此产生，受到报复的国家不仅将延续背弃策略，甚至可能采取更为严厉的对抗措施。其后果不仅是互惠关系难以被有效证明，而且会产生对方国家拒绝本国法院判决的直接证据的效果。

因此，互惠原则并没有在判决承认与执行的国际合作中发挥积极作用、起到激励的促进效果。那么，以此来强调互惠体制在判决承认与执行领域的作用并且否定2005年海牙公约批准的必要性，显然不符合当今国际社会的现实。

值得注意的是，在批准2005年海牙公约的必要性问题上，有美国学者提出了具有迷惑性质的主张，并因此否定美国批准该公约的必要性。这种似是而非的主张容易带来错误的解读，因而需要加以适当的关注。荣格（F. Juenger）教授曾提出，由于2005年海牙公约实际上只涉及国际商事关系（B2B）的判决承认与执行问题，因而如果外国人在本国境内存在足够的可予执行的财产，则无须利用2005年海牙公约向其他缔约国请求判决的承认与执行，从而没有批准2005年海牙公约的必要性。他认为，在美国法院中典型的外国被告是一些跨国公司（如大众公司或三菱公司），它们在美国境内有足够的财产以供美国判决的执行；就算是中型或小型企业，它们也必定会在美国开设账户或有其他财产，而这些都能保证美国法院判决的执行。如果外国被告在美国没有

〔1〕　李浩培：《国际民事程序法概论》，法律出版社1996年版，第140~141页。

〔2〕　R. A. Brand, "Recognition of Foreign Judgments as a Trade Law Issue: The Economic Dimensions in International Law", in J. S. Bhandari and A. O. Sykes (eds.), *Economic Dimensions in International Law*, Cambridge University Press, 1997, pp. 613~626.

足够的财产予以执行，那么，与其在判决的承认与执行上浪费时间和金钱，还不如直接到被告的所在国提起诉讼。[1]荣格教授的言下之意是，因为外国被告通常在美国境内有足够的财产，所以美国判决无须到外国承认与执行；而如果外国被告在美国没有可供执行的财产，则原告就不需要执着于在美国法院的诉讼，应直接到外国被告所在国家的法院进行诉讼。那么，对美国而言，即使没有 2005 年海牙公约对美国也是可行的。其实，美国其他学者也有类似的观念：在对美国判决的承认与执行上，欧盟国家显然缺乏动力。这既是因为欧盟国家的判决事实上能够在美国法院自由流动，也是因为一直以来美国公司在欧盟国家的投资远远超过欧盟国家在美国的投资，而欧盟内判决自由流动的实现更使这种情况明显化。[2]后者的本意是要说明互惠原则在判决承认与执行上的不足，但是其所表达的内容中也明显认为投资流向与判决承认之间有实质联系，美欧之间投资流向的改变将会影响到欧盟国家对美国判决承认与执行的态度。

应当认为，上述美国学者的主张实际上反映出了美国国内对于 2005 年海牙公约必要性的一种现实主义观念，在他们看来，如果判决的当事人在一国境内有足够的财产，那么判决的承认与执行问题也就不会有存在的必要了。在某种程度上，这样的主张并没有根本性的缺陷。不过，需要注意的是，如果以此来反对 2005 年海牙公约的批准，则具有明显的偏颇性。在国际民事关系领域，国际民事关系当事人到哪个国家的法院提起诉讼，需要考虑的因素经常是多个方面的而非单一的，诸如诉讼便利的程度，法官的司法水平、能力与公正程度，国家法律制度的完善程度等，而判决的承认与执行只是其中的考虑因素之一，甚至不是当事人通常主要考虑的因素。事实上，美国学者也承认，并非所有的外国被告在美国都有足够的财产以供执行，而要求这些美国原告都去外国提起诉讼可能也是不现实和不合理的。而且，这还需要美国原告在诉讼前对外国被告在美国的财产状况进行深入的调查。否则，如果外国被告的财产只够部分执行，那么等待原告的只能是艰难的抉择。[3]在某

---

〔1〕 Friedrich K. Juenger, "A Hague Judgments Convention?", Brooklyn J. Int'l L., 1998 (24), p. 114.

〔2〕 Antonio F. Perez, "The International Recognition of Judgments: The Debate between Private and Public Law Solutions", Berkeley J. Int'l L., 2001 (19), pp. 63~65.

〔3〕 Antonio F. Perez, "The International Recognition of Judgments: The Debate between Private and Public Law Solutions", Berkeley J. Int'l L., 2001 (19), pp. 65~66.

种程度上，美国学者的上述观念不过是美国孤立主义的产物，是美国只把目光放在自己身上的观念的结果。但是，这种观念其实早在"Bremen 案"[1]中就遭到了美国联邦最高法院的反驳："在国际商业贸易迅速发展的时代，排除理论的绝对性已经没有多大的生存空间了，并且它还可能严重阻碍美国国际商业活动的未来发展。我们不能期望在世界市场与国际水域所进行的贸易与商业活动都排他性地适用我们的贸易规则、由我们的法律来加以调整并由我们的法院来进行处理。"[2]实际上，美国学者的上述观点显然也只是极少数学者的主张，而正是美国最早向海牙国际私法会议提出建议开展 2005 年海牙公约的起草谈判，并一直积极推动公约谈判的继续。在 2005 年海牙公约的批准问题上，美国多数学者也持积极的态度，支持美国尽快批准公约。[3]

所以，以本国境内是否有可执行的财产作为法院受诉的基础，并因此否定 2005 年海牙公约批准的必要性，明显不符合当今国际社会的现实。

（四）国际商事法庭建设对 2005 年海牙公约批准的效应

值得注意的是，国际商事法庭的建设给 2005 年海牙公约的批准带来了新的问题，也带来了新的机遇，需要国际社会给予积极的关注，并对国家批准 2005 年海牙公约的问题作出重新的探究。

在某种程度上，国际商事法庭的建设：一是为了给国际商事关系的发展和国际商事主体提供更好的司法服务；二是增强司法竞争力，进而提升国家的软实力。事实上，我国国际商事法庭的建设就较为明显地体现了这些方面。我国对于国际商事法庭的建设应该存在三个层次的价值目标追求，这在以下文件的精神中可以发现：中共中央办公厅、国务院办公厅印发 2018 年《关于建立"一带一路"国际商事争端解决机制和机构的意见》与《最高人民法院负责人就〈关于建立"一带一路"国际商事争端解决机制和机构的意见〉答记者问》，以及最高人民法院 2015 年《关于人民法院为"一带一路"建设提供司法服务和保障的若干意见》[4]（以下简称《司法服务和保障意见》）与

---

[1]　The Bremen v. Zapata Off-Shore Co. , 407 U. S. 1 (1972).

[2]　407 U. S. 1 (1972), p. 9.

[3]　See The Harvard Law Review Association, "Recent International Agreement·Private International Law - Civil Procedure - Hague Conference Approves Uniform Rules of Enforcement for International Forum Selection Clauses-Convention on Choice of Court Agreements, concluded June 30", 2005, Harvard L. Rev. , 2006 (119), pp. 928~931.

[4]　法发［2015］9 号。

2019 年《关于人民法院进一步为"一带一路"建设提供司法服务和保障的意见》[1]（以下简称《进一步司法服务和保障意见》）。其中，第一个层次，促进涉"一带一路"国际商事纠纷的有效解决。最高人民法院 2019 年《进一步司法服务和保障意见》第 3 条中明确规定："坚持需求导向……完善新型国际商事争端解决机制，不断满足共建'一带一路'主体的纠纷解决需求。……"第二个层次，通过纠纷解决提高我国法律的国际认知度和接受度，提升司法竞争力。最高人民法院《进一步司法服务和保障意见》第 21 条规定，"不断提升国际商事法庭的国际影响力、公信力和吸引力"。第三个层次，提升我国司法以及国际规则制定的国际话语权。最高人民法院《司法服务和保障意见》第 13 条规定："积极参与相关国际规则制定，不断提升我国司法的国际话语权。……"当然，这三个层次的价值目标并非相互割裂的存在，而是密切关联的整体：通过对国际商事纠纷的有效解决，不仅有利于促进"一带一路"的建设，也能够增强国际社会对我国国际商事法庭的接受与认可，提升司法的竞争力，进而在不断增长的司法实践及其规则探索中提升国际话语权。

为此，促进国际商事关系当事人对国际商事法庭的选择就具有了现实的意义。因为，在当前国际社会管辖权不断扩张的状况下，各国均能对涉"一带一路"商事纠纷行使管辖权，我国法院以及我国国际商事法庭都不存在任何意义的独占管辖权。而且，其他国家已设立或兴起的国际商事法庭也形成了现实的司法竞争局面，会不断地吸引国际商事主体的选择。故而，一国国际商事法庭建设的成功，显然离不开国际商事主体的认可和选择，愿意将该国国际商事法庭作为其争议解决的管辖法院。

从客观上看，影响国际商事主体对管辖法院选择的因素是多样的，甚至有时还会受到错误观念甚至意识形态等因素的影响。正如有学者指出的："国际商事案件中，管辖权以及管辖地点极其重要。不同的法院作出的判决会有差异，因为各国的程序规则、法律选择规则、实体规则或其他法律规则都有所差异；裁判庭的特点、管辖权、公正与否也各有差异；其他因素如是否便利、本地保护主义、语言等均会成为当事人选择的考量。"[2]除此之外，国家

---

[1] 法发〔2019〕29 号。

[2] G. B. Born, "International Arbitration and Forum Selection Agreements: Drafting and Enforcing", *Kluwer Law International*, 2010, p. 1.

的经济发展水平和国家的法治状况也经常会对法院的选择起到促进性的作用。需要注意的是，在当代社会，法院判决的承认与执行问题将会给当事人的法院选择带来日益重要的效果，进而影响当事人的协议管辖。涉外协议管辖获得国际社会的普遍接受之后，法院判决的承认与执行因素在国际民商事关系当事人的协议管辖上日益占据着重要地位："判决的承认与执行会成为倒逼当事人协议管辖的重要因素。为避免当事人协议选择的法院所做判决无法得到承认与执行带来司法成本的浪费与期望的落空，作为理性的当事人，会充分考虑最终判决承认与执行的结果后综合选择管辖法院，因此判决承认与执行的顺畅与否直接决定着备选法院对当事人的吸引程度。"〔1〕更为严重的是，那种不考虑判决的承认与执行因素的协议管辖还可能使当事人面临司法救济受阻的不利后果："当事人协议选择与我国没有司法协助条约亦未建立判决的相互承认的互惠关系的国家或地区的法院诉讼，如果被告在诉讼国以及可能承认诉讼国法院判决的国家没有财产，其判决将无法执行，而当事人诉讼到我国法院，我国法院又不行使管辖权，其权利将得不到司法救济。如此，当事人的协议管辖使得当事人的权利成为空中楼阁，束缚了当事人寻求司法救济的途径。"〔2〕因而，法院作出的判决不能获得承认与执行，对于当事人而言不仅是耗时费力，甚至还可能因当事人协议管辖的效力使当事人的司法救济陷入实际的僵局。那么，针对当前判决承认与执行国际合作的现实困境，在管辖法院选择的衡量上国际商事主体需要对判决承认与执行因素加以权衡，以免耗时费力获得的法院判决却无法得到相关国家的确认，而不得不在其他国家的法院再一次提起诉讼。

毫无疑问，作为国际商事纠纷机制的"新宠"，国际商事法庭显然也不能轻易绕开上述相关因素，需要接受国际商事主体的观念认可以及法院选择，才能在国际商事纠纷的解决上彰显出现实的司法竞争力，并因此在不断的司法实践中提升国际规则（包括国际司法规则和国际实体规则）形成上的话语权。当然，国际商事法庭也绝对无法绕开判决承认与执行的因素。而且，相对于国内的普通法院，判决的承认与执行对于国际商事法庭而言或许尤为重

---

〔1〕 刘元元：《中国国际商事法庭司法运作中的协议管辖：挑战与应对措施》，载《经贸法律评论》2020 年第 6 期，第 8 页。

〔2〕 李旺：《当事人协议管辖与境外判决的承认与执行法律制度的关系初探》，载《清华法学》2013 年第 3 期，第 105 页。

要。与国内的普通法院明显不同，各国国际商事法庭在建设上基本都强调了国际性与专业性；前者主要体现在诸如受案的范围、司法人员、审判程序、司法合作等方面，都不再局限于本国，后者则主要通过建立专业化的精英法官队伍、对审判和诉讼进行专业化改革等途径来加以体现。客观而言，国际商事法庭国际性与专业性的制度本质，根本原因就在于提升国际商事法庭的司法竞争力。正如德国参议院在 2018 年《引入国际商事法庭立法草案》中所提道的："德国的国际商事法庭将把重要的经济法案件审理吸引过来……通过更多当事人协议选择德国法院可使德国法在国际合同关系中得到更广泛的适用。"[1] 不可否认，国际商事法庭国际性与专业性建设的程度，将对国际商事主体的观念认可和吸引度提升形成积极效果。除此之外，国际商事法庭的广泛兴起所导致的各国国际商事法庭事实上的竞争状况，客观上使得各国国际商事法庭的成功和价值目标追求的实现在很大程度上取决于当事人对其的选择，取决于国际商事主体的观念认可，愿意将其争端提交给国际商事法庭。

正因如此，当前各国无一例外地在国际商事法庭的制度设置和规则便利上做出了诸多的努力，甚至采取了一些突破本国传统实践的特殊制度，例如引入国际法官制度和外国律师代理制度、作为非英语国家却以英语为审判语言的制度、在诉讼程序上强调灵活化与宽松度等诸如此类，不一而足，其根本的目的就在于提升本国国际商事法庭的审判水平以及对当事人的吸引力，获得国际商事主体的观念认可从而愿意将他们之间的国际商事争端提交给国际商事法庭。为此，各国在国际商事法庭的制度设置和规则便利等方面无一例外都竭尽所能，从而期望在日益激烈的国际商事法庭协议管辖的竞争中占得先机。不过，问题的另一个方面是，各国的这些便利措施又因为相同性或类似性而使其不再具有独创性或特殊性，进而失去相对的优越性，难以凸显出优势。那么，在这种情形下，国际商事法庭所作判决的可承认与执行程度以及便利程度就将成为各国国际商事法庭竞争力比拼的关键因素。而且，国际商事法庭判决的承认与执行状况，将会对国际商事主体产生直观的感受效应，进而在国际商事行业中被广泛流传，对国际商事主体的观念带来实际的效果。因为，对于国际商事主体来说，如果国际商事法庭作出的判决不能顺

---

〔1〕 转引自毛晓飞：《独特的德国国际商事法庭模式——解析〈联邦德国引入国际商事法庭立法草案〉》，载《国际法研究》2018 年第 6 期，第 99 页。

利获得国际社会的承认或执行，则他们所得到的法庭判决也如同一张废纸，甚至因而使得国际商事法庭在审理程序上的各种制度优越和规则便利也因此意义不彰。

事实上，为了促进新加坡国际商事法庭司法竞争力的提升以及对国际商事主体的观念形成，新加坡在国际商事法庭的制度设计上就确立了广泛的灵活性与宽松度原则，更是在判决承认与执行方面采取了诸多措施，以实现新加坡国际商事法庭所做判决在国际社会自由流动的价值目标。其一，批准2005年海牙公约，并为此制定《选择法院协议法案》（Choice of Court Agreements Act 2016）的国内立法。对2005年海牙公约的批准，不仅能够有效地利用欧盟体系，从而使得新加坡国际商事法庭的判决能够在欧盟体系下获得有效的承认与执行。更重要的是，这实际上向国际社会发出了一个明确的信号，即新加坡愿意在外国判决承认与执行上加强国际合作，并愿意对外国判决予以承认与执行。毫无疑问，在当前外国判决承认与执行国际合作仍处于困境、各国仍秉持谨慎的互惠机制以避免落入仅对方获利消极局面的情况下，新加坡的这种明确信号显然有着相当积极的价值，有利于其他国家对新加坡判决给予灵活宽松的态度。其二，积极参加中国-东盟大法官论坛。该论坛通过的《南宁声明》明确了"推定互惠"原则。在互惠原则的适用上，各国经常基于事实互惠[1]来判断两国之间是否存在互惠关系，其结果是导致互惠原则无法真正启动，互惠关系难以有效形成。正如在德国柏林高等法院承认无锡中院判决案中德国法院所指出的："如果双方都等待对方先迈出第一步，然后再自己跟进，则事实上永远不会发生相互间的互惠。"[2]而推定互惠[3]则极大地增强了互惠关系存在的可能性，从而可以有效地避免互惠体制无法启动的消极局面。其三，积极与其他国家的相关法院签署有关判决承认与执行的备忘录。如与澳大利亚、阿联酋等国法院签署了有关判决承认与执行的备忘录，2018年新加坡最高法院与我国最高人民法院签署了《关于承认与执行商事案

---

〔1〕　所谓"事实互惠"，主要是指一国已经有承认与执行内国判决的客观事实，就表明内国与该外国之间存在互惠关系。

〔2〕　引自马琳：《析德国法院承认中国法院民商事判决第一案》，载《法商研究》2007年第4期，第152~153页。

〔3〕　推定互惠主要是指，只要没有相反证据证明外国曾有拒绝承认与执行内国判决的事实，就推定两国之间存在互惠关系。

件金钱判决的指导备忘录》。其他国家也有相同的实践，如迪拜国际金融中心法院也与十多个国家的法院签订了司法合作的备忘录。虽然这些备忘录不具有国际法效力，但是，"能够为当事人在两国法院申请承认和执行对方国家法院的判决提供更加清晰的指引，有助于双方在相互承认和执行判决的司法协助方面常态化和制度化，增进了各自判决在对方法院获得承认和执行的可预期性"。[1]除此之外，新加坡首席大法官和法律部长还共同发起设立新加坡国际调解中心（Singapore International Mediation Centre），并积极参与《新加坡调解公约》的制定并予以签署，从而在新加坡建立起一个诉讼、仲裁、调解"三位一体"的国际商事纠纷解决服务平台与中心。毫无疑问，国际商事纠纷解决中心的建立，无疑是新加坡愿意在判决承认与执行领域加强国际合作的明显证据。

　　客观上看，批准2005年海牙公约成为公约的缔约国，将有效地弥补互惠原则的单边效应。而且，一国对2005年海牙公约的批准，对于其他非缔约国而言，也一定程度上表明了该国在判决承认与执行相互合作的一般立场，愿意基于互惠对判决的承认与执行给予国际合作，从而促进这些非缔约国对该国国际商事法庭的判决基于推定互惠而予以承认并执行。正是如此，国际商事法庭的建设对于2005年海牙公约的批准问题提供了一个新的现实要求，需要形成一些新的探究思路。

---

〔1〕 张勇健、杨蕾：《司法机关相互承认执行民商事判决的新探索》，载《人民司法》2019年第13期，第22页。

第一章

晚近国际社会国际商事法庭的建设

　　晚近国际社会形成了一个国际商事法庭重构或兴起的显著现象，其根本目的在于通过提升法院的司法竞争力以提升国家的软实力。在国际社会日益呈现出全球化、信息化、数字化、市场扁平化的形势下，国家司法的能力与水平关系着争议解决的公平合理与便利程度，并最终在国家形象与国家声望等层面显现出现实的效应，从而影响着国际社会（尤其是国际商事主体）对国家的主观态度和行为选择。在现代社会，司法竞争力不仅体现的是国家法院的司法能力与水平，司法竞争力还日渐演变为国家软实力的组成要素，对国家的综合国力带来影响。而且，司法竞争力对国际商事主体的良性心理效应和吸附效果也会在相当程度上促进国际商事关系的发展和经济的进步。事实上，从1997年《阿姆斯特丹条约》把欧共体"第三支柱"的司法与内务合作事项中的"民事方面的司法合作"事项划归"第一支柱"的"欧洲共同体"管辖的事项，到如今各国国际商事法庭的大力建设，都有着特殊价值追求的本质，从而通过高水平的司法来形成吸附效应，进而实现更宏大的目标追求。

　　因而，国际商事法庭在国际社会的建设，实现更好地解决国际商事纠纷的价值目标显然只是表层意义上的，隐藏其下的还有更深层的目标追求，这是我们在观察、考察其他国际商事法庭的建设方面需要注意到的问题，也是对我国国际商事法庭建设进行评价、提出相应改进建议时应当审慎思考的实际问题。

第一节　国际商事法庭在国际社会的兴起

一、早期商事法庭的形成

一般认为，国际商事法庭最早来源于西欧国家早期的市集法庭，因为这类法庭主要集中在商业交易比较集中的早期市集上，以快速地处理外来商人和外来人的各种纠纷，从而鼓励和保护前来贸易的外国商人，以吸引外国商人和外来人更愿意前来从而增加本国（或本地、本市）的财富、促进经济的发展、增强国家的税收。对此，有学者提出："地方商事法庭的建立，不是为了阻止商业，而是为了鼓励外来商人们带着商品来到自己的王国。"[1]这类法庭在当时的西欧国家被称为"灰脚法庭"或"泥足法庭"（court of piepowder），主要的原因在于当时的"灰脚"是指那些四处游走进行长距离贸易从而显得风尘仆仆的商人，因而把解决与这些商人有关纠纷的法庭称为"灰脚法庭"。正如外国学者经过全面考证后提出的，之所以如此称呼，是因为"经常光顾此类法庭的是满脚灰尘的商人，他们从一个市场转向另一个市场"。[2]作为主要处理商人之间纠纷的法庭，"灰脚法庭"在法庭组成人员、管辖权范围、法律适用、审理程序等诸多方面都有其独特之处，与当时的城市法庭和普通法院不一样。法庭的审判人员主要由商人组成，甚至在涉及外国商人时还会有外国人作为陪审法官参与案件的审理。商人们有丰富的商业经验，能够更好地评判商业事务和商业习惯，能够察觉不断变动的商业动态和需要，并作出符合商业现实的决定。因而，这种审判人员的专业性不仅有利于争议解决的公平合理，还会使争议的解决更加快速、便捷。毫无疑问，这些对于每日奔走于各个市集的商人而言有着至关重要的意义："那些带着满身灰尘的人以及那些必须在前往下一个市场解决债务的人，必须获得快速的审判……灰脚法庭的快速性适应了当时商人们游走的特征，也适应了市集和市场具有时限性的特点，通过灰脚法庭的快速审判，保证了一个市集的顺利结束和其他地方

---

〔1〕　Leon E. Trakman, *The Law Merchant: the Evolution of Commercial Law*, Fred B. Rothman & Co. of Littleton, Colorado, 1983, p. 9.

〔2〕　Charles Gross, "The Court of Piepowder", *The Quarterly Journal of Economics*, 1906（20），p. 231.

市集的顺利开展。"〔1〕为此，法庭还通常适用不同于一般法院诉讼程序的简易灵活程序，以实现快速审判、解决纠纷。而且，法庭在处理争议时通常适用的是尚处于萌芽时期的"商人法"，这是一些在商人们长期交易过程中形成的交易惯例、原则等。其中包括早期欧洲商人和贸易商熟悉的商业习惯，这些商业习惯在当时国际交往和国际贸易初期阶段由各国商人们的商业实践逐渐演化而成。商人法的适用不仅可以避免适用当时总体对商人和商业均不利的普通法，且这些不同地区之间的普通法还经常存在相互冲突的现象。而且更能满足主要由商人组成的非专业法官的商事法庭快速审理案件的需要。

除此之外，法庭还有维护商人利益的强烈愿望。有人在描绘一个"灰脚法庭"（即特鲁瓦〔2〕市集法庭）时指出："法庭采取有力的措施保证债务可以清偿。债务人和诈骗者可以一直被追踪到远离特鲁瓦的地方，如果在其他的市集露面，几乎没有逃脱的机会。不仅如此，在法兰德斯和北法的任何城市也会遭到逮捕。即使是意大利人，在自己的家乡也得不到安宁，因为市集管理者威胁说，如果当地的市民不会帮助将他绳之以法，就会对该城的其他市民实施报复。"〔3〕

随着民族国家的兴起，"灰脚法庭"存在的独立性基础受到实质性损害。"灰脚法庭"的形成，在很大程度上是由于城市和市集被授予了司法权力，以消除传统法庭和法律体系的适用对商业的成长和商人的保护可能带来的不利影响。因为冗长的程序不符合商人的需要和实际利益，而且忽视商业发展和商人利益保护的传统法律制度也不符合商业发展的要求。不过，很显然，"灰脚法庭"的存在基础并没有真正脱离法律体系和政治框架。正如有外国学者经过研究所指出的："市集法庭（即灰脚法庭）是一个已经存在的政治框架的一部分，而不是独立的商人领导的法律秩序……市集法庭运作所依赖的实质性发展很大程度上是总体的公平原则，也就是诺言一定要遵守、债务必须偿还、非法占有一定要受到惩罚。这些都是先前法律习惯所确认的。"〔4〕正是如

---

〔1〕　赵立行：《论中世纪的"灰脚法庭"》，载《复旦学报（社会科学版）》2008年第1期，第97页。

〔2〕　特鲁瓦是法国中部的一个城市。

〔3〕　Joseph and Frances Gies, *Life in a Medieval City*, Harper Perennial, 1981, p. 213.

〔4〕　Stephen E. Sachs, "From St. Ives to Cyberspace: The Modern Distortion of the Medieval Law Merchant", Am. Univ. Int'l L. Rev., 2006 (21), p. 698.

此，随着民族国家的日益出现，中央集权的要求就使得国家对司法权力的控制变得现实，从而使得"灰脚法庭"的权力基础逐渐受到侵蚀。而且，随着本国商人与商业的日渐发展，"灰脚法庭"所适用的商人法也遭受到了侵损，"地方国王的集权迫使商人法屈从于中央法律体系，屈从于国王和地方的法律体系，结果商人法作为一种法律体系，其一致性和连贯性出现了问题"。[1]这些因素最终使"灰脚法庭"逐渐退出了历史舞台。

需要注意的是，尽管体现着早期商事法庭性质与特征的"灰脚法庭"退出了历史舞台，但"灰脚法庭"蕴含着的程序便捷快速和法律适用自由开放的内在逻辑并没有随之消失，而被后来应运而生的国际商事法庭所承继。一般认为，现代意义的国际商事法庭可追溯至 1895 年设立的伦敦商事法庭，其隶属于英国高等法院王座法庭（Queen's Bench Division）。当时，伦敦的商事团体要求建立一个专门法庭，其中的法官应具备审理商事争议的专长与经验，使相关争议迅速且经济地得以解决，从而避免由不熟悉商事习惯的法官来审理案件作出判决，也避免冗长且昂贵的诉讼程序。[2]应当认为，国际商事主体的这种主张显然是对早期商事法庭的眷恋与回望，从而期望重新利用先前商事法庭给商人和商业发展所带来的促进效果来促进司法制度的进步，进而推动伦敦世界经济政治中心的确立。毫无疑问，伦敦商事法庭的形成有英国当时全球地位的因素，从而使得英国有必要通过商事法庭的建设来推进伦敦金融中心和海事中心的建设，也有相应的能力来实现伦敦中心城的建设。而司法层面的支持是伦敦中心城建设的关键要素之一，最终的事实也表明司法的支持确实促进了伦敦中心城建设的成功。由此看来，伦敦商事法庭的建设也在一定程度上有着国家推动的因素在内，并非像早期商事法庭那样基本是当事人推动而形成的。

当然，伦敦商事法庭的形成也有私法自治和当事人意思自治原则的因素。滥觞于"商品生产者社会的第一个世界性法律即罗马法"[3]的私法自治原则演变成私法领域的当事人意思自治原则，允许当事人选择法律关系适用的法

---

〔1〕 Leon E. Trakman, *The Law Merchant: the Evolution of Commercial Law*, Fred B. Rothman & Co. of Littleton, Colorado, 1983, p. 21.

〔2〕 何其生主编：《国际商事法院研究》，法律出版社 2019 年版，第 43 页。

〔3〕 ［德］恩格斯：《路德维希·费尔巴哈和德国古典哲学的终结》，载《马克思恩格斯选集》（第 4 卷），人民出版社 1972 年版，第 248 页。

律和争议的解决方式。而私法自治内在的自由赋予了国际商事主体在法律领域的自我能力。国际商事关系的巨大发展一方面促进了世界经济体量的增长和国家之间经济融合度的提升，另一方面也在一定程度上提升了国际商事主体的议价能力，其中包括在立法和司法层面的推动、协调、斡旋等方面的能力。在这种情况下，国际商事主体主张国际商事关系领域的自由度，强调当事人意思自治原则。因而，先前曾经存在过且发挥了明显作用的商事法庭被国际商事主体重新提出，从而利用商事法庭的程序灵活便利、实体统一，以及法官高水平经验来更有力地保护其商事利益。正是如此，这客观上形成了伦敦商事法庭的观念基础。当然，伦敦商事法庭的设立除受到国际商事主体的推动影响之外，更多的是英国自身的国家因素起到了关键作用，能够通过快捷、经济且公平地审理商事纠纷来提升法院的司法能力并使国际社会对其司法能力予以认可，从而满足伦敦金融城建设和商业社会发展的现实需求。

二、国际商事法庭在当代的建设

当代社会日渐进入一个全球化、信息化、数字化以及市场扁平化的时代，这在为国际社会和人类社会带来巨大的机会和利益的同时，也带来了各种程度的冲击与挑战，需要国际社会采取合理的措施和共同的努力积极应对。在当代，国际商事关系呈现出跨时空、全域化发展的特点，而资本流动的自由化在信息化与数字化时代变得更加自如，这也使得资本与国家间的黏性日益变得微弱。在这种情况下，国家需要采取各种措施来尽可能地促进资本向本国的流入，并尽力避免资本逃亡这种消极后果的形成。司法层面的努力也是各国措施中的重要一环，以通过更加便利快捷的程序、更加成熟丰富的法院经验、更加合理有效的裁判来促进国际商事主体对国家法治状况的认可。国际商事法庭的建设被普遍认为是合理有效的司法努力，因此导致了国际社会大力建设国际商事法庭的积极局面。

宏观来看，国际商事法庭在当今的建设呈现出重建与设立两种不同的情形。当然，所谓重建也许并非准确的用语，主要是因为这类国际商事法庭是在先前商事法庭的基础上根据当前国际社会的现实作出了相应制度调整之后而重新确立的，如伦敦国际商事法庭。对于目前国际社会的国际商事法庭，国际社会基于各种标准进行了各种形态的类别化，以图从中更好地对这些雨后春笋般出现的国际商事法庭进行更合理、有效地分析，进行比较，总结经验，加以借鉴。如有外国学者就将国际社会的国际商事法庭分为三类：传统的国际商事法庭（old-school international commercial courts），诸如伦敦国际商事法庭、纽约最高法院商事法庭；有投资意向的国际商事法庭（investment-minded courts），诸如中东地区的各商事法庭；朝气蓬勃的法律枢纽（aspiring legal hubs），诸如新加坡国际商事法庭和欧洲各新设立或重建的国际商事法庭。[1]其中，该学者把新加坡以及欧洲的国际商事法庭称为"朝气蓬勃的法律枢纽"，在很大程度上可能是因为这些国际商事法庭的价值目标追求在于两个层面：其一是通过国际商事法庭来打造国际商事争议解决中心并因此促进国际商事关系的发展，其二是通过国际商事法庭来扩展本国法律的对外适用。因为更宏大的价值目标追求，就使得国际商事法庭一定程度上摆脱了仅是争议解决机构（机制）的局限，司法是促进更宏大目标得以实现的其中重要一环。当然，这种区分方法虽然合理，却也过于强化了各自的差异。实际上，即使是所谓"传统国际商事法庭"的伦敦国际商事法庭，也在不断地进行相应的制度改革，以符合国家对司法服务支持的要求。

我国香港大学的学者则根据国际商事法庭兴起和发展的动因将全球国际商事法庭划分为三类：第一类是成熟法域的国际商事法庭，诸如伦敦国际商事法庭和纽约最高法院商事法庭，这类国际商事法庭拥有成熟的法律和司法经验，并都面临着其他国际商事法庭的激烈竞争因而需要保持其国际商事争议解决市场上的优势地位；第二类是新兴法域的国际商事法庭，包括中东和亚洲地区新兴法域的国际商事法庭，诸如中东地区的迪拜国际金融中心法院、卡塔尔国际法院与争议解决中心、阿布扎比全球市场法院，以及哈萨克斯坦的阿斯塔纳国际金融中心法院，这些法庭都处于其"经济特区"从而服务于各自的"经济特区"以增强国际投资者的信心并促进当地的商业发展；新加坡国际商事法庭，其目的在于推动新加坡成为国际商事争议解决的优先选择，为新加坡建设国际商事争议解决中心提供重要一环，并为国际社会开发一个独立的国际商事法律体系。把这些国际商事法庭划分为一类，主要原因在于这些国际商事法庭都有一个更根本或更重大的价值目标，而不仅仅是为了更好地解决国际商事争议。第三类是有特定地缘政治和经济动机的国际商事法庭，包括欧洲的国际商事法庭如法国巴黎国际商事法庭、德国法兰克福地区

---

〔1〕 Pamela K. Bookman, "The Adjudication Business", The Yale J. Int'l L., 2020 (45), p. 212.

法院国际商事法庭、荷兰商事法庭，以及我国的国际商事法庭。这类国际商事法庭的形成很大程度是因为特定区域性的地缘政治经济政策，并主要服务于这些地缘政治经济政策目标。[1]应当认为，这种分类方法考察了国际商事法庭形成背后的政治经济原因和目的，从而对国际商事法庭的研究提供了更深层次的分析视角。

（一）当今国际社会主要的国际商事法庭

毫无疑问，国际社会对国际商事法庭的研究为我们对国际商事法庭的认识提供了更为有效的视角与方式，使我们能够穿透各个国际商事法庭的外在形态真正考察其各自内在的实质与存在价值。下面对不同类型的典型国际商事法庭的建设作出简要的阐述。

1. 伦敦商事法庭

伦敦商事法庭的长期司法运作极大地提高了其司法水平，也为其带来了较高的国际声誉，从而导致有相当部分的国际商事争议选择伦敦商事法庭作为管辖法院，也导致了一些国家或地区以伦敦商事法庭作为参照来建设其商事法庭（法院）。伦敦商事法庭在国际商事争议领域取得的成功，一方面为伦敦商事法庭以及为英国司法带来了积极的效应，并为伦敦金融中心和海事中心的建设作出了重要贡献；另一方面也为其带来了案件的巨大增长以及案件堆积的严重状况，而如果这些问题不积极有效地加以解决又可能会对其乃至英国司法带来消极后果。因而，客观情况要求对伦敦商事法庭进行适当的改进。当然，伦敦商事法庭的改进也是为了应对来自其他国家国际商事法庭竞争的压力。面对其他国际商事法庭兴起可能带来的竞争压力，伦敦商事法庭也需要作出相应的改进，其中涉及程序上的快捷便利，也涉及如何将法官的专业和审判的高效有机地融合。除此之外，有效地应对全球化、信息化和数字化的国际发展趋势所带来的挑战，也是伦敦商事法庭需要作出相应改进的重要因素。

2017年英国将英格兰及威尔士高等法院（the High Court of England and Wales）（即英国高等法院）下的各专门法院（包括商事法院、海事法院和商业法院、技术与建筑法院、大法官分庭下的专门法院如金融法院、知识产权法院、反不正当竞争法院、破产法院等）集结成一个共同的法院——英格兰

---

[1]　顾维遐：《全球国际商事法庭的兴起与生态》，载《南大法学》2022年第6期，第92~116页。

及威尔士商事与财产法院（the Business and Property Courts of England and Wales, B & PCs）（以下简称"英国商事与财产法院"）。新组合的英国商事与财产法院可以更灵活地把法官的司法专长和司法能力加以合理利用，其跨庭调任法官（flexible cross-deployment of judges）制度可以实现各个组成法院的法官在法院之间进行选任，从而使具有相应专长的法官在各个组成法院之间能够审理案件，实现法官因材施用，而不会过多地受制于先前僵固的法院法官体系。所以，新组合成立的英国商事与财产法院显然并非只是简单的法院合并，而是法院功能整合的需要与产物，从而期望通过法院的改革来抵御英国脱欧可能对英国司法带来的冲击，以及国际社会国际商事法庭建设趋势对英国司法和伦敦商事法庭带来的巨大压力。毫无疑问，这两个方面的消极效应对于英国都是现实的。那么，通过英国商事法院自身的制度建设和改革，显然是应对这些效应的合理逻辑。

当然，需要指出的是，英国商事与财产法院建立之后，各专门法院仍继续存在且继续沿用各自原有的司法程序。所以，伦敦商事法庭仍是解决国际商事争议的基础法院，但英国商事与财产法院的建立使得伦敦商事法庭能够获得英国司法内部更大的资源支持和程序援助。目前，伦敦商事法庭主要受理当事人通过法院选择协议选择英国法院为管辖法院的案件，其管辖要求还包括诸如被告在英国有住所、对于有多个被告的案件只要其中有一个被告受英国法院管辖则可以对相关被告行使管辖权。实践表明，伦敦商事法庭的设立和良好的运行不但有助于推动伦敦成为世界金融和商业中心，也为伦敦乃至英国创造了大量税收和各类工作机会。如相关数据显示，围绕英国商事法庭等司法机构，英国的法律服务业年收入达 260 亿英镑，占其国内生产总值（GDP）的 1.4%。[1]

2. 法国巴黎国际商事法庭

法国商事法院的历史由来已久，法国商事法院的设置依据商事发达程度而定，不受行政区域的影响。早期的法国商事法院主要审理的是国内商事纠纷，其主要特色在于特殊的商事法官，这些法官并不是具有法学背景的一般法官，而属于商人性质，是来自各行各业的商业精英；另一个特色是主要适

---

〔1〕 单文华：《国际商事法庭建设域外经验与中国贡献》，载《中国审判》2018 年第 15 期，第 14~16 页。

用商人法。由这些商人法官来处理商事纠纷，在商业惯例适用的专业性、程序适用的简便性等方面均会呈现出更大的优势。正是如此，早期的法国商事法院也呈现出与英国商事法院相似的形成动力，即是商人推动下形成的。

当然，如今的法国巴黎国际商事法庭并非完全是先前法国商事法院的翻版或承继；它的形成呈现出一定程度的国家推动型效应，即主要是国家基于某些特定的价值目标来推动国际商事法庭的建设。在面对着英国脱欧且英国国际商事纠纷解决的国际影响力可能会因此有所不利等相关因素的影响，在法国司法部的指示下，巴黎金融中心高级法律委员会开始探索建立专门的国际商事法庭来处理有关国际商事或者金融等专业领域的案件，并提升法国商事争议解决的国际竞争力。所以，虽然法国商事法院的历史悠久，但是法国国际商事法庭在当今的建设却并非完全是法国商业促进、国际商事主体推动、法国商事法院自主发展的现实结果，而有着更大程度的国家力量主导与推动的因素，以实现法国司法竞争力提升的目标，甚至期望像英国那样通过司法促进国际经济政治中心的成功建设。毫无疑问，法国国际商事法庭的这种形成因素，使得其已经在一定程度上脱离了早期商事法庭商业推动的自治型特点。

巴黎金融中心高级法律委员会建议合并巴黎商事法院的部分法庭，用以专门处理国际商事与金融纠纷，并在巴黎上诉法院创设专门法庭为此类案件提供上诉审理。为了使巴黎国际商事法庭更好地运转，巴黎金融中心高级法律委员会建议必须配备专业的、能用英语工作的司法人员；为此，为了使经过了职业培训的巴黎上诉法院的法官更顺利地使用英语，其不仅要求在上诉法官的选拔层面需要采用更严格的程序，而且选拔之后还必须进行相应的语言与专业知识培训。这样的观念表明法国已经合理地注意到了当前国际商事领域的现实，以及英语在国际商事争端解决中占据优势的实际状况，因而作出了特殊的制度安排。毫无疑问，这样的制度安排一定程度上表现出法国巴黎国际商事法庭的商人驱动样态，对国际商事主体和国际商业的现实要求加以支持甚至给予妥协；另一方面也显示出其极大地包含着国家的利益和期望从而在法律制度上愿意作出特殊安排的实际情形，因而使得其具有了国家驱动的内在性质。毕竟，从国际商事争端解决市场中获得机会、提升本国司法在国际商事争议解决领域的竞争力，进而对国家的政治经济建设和国际地位带来司法的支持，显然是国家利益的组成要素。

2018 年 2 月，随着《关于巴黎上诉法院国际法庭诉讼程序的命令》与《关于巴黎商事法院国际法庭诉讼程序的法令》的签署，标志着巴黎国际商事法庭正式设立。当然，这个新设立的巴黎国际商事法庭并非真正意义的全新法庭，而实质上是在巴黎商事法院原有的国际法法庭的基础上加以创建的。

3. 德国国际商事法庭

2018 年 4 月，德国联邦众议院公布了一份由联邦参议院提交的《引入国际商事法庭的立法草案》，其核心内容是授权州政府在州中级法院设立国际商事法庭。德国立法者认为，现代国际商事争端解决对纠纷解决机构的专业化、高效性、多元化以及国际性提出了更高的要求。[1]伦敦国际商事法庭的成功以及其他国家或地区纷纷成立的国际商事法庭，现实地要求德国引入新的机构与机制，以增强本国司法的国际吸引力，愿意在国际商事争议的解决上选择德国法院甚至选择德国法律，进而实现"法律——德国制造"的宏大目标。因此，设立国际商事法庭其实是"法律——德国制造"的一种努力，促进国际商事主体在国际合同中选择德国法、促进国际商事关系当事人选择德国法律作为他们争议的准据法。在德国立法者看来，适用德国法可以让德国企业在国际商事活动中有更大的法律确定性，使其国际商业活动处于一个熟悉的法律环境中，而这种状况对于德国的中小企业可能尤为重要。

作为成文法的重要组成部分与重要代表，德国法在促进法律适用的确定性和可预见性方面起到了重要作用，德国法院也因高效与优质的判决享有国际声誉。事实上，面对国际社会判决承认与执行的现实困境以及各国适用互惠原则对外国判决的承认与执行进行审查时的互惠关系难以启动的不利状况，德国法院坚持了先进的理念，并鲜明地表示了出来。在"柏林高等法院承认无锡中院判决"案中，德国柏林高等法院声称，"由于中德之间不存在相互承认法院判决的国际条约，那么具体司法实践就成了处理案件的依据。如果双方都等待对方先迈出一步，自己再跟进给予对方互惠的话，事实上永远不可能发生相互间的互惠，互惠原则也只能是空谈而已，这种情况并不是立法者和执法者所希望的。为了在没有签订国际条约的情况下不阻止相互承认法院

---

[1] 对于德国国际商事法庭有关基本特点的阐述，可参见毛晓飞：《独特的德国国际商事法庭模式——解析〈联邦德国引入国际商事法庭立法草案〉》，载《国际法研究》2018 年第 6 期，第 97~109 页。

判决的向前发展，要考虑的是，如果一方先走出一步，另一方是否会跟进。按现在国际经贸不断发展的情况，中国有可能是会跟进的"。[1]柏林高等法院最终以此为由对我国法院的判决加以了承认。应当认为，在当前判决承认与执行国际合作存在实际困境的情况下，德国法院对互惠原则的积极与开放立场，相当程度上表明了德国法院在观念上的先进性；此外，在其他国家对中国法院判决以及中国法院对外国判决的承认与执行立场存有一定程度怀疑的情况下，德国法院却明确对中国法院及其法院判决表达了肯定性的观念，也体现出了德国法院正确的立场与宽容的态度。尽管如此，德国立法者与法律界也注意到，德国法律在国际商业合同中却很少被选择作为准据法，与德国企业相关的商事纠纷也主要是通过国际商事仲裁或是在伦敦或者其他以英语为母语的外国法院来加以解决的。因而，德国司法界认为，德国司法解决国际商事纠纷能力与德国经济出口比例增长是背道而驰的，因此需要极大地加强本国法律与司法的国际影响力和国际话语权。

正是如此，德国的立法者主张加强国际商事法庭的建设，从而把重要的国际商事争议案件吸引过来。目前这些案件要么以仲裁、要么以英语为母语的国家法院被审理。通过更多当事人协议选择德国法院，也可以使德国法在国际合同关系中得到更广泛的适用。在实践中，法院地的选择通常与法律适用直接相连，尤其是现代社会法律适用"回家去"倾向越发明显的情况下，各国法院通常直接适用了内国法。而对于当事人来说，保持法律适用与法院地选择的一致性也是优先考虑的因素。那么，引入国际商事法庭，有利于为德国企业提供他们更熟悉的法律制度，使得他们在国际经济交往中获得更大的法律确定性，进而在国际合同中更多地考虑选择德国法律作为准据法；而且也可以适当地促进国际商事关系的当事人更多地对德国法加以选择。除此之外，由于英国宣布脱欧之后可能导致的英国法律服务国际竞争力降低的现实，德国立法者也期望能够通过国际商事法庭的建设来填补伦敦国际商事法庭可能留下的空白。

依据德国《引入国际商事法庭的立法草案》第 1 条（该条款是对德国《法院组织法》第 93 条所做的修订）的规定，授权德国的州政府在州中级法

---

[1]　对该案具体情况的阐述可参见马琳：《析德国法院承认中国法院民商事判决第一案》，载《法商研究》2007 年第 4 期，第 150~155 页。

院层级设立国际商事法庭，允许各州政府通过法规在州中级法院管辖范围内设立一个或多个州中级法院的国际商事法庭，也允许多个州政府协商设立一个或多个共同的国际商事法庭。应当认为，德国设立中级法院层级的国际商事法庭，这与新设立的新加坡国际商事法庭、中国国际商事法庭属于最高法院级别明显不同。这种状况应该并非德国对国际商事法庭的不重视，或者对国际商事纠纷的解决不够重视，而主要是基于德国国内商事法庭的传统以及德国广泛的机构设置因素。通过更多数量的国际商事法庭，不仅能够更有效地解决国际商事纠纷案件，而这对于国际商事关系当事人有重要的吸引力；也能够给国际商事关系当事人更大的选择空间。某种程度上，促进各个国际商事法庭的相互竞争和相互激励，对于德国国际商事法庭的发展也有着重要的作用。

4. 新加坡国际商事法庭

2013 年在新加坡首席大法官梅达顺（S. Menon）提议设立新加坡国际商事法庭的主张之后，新加坡成立了"新加坡国际商事法庭委员会"（Singapore International Commercial Court Committee）对设立新加坡国际商事法庭一事进行评估。该委员会发布了《新加坡国际商事法庭委员会报告》，认为新加坡除了有专业的司法从业人员、完善的普通法体系及深厚的商事法理基础外，更拥有绝佳的地理位置，这些因素将使新加坡的国际商事法庭在吸引案源方面有相当的优势；而且，新加坡国际仲裁中心的设立使新加坡在国际仲裁领域的地位得到了极大的提升，因而设立一个与新加坡国际商事仲裁中心对应的国际商事法庭，令其扮演一个理性中立的审判角色，不仅可以完善新加坡纠纷解决体系，还能更大范围消化亚洲因商业发展所衍生的商业纠纷，与新加坡国际仲裁中心、新加坡国际调解中心一起，以全方位、多渠道的法律服务，为国际商事主体解决国际商事争议，从而强化新加坡作为国际商事争议解决中心的地位。所以，该报告对于设立新加坡国际商事法庭的建议非常支持。

2015 年 1 月 5 日新加坡国际商事法庭正式设立。新加坡国际商事法庭是新加坡最高法院的一个组成部分，从而通过最高法院的地位和声望以及最高法院法官的司法水平和经验来吸引国际商事主体将其争议提交给新加坡国际商事法庭。在法官的组成上，新加坡国际商事法庭可以从其他国家的优秀法官或者已退休法官中招录国际法官，从而借此吸引国际商事主体对新加坡国际商事法庭的选择。新加坡国际商事法庭的管辖权核心在于当事人的协议管辖，并因此提出十分宽松化的"离岸案件"概念，允许当事人对离岸案件选择新加坡国际商事法庭。其中的"离岸案件"主要是指与新加坡无实质联系的案件，诸如争议的准据法不是新加坡法、争议标的不受新加坡法律调整或者新加坡与案件的唯一联系在于当事人选择新加坡法律为准据法并将案件提交新加坡管辖。毫无疑问，"离岸案件"的概念相当开放自由，而对离岸案件的管辖，不仅极大地扩展了新加坡国际商事法庭的管辖范围，也更符合涉外协议管辖的当事人意思自治的本意，为国际商事主体自主选择其争议管辖法院提供了有效的基础。

5. 迪拜国际金融中心法院

阿联酋于 2004 年颁布《关于建立迪拜国际金融中心的第 35 号法令》，授权迪拜酋长国成立迪拜国际金融中心，以自由贸易区的模式来构建国际金融中心。而随着迪拜国际金融中心的建设，必然会有各类涉及国际、国内主体的商事纠纷不断增加，因而需要有强有力的司法保障来促进国际金融中心的建设。因此，2014 年又出台了《关于建立迪拜国际金融中心的第 9 号法令》，标志着迪拜国际金融中心法院的建立。迪拜国际金融中心法院是以英语为官方语言，以英国商事法院为蓝本建立的普通法法院。[1]由此可见，迪拜国际金融中心法院的建设是作为更大目标的国际金融中心建设的一个部分，以通过司法的支持与保障来使国际金融中心的建设目标得以成就。事实上，新设立的一些国际商事法庭，如阿布扎比全球市场法院、卡塔尔国际法院与争议解决中心、阿斯塔纳国际金融中心法院等均具有与迪拜国际金融中心法院相似的设立目标与需求，这些国际商事法庭是为更宏大目标的实现提供司法支持和保障的，是对国际商事争端的公平、合理、有效解决所提供的司法服务。

构建全球领先的国际商事法院是迪拜国际金融中心法院的主要愿景。为此，迪拜国际金融中心法院进行了一系列的制度创新，从而使其更契合国际商事关系的实际和国际商事主体的需要。其一，法官的国际化。迪拜国际金融中心法院的现行法官分别来自新加坡、英国、澳大利亚、马来西亚和阿联酋。这些国际法官主要来自普通法传统国家，从而一定程度上契合了国际商事领域对英语以及当事人主义诉讼模式的要求，因而增强了迪拜国际金融中

---

[1] Damien P. Horigan, "The New Adventures of the Common Law", Pace Int'l L. Rev. Online Companion, 2009 (1), p.11.

心法院对国际商事主体的吸引力，使国际商事主体形成迪拜国际金融中心法院具有国际性、包容性、宽松化的良好印象。当然，法官的国际化也可以引发法院内部的思想交流和观念变化，进而在问题分析视角、争议解决路径等方面保持更大程度的包容与尊重；而且，国际法官的丰富经验也能更有效地促进国际争议的合理解决，为国际商事主体提供更合理的司法服务以增强他们对迪拜国际金融中心法院的信心。其二，案件的繁简分流制度，其中主要包括案件的替代性纠纷解决制度、案件管辖的分流制度、审理过程中当事人的和解制度、裁判文书内容的繁简分流制度等。通过案件的繁简分流，有利于迪拜国际金融中心法院合理地配置司法资源，高效地处理案件解决争议。毫无疑问，无论作出何种努力，有效的司法资源总是处于某种稀缺的状态，这对于那些被国际商事主体青睐的法院来说尤其如此。那么，对于期望建设显著声望的新兴国际商事法庭而言，合理地配置有限的司法资源就显得相当重要，从而为国际商事主体提供良好的司法服务以形成极佳的体验效果；而且，迪拜国际金融中心法院虽然有国家的强力支持，但国家整体的司法资源并不丰富，司法服务的水平与经验也有所不足，所以，通过案件的繁简分流制度可以将较为有限的司法资源更好地配置，从而让各个不同案件的当事人都得到适当的体验。其三，允许外籍律师以登记执业的方式在法院进行律师代理。迪拜国际金融中心法院对外籍律师在境内代理事项没有严格要求，在向迪拜国际金融中心法院申请登记注册后，外籍律师可以在法院进行诉讼和行使相关权利。允许外国律师在迪拜国际金融中心法院从事律师代理，一方面对外显现出法院较高程度的自由化和宽松度，另一方面也容易使那些对外国司法与外国律师代理不熟悉和不信任的国际商事主体获得更大的安全感。

6. 荷兰商事法庭

为满足日益增长的国际民商事纠纷的解决需求，并专业化地解决复杂国际商事纠纷案件，荷兰也着手成立专门的国际商事法庭。2017 年，荷兰议会收到有关成立荷兰商事法庭的提案，提议在阿姆斯特丹地方法院和上诉法院中建立商事法庭，使用英文作为诉讼语言并用英文作出判决。荷兰议会对于这个提议表达了强烈的政治支持，认为成立荷兰商事法庭具有重要的意义，尤其是在英国脱欧之后，可以吸引国际商事争议在荷兰进行解决，从而有利于推进荷兰法律制度在国际社会的示范作用，提升荷兰的司法竞争力从而吸引其他国家的当事人到荷兰提起诉讼。因此，荷兰商事法庭也具有国家驱动的性质，以期望利用英国脱欧可能对英国司法带来消极效应从而借机从中分得一些份额，进而加入国际商事法庭建设的大军来提升司法的竞争力。

荷兰商事法庭于 2019 年 1 月 1 日正式成立。荷兰商事法庭由阿姆斯特丹地方法院商事法庭、荷兰商事法庭简易程序法庭、阿姆斯特丹上诉法院商事法庭构成。荷兰商事法庭主要受理国际民商事争议，在阿姆斯特丹地方法院商事法庭提起诉讼的条件主要包括：（1）诉讼是与当事人意思自治范围内特定法律关系有关的民商事事项，且不受分区法院的管辖，[1]或不属于其他分庭或法院的专属管辖；（2）与国际争议有关的事项；（3）诉讼当事人选择阿姆斯特丹地方法院作为管辖法院或阿姆斯特丹地方法院基于其他原因对争议享有管辖权；（4）当事人书面明确同意以英文向地方法院商事法庭提交诉讼。

（二）小结

综合而言，当前重建或者新设的国际商事法庭呈现出两种不同的形成模式：一种是延续先前商事法庭的模式，但根据当前国际社会的现实作出适当调整，从而为国际商事争议的有效解决提供司法服务；另一种则是基于司法竞争力的追求，通过国际商事法庭的司法服务来提升本国司法在国际商事领域的竞争能力，进而促进国家更宏大目标的实现。对此，我国学者这样指出："商事法院的产生可分为两类，一类是商人驱动型，即因商品经济发展而导致的商事法院的形成，主要的典型是英国商事法院和法国商事法院；另一类是国家驱动型，即国家出于经济发展的需要或者以成为区域性争议解决中心为目标而建立商事法庭，新兴的国际商事法庭均是如此。"[2]这样的分类方法准确地把国际商事法庭的两种不同形成模式加以了区分，使国际社会能够从当前国际商事法庭的建设浪潮中合理地认识各个国际商事法庭的实质差异。当然，需要注意的是，国际商事法庭的上述两种形成模式并不具有绝对性，不应该过分地主张他们之间的不同；相反，各国的国际商事法庭日益呈现出目标趋同化的一般倾向，甚至在制度设置方面也日益趋同。事实上，早期的商事法院如英国商事法院和法国商事法院确实有着商人驱动的性质，是商人利益需要和追求所形成的一种结果，是当事人意思自治和国际商事关系发展的

---

〔1〕　阿姆斯特丹地方法院分区法院管辖的事项包括雇佣、租赁、租购、消费者事项以及 25 000 欧元及以下的案件，这些案件不属于荷兰商事法庭的管辖范围。

〔2〕　何其生主编：《国际商事法院研究》，法律出版社 2019 年版，第 56 页。

实际要求。早期商事法院在法律适用上主要适用商人法、在诉讼程序上坚持简单快速的简易程序，极大地满足了商人持续奔走于各个市场的需要和公平裁判的要求。格罗斯就认为，灰脚法庭的显著特征在于它的简易程序，12 世纪的英格兰和苏格兰某些地方的习惯法要求，凡是涉及行商的诉讼应该在第三个潮汐到来前完成；类似的要求也经常出现在 13 世纪以后的档案之中。灰脚法庭的诉讼无须令状，仪式简便，不允许拖延，接受法庭传唤要在一天之内甚至经常在一个小时以内到庭。如果法庭传唤时被告不到场，那么他的商品将被立即扣押、评估和拍卖。[1]因此，早期的商事法院都有着商人驱动的性质，是商人们商业利益需要推动下的产物。不过，商事法院的早期形成状况并非一直持续到当今时代的国际社会，时代的发展引发了商事法院形成基础的改变。

在当今国际商事领域，司法的功能已不仅仅是国家司法对国际商事主体的争议加以解决、作出公平合理的判决。长期以来，司法理论一般都强调，司法的目标就在于追求正义，防止作出荒谬性的非正义判决。所以无论是对于法院还是对于法官而言，正义成了司法必须始终追逐的最终目标；如果法律无法在具体案件中实现这个目标，则需要作出相应的调整。不过，需要注意的是，法院为了正义的追求而作出调整的权力并非绝对和无限的；因为，在正义的评价标准上，传统司法哲学一直都是停留在正确性之上的，即强调正义就是正确，要求法院作出正确的裁判结果，而非荒谬和明显的不公正的裁判结果。司法应该依照法律的规定作出正确的判决结果，而非任意性地运用司法裁量权。客观上看，在经济、社会并不十分发达的时代，传统司法哲学有关正确性评价标准的观念并不会有实质性的缺陷；事实上，在一定程度上是契合当时的社会环境和法律需求的。

然而，随着经济的扩张化所带来的社会的复杂化，这种单一标准显然难以匹配正义的现实需求了。因为，一方面，当事人既有正确性的需求，也需要快速的裁判，从而尽快地解决纠纷、稳定社会关系；另一方面，法院也面临着审判任务所带来的更大压力，而审判程序的冗长严重地影响法院的工作效率，使得审判任务的繁重性变得更加显眼，并最终难以达致实质公正。如

---

[1] 转引自徐浩：《中世纪西欧商人法及商事法庭新探》，载《史学月刊》2018 年第 10 期，第 62 页。

此看来，传统司法哲学在正义标准上主要甚至仅仅追求正确性的观念在高度发达同时也过分复杂的现代社会中也就日益凸显出局限性，难以真正实现社会对正义的时代需求。正是如此，传统司法哲学逐渐向新的司法哲学演进。与传统司法哲学相比，新司法哲学更强调司法的能动性价值，主张法院拥有基于理性精神的司法主动功能。而在正义的评价标准上，新司法哲学也由先前的"正确性"（真实维度）这个一维评价体系逐渐转变为"正确性"＋"效率性"（时间维度）＋"适宜性"（成本维度）三维评价体系。[1]新司法哲学要求，如果当事人选择将争议提交给第三方（主要是法院）来处理，则该第三方不仅有义务作出正确的裁判结果，而且必须在合理的时间内，并以适宜的成本作出裁判。否则，第三方对争议的解决就难以符合现代社会的需求：成本过高既不符合资源节约（司法资源的紧张性将会日益严峻）的要求，也会直接损害当事人的利益并可能对以后的相同诉求带来阻碍性后果；而效率不足也会在社会分工越来越细、社会节奏越来越强的时代里带来一定的消极影响，难以起到快速确定法律关系或者及时补救的良好效果。毫无疑问，新司法哲学的正义标准给第三方施加了更为严格、更为多样的条件和要求。

毫无疑问，新司法哲学同样适用于国际商事争议解决领域。某种程度上，与司法的公正性目标相比，在国际商事争议领域国际商事主体可能更加关注司法的效率性和适宜性功能。正是如此，国际商事主体对司法哲学的观念变化导致了国际商事仲裁在国际商事领域迅速发展和巨大成功。虽然国际社会普遍认为国际商事仲裁的成功主要在于国际商事仲裁制度的优越，如仲裁的自主性、专业性、秘密性、快速和费用低等；但是国际社会的现实表明，国际商事仲裁在国际商事领域获得真正的认可，根本上是源于 1958 年《承认及执行外国仲裁裁决公约》（即《纽约公约》）所带来的仲裁裁决承认与执行的国际性。正如英国法官克尔（Michael Kerr）的比喻，即便是太空人仲裁员在月球上作出的裁决，也可以在英国得到执行。[2]《纽约公约》要求缔约国应当承认和执行外国的仲裁裁决，并不得设置比承认与执行本国仲裁裁决更繁杂的条件或要求更高的费用；而且《纽约公约》160 多个成员方的现实也使得在任何

---

〔1〕　［英］阿德里安·A. S. 朱克曼主编：《危机中的民事司法：民事诉讼程序的比较视角》，傅郁林等译，中国政法大学出版社 2005 年版，第 4 页。

〔2〕　转引自宋连斌：《国际商事仲裁管辖权研究》，法律出版社 2000 年版，第 23 页。

一个成员国作出的国际商事仲裁裁决基本上能够在整个国际社会获得承认与执行，而这正是法院判决承认与执行国际合作一直期望却似乎根本无法企及的追求目标。所以，在国际商事领域，公平正义固然重要，但效率和适宜也对国际商事主体具有重要意义和吸引力，甚至对于以追求经济利益为基本目标且法律知识薄弱法律意识不强的经济人来说，效率和适宜可能会具有更重要的追求价值。那么，对于国际商事主体来说，在国际商事争议解决上通过选择法律和选择管辖法院的方法，不仅更能体现争议解决的当事人意思自治，也能够有效地避免争议解决过程中通常出现的管辖权冲突和法律冲突的复杂问题，从而通过事前的契约在争议解决之前就由当事人而非法院或仲裁来进行确定。

对于新司法哲学的变化，国际社会也日益呈现接受的态度，并一定程度上使得国家对国际商事争议解决的司法活动成为一种为国际商事主体和国际商事关系提供的司法服务。与此同时，在国家层面，司法服务也日益被视为国家经济政治目标实现的一种途径，通过提供优秀的司法服务来促进国家经济发展与国家政治促进的目标，如英国就一直存在通过高水平的司法服务来实现国际金融中心以及国际争议解决中心等的建设目标，其他新兴国家也有建设国际金融中心或全球市场的宏大目标，并强调司法能够在其中起到积极的促进作用。国际社会普遍发现，司法能够在其中发挥积极的促进作用，能够通过司法对国际商事争议的解决提升国际商事主体的信心和吸引力。那么，在国际商事争议解决领域发挥了积极作用的国际商事法庭无疑是极佳的角色选择。为此，先前存在商事法庭制度的国家根据当今的时代要求对其商事法庭进行了调整改革后重新进入国际商事争议领域；而其他国家也基于时代要求与机遇积极建设国际商事法庭，期望通过国际商事法庭的优秀司法服务来促进更宏大目标的实现。因此，国际商事法庭晚近在国际社会的建设，并非只是国际商事主体或者国家与国际社会自然选择的结果，而应该是相关各方共同努力所最终导致的适合国际商事关系、符合国家与国际社会以及国际商事主体要求的最终产物。

第二节　当代国际商事法庭建设的国际背景分析

在当代国际社会，国际商事法庭呈现出一种建设浪潮的局面，表明国际商事法庭的建设不仅成为一种现实的趋势，也蕴含着国际商事法庭具有或者逐渐开发出了争议解决纠纷之外的其他内在功能的意思。对此，有外国学者就曾这样指出：在现代国际社会，国际商事法庭的建立不单纯是为了解决国际商事纠纷，而是希望通过设立国际商事法庭使本国法院成为国际上当事人挑选法院的首选，使本国成为"管辖权旅游地"（jurisdictional tourism），从而抢占法律服务市场，使法律服务业成为本国新的经济增长点。[1]按照这种主张，国际商事法庭是国际商事争议解决的合理选择，也是为国际商事争议解决提供司法服务的合理选择，并且能够因此促进国家经济的发展。

在现代社会，国家日益普遍认可与接受这样的观念，即国家的国际政治经济地位主要取决于国家的实力尤其是国家软实力的水平。所以，提升国家的实力就具有极为重要的意义。司法竞争力被认为是国家软实力的一个组成部分，尤其是当前国际司法竞争加剧的情况下，通过司法竞争力的增强来吸引国际商事主体和国际商事争议对本国司法的选择，不仅能够因此对本国经济发展起到促进效应，也可以通过司法和法律的适用来提升国家声望和国家形象在国际社会的认可与接受。正如我国学者所提出的："在现代社会，具有竞争力的争议解决制度尤其是司法制度，是维护经济发展、彰显本国综合国力的一个重要因素，从而使其已经超出争议解决的范畴，上升到了服务经济、提升本国或本地区综合竞争力的高度。"[2]为此，在司法领域建设专门的国际商事法庭，并为此设置符合国际商事主体和国际商事关系需要的灵活、有效、合理的法律制度，是国际社会的一种有益尝试。虽然尚不能对此作出绝对的结论，但从国际商事法庭在国际社会运行的基本情况来看，目前的效果还是良好的，已经获得了国际商事主体和国际社会的普遍认可。

一、全球化发展的结果

以科技革命为先导的全球化运动对国际社会产生了现实的影响和深远的效应，促进了国际社会的密切程度也对国家的主权带来了影响，当然也对国家主权形成了侵蚀作用。对于全球化对国家主权的侵蚀，欧美国际法学界的不少学者均认为，主权国家正在被政府间和非政府间国际组织以及跨国公司

---

〔1〕［加纳］理查德·弗林蓬·奥蓬：《非洲经济一体化的法律问题》，朱伟东译，社会科学文献出版社 2018 年版，第 245~246 页。

〔2〕何其生：《大国司法理念与中国国际民事诉讼制度的发展》，载《中国社会科学》2017 年第 5 期，第 129~130 页。

等逐渐掏空，全球化因而导致了国家主权的削弱。[1]他们主张，全球化的直接结果是导致了国家与非国家实体间的权力再分配，在国际事务中国家的权力逐渐流向国际组织和非政府实体。在政治主权、经济主权、文化主权以及环境主权等各个领域均已明显地显露出全球化的损耗痕迹，全球化运动对于上述领域的国家主权提出了不同程度的挑战，这也就使得国家主权的相对性特点日益显露出来。戴维·赫尔德（D. Held）曾提出："全球化进程已使政治远不再是从前那种首先单纯地围绕国家和国家间事务的活动……国家运作于一个空前复杂的国际体系中，这不仅限制了它们的自主性（其方式是改变政策的成本和收益之间的平衡），而且逐步侵犯了它们的主权。任何一种把国家视为无限制的、不可分割的公共权力形式的观念都站不住脚了。在今天，人们必须认识到，主权本身已经在国家、地区、国际等机构之间进行了分割，而且主权本身的这种多元性也限制了主权。"[2]

虽然这种有关全球化对主权影响的观念具有一定程度的片面性，过于强调全球化对国家主权的消极影响，不过，上述观念也反映了在全球化时代中国家主权的相对性特征。客观上看，全球化对国家主权的现实影响一方面肯定了各国主权的相对独立性，国际社会仍以主权国家为其基本主体，另一方面也要求各国在国际社会自我限制，并加强相互间的合作。美国联邦最高法院在 1972 年的 Bremen 案[3]中多少有些无奈地承认了全球化时代各国司法主权的受限状况："在国际商业贸易迅速发展的时代，排除理论的绝对性已经没有多大的生存空间了，并且它还可能严重阻碍美国商业活动的未来发展。我们不能期望在世界市场与国际水域所进行的贸易与商业活动都排他性地适用我们的贸易规则、由我们的法律来加以调整并由我们的法院来进行处理。"[4]

当然，全球化的发展也促进了各国法律文化的相互交流与借鉴，信息技术的快速发展使得法律文化的交流与借鉴则变得更加便利与顺畅。很大程度

---

〔1〕 See Tim Dunne，"The Spectre of Globalization"，*Indiana Journal of Global Legal Studies*，1999 (7)，p. 2; David A. Smith etc，ed.，*States and Sovereignty in the Global Economy*，Routledge Limited London，1999，p. 34.

〔2〕 ［英］戴维·赫尔德：《民主的模式》，燕继荣等译，中央编译出版社 1998 年版，第 434 页。

〔3〕 The Bremen v. Zapata Off-Shore Co.，407 U. S. 1（1972）.

〔4〕 407 U. S. 1（1972），p. 9.

上可以说，国际私法就是法律全球化运动的产物。在国际社会发展的早期，受绝对国家主权的制约，一国法律仅在其境内发生效力，而无溢出的道理；同样地，一国只能为自身立法，而不能为其他国家的法律规定一个适用范围，否则将有对别国的主权干涉之嫌。这种严格的法律属地主义观念长期得以存在，"9世纪到12世纪期间，由于欧洲诸王国的建立，法便被看成是颁发法律的政治权力的投射物，法律规则的等级须与政治权力的等级相配，当时流行一种权力的地域性观念，此种观念认为，法律应该在一定的地域内有效，而同适用这种法律的主体的出生地、同此法律涉及的财产的境况以及法律交易的订立地点或负责审理案件的法院无关"。[1]显然，这种严格法律属地性并无认可法律冲突的现实可能，因而极大地制约着国际私法的形成。不过，随着全球化运动的发生，国际私法作为一种特殊的法律部门也在国际社会得以逐渐形成与发展。毫无疑问，国际私法的一个极为重要的形成条件即是国际民商事交往的持续进行，在此基础上，国际社会逐渐认识到不同国家法律制度的差异、对外国人进行保护的必要性以及法律冲突的现实性和在法律适用上仅适用法院地法的局限性。对此，巴蒂福尔、沃尔夫都表达了相同的立场。在谈到国际私法为何会形成于意大利的"法则区别说"时代时，他们都指出：只有在12世纪以后意大利城邦的法律思想在当时充满平等的气氛下，国际私法才能建立起来。[2]李浩培先生也提出："（意大利）每个城市国家都有自己的法则，而各个城市的人因为相互交易很发达，常常一个城市的人会跑到另一个城市中去，这样，不同城市的人民相互间就可能成立民商事关系，于是就发生这样一个问题：一个民商案件，如果涉及两个城市国家的人该怎么办？开始，各个城市国家的法院只适用本城市的法则……但后来法官和研究法律的人都发现，假如只适用本城市国家的法律来解决案件，有时是不妥当和不公正的。"[3]因而，国际民商事交往的广泛存在、摆脱欧洲中世纪宗教神学桎梏后的自由、民主、文明思潮的勃兴、平等保护法治观念的觉醒与建立，国

〔1〕［葡］叶士朋：《欧洲法学史导论》，吕平义、苏健译，中国政法大学出版社1998年版，第97页。

〔2〕［法］亨利·巴蒂福尔、保罗·拉加德：《国际私法总论》，陈洪武等译，中国对外翻译出版公司1989年版，第8～22页；［德］马丁·沃尔夫：《国际私法》，李浩培、汤宗舜译，法律出版社1988年版，第41～73页。

〔3〕李浩培：《国际私法学说的历史发展》，载《李浩培文选》，法律出版社2000年版，第35～36页。

际私法最早形成于城邦林立的意大利也就具有了历史的偶然性与必然性。因此,全球化的发展为国际私法提供了形成的养分,也是国际私法持续发展比较充分的源泉;而且全球化运动还不断深化其在国际私法相关领域的影响力。

全球化的发展对国际私法有促进作用,还因此提升了当事人意思自治原则在国家法律体系中的地位。确立在私法自治基础之上的当事人意思自治原则,基本的含义是当事人根据自己的意愿来选择争议应适用的法律或者选择争议解决的机制,因而涉及法律适用领域的意思自治和管辖权领域的意思自治。其中,法律适用领域的意思自治原则的形成过程较为顺利,而管辖权领域的意思自治原则在形成上则显得相当艰难。长期以来,管辖权一直被认为是一国主权不可分割的重要组成部分,因而国家对于该国主权控制之下的人或物行使管辖权被认为是不可动摇的主权权力。当这种基于主权权力之上的权力理论在管辖权领域中占据绝对主导地位时,对国际社会的管辖权进行重新分配显然存在难以逾越的障碍。权力理论是以能够对被告或其财产实施有效的控制来确立其管辖权的;那么,在权力理论之下,一国对当事人行使管辖权的重要依据是能否对被告或其财产加以适当的控制为标准,如果在该国控制范围内,则法院对案件可以行使管辖权,并且一般不能拒绝管辖;反之,则拒绝行使管辖权。正如冯·迈伦(von Mehren)指出的:"即使依方便、公平与公正标准(即公平理论),行使管辖权是合理的,忠于权力理论的国家仍会以缺乏对被告的权力为由拒绝行使管辖权。"[1]而且,协议管辖制度[2]所具有的赋予管辖权与丧失管辖权的法律效果也难以被绝对主权理论所支持,协议管辖对未被选择国家法院的排除效力,长期都遭到了国家的排斥与反对。所以,在绝对主权领域,当事人的意思自治难以发挥作用,当事人不能通过协议对一国的管辖权加以更改。不过,随着全球化的深化以及全球化观念的拓展,国际社会逐渐对传统的管辖权理论进行了反思。国际商事仲裁的发展和成功对传统管辖权理论带来了直接的冲击,1958年《纽约公约》的缔结以及在国际社会的良好运行使各国普遍认识到国际商事仲裁并不会对各国管辖

---

〔1〕 A. T. von Mehren, "Adjudicatory Jurisdiction: General Theories Compared and Evaluated", Boston Uni. L. Rev., 1983 (63), pp. 286~287.

〔2〕 协议管辖在普通法国家通常被称为"选择法院协议制度",二者之间没有实际的差异。本书对它们不做区分。

权构成绝对的威胁，相反，这种体现了当事人意思自治的争议解决制度或方式却使得当事人的争议解决更富有效率。而 1972 年的 Bremen 案〔1〕则使得选择法院协议制度正式成为美国法律的一个组成部分。美国联邦最高法院声称，如果有合理的确信表明在签订选择法院条款时，自由签订国际商事合同的当事人已经考虑了在被选择法院进行诉讼的不便利，那么很难理解为什么此种不方便的诉求应被考虑，并使选择法院条款不能强制执行；联邦最高法院进而提出"严重不方便"规则：如果被选择法院对于审理案件严重不方便，选择法院条款是不合理的；应由反对执行法院选择条款的当事人证明在被选择法院进行诉讼严重不方便，以至于实际上剥夺了其进行诉讼的能力；如果当事人仅仅提出在被选择法院进行诉讼不方便，而未能证明他实际上不可能去被选择法院进行诉讼，那么当事人不能对抗该条款的执行。〔2〕

由此看来，全球化的发展推动了法律制度的变革，推动了国际私法的进步，即使是长期被视为主权权力之下的管辖权领域，也逐渐允许国际民商事关系当事人协议选择仲裁或者协议选择法院，从而承认了管辖权领域的私人协议的效力。这实际性地表明，全球化的发展，客观上要求国际社会以及各个国家都应当对国际商事主体和国际商事关系当事人的意愿给予相应的认可与尊重。在国际商事争议解决领域确定国际商事仲裁制度与选择法院协议制度，实际上反映的是全球化的发展对国际民商事关系当事人希望争议解决的合理、效率与公平价值追求的接受与肯定，而不是单纯地秉持固有的司法公平观念。与此同时，全球化的发展也日益对国际商事主体以及国际社会的观念产生了实质的影响。在国际商事争议解决领域，司法服务的理念逐渐被国际社会接受，"一国的司法除了在国内的传统功能，在国际社会则更多的是为争议当事人提供一种化解纠纷的公共产品、一种争议解决的服务"。〔3〕而且，司法服务还被认为是吸引国际商事主体的一种有效手段，是进而促进国际商事争议解决中心或者国际经济（金融）中心建设的有效途径。国际社会的先前经验表明，有效的司法保障和良好的司法服务是促进社会秩序和经济发展的重要基础与前提条件。

---

〔1〕　The Bremen v. Zapata Off-Shore Co., 407 U. S. 1 (1972).

〔2〕　407 U. S. 1 (1972), pp. 18~19.

〔3〕　何其生：《大国司法理念与中国国际民事诉讼制度的发展》，载《中国社会科学》2017 年第 5 期，第 130 页。

因而，全球化的发展带来了国际商事争议解决领域的司法保障与司法服务理念，认为司法应当成为提供国际商事纠纷化解的争议解决服务机制，从而为国际商事主体与国际商事关系提供有效、合理的争议解决服务与司法保障，而不只在于提供程序公平甚至实质公平的纠纷裁决结果。裁决结果公平公正、审理程序体现效率、裁判过程有序顺利甚至裁决执行全球通畅，逐渐成为国际商事关系当事人对国际商事争议解决的目标要求。那么，司法转型为国际商事争议解决提供服务，从而使当事人愿意选择自己，并避免当事人选择其他国家的司法或者国际商事仲裁就具有了现实的需要；毕竟，在国际社会日益感受到司法对于国际商事主体的吸引所对国际经济发展和国际政治地位提升的意义时，发挥司法在国际商事争议解决领域的服务功能也就有了现实的客观基础。与此同时，当司法具有了服务的功能，则会形成竞争市场与竞争关系，各国司法在国际商事争议解决市场中参与竞争，并需要以更强的竞争能力参与其中并赢得地位。在这种情况下，设置专门的国际商事法庭无疑是国家积极参与国际商事争议解决市场，并赢得司法竞争力的重要措施，利用国际商事法庭在国际商事争议解决上的法官专业性、制度灵活性、理念开放性等优越性来为国际商事争议提供更好的司法服务。因为专门的国际商事法庭的设立，可以有效地通过不改变基本制度的特殊制度设计来赋予国际商事法庭以灵活性与自由度，从而使国际商事争议的解决更加合理、有效。

另一方面，设置专门的国际商事法庭也是针对国际商事仲裁日益显现出的缺陷所做的一种拓宽当事人争议解决方式选择范围的积极努力。长期以来，国际商事仲裁都是国际商事主体在争端解决上的基本选择方式，从而利用仲裁内在的自主、快速、灵活等功能获得裁决，解决争议；但是，国际商事仲裁在发展演变中内在优势的日渐缺失引起了国际商事主体的不满。事实上，国际社会已经切实地注意到，在 1958 年《纽约公约》之后，国际商事仲裁的优势日益演变成依靠《纽约公约》所形成的国际性承认与执行因素之上了。有外国学者指出："在当前体制下（即只有《纽约公约》的情况下），国际诉讼与国际仲裁法律地位上的差异已经表明了：当事人选择仲裁而非诉讼的主要原因并非基于仲裁程序本身的内在优势，而竟然是基于仲裁这种争议解决方式已经在国内法以及国际条约中得到了肯定、并且其裁决能够获得全球性的可强制性执行。"〔1〕毫无疑问，如果这种情况持续下去，可能最终会使国际商事仲裁发展为国际诉讼的一个影子，并最终损害国际商事仲裁的内在优势，正如该外国学者所担心的："如果仲裁的选择并非基于仲裁的特殊性质，那么我们可以预见，随着时间的推移，仲裁的特质将会逐渐被销蚀，因为它们根本不会被仲裁制度的使用者所重视。事实上，近些年来认为商事仲裁发展得越来越像美国式诉讼程序的抱怨已经越来越普遍了。"〔2〕正是如此，为国际商事主体的争议解决提供更多的选择机会或者良好的替代方式，国际商事法庭的建设就有了实际的客观基础。

全球化的发展促进了国际社会的联系日益紧密以及竞争日渐激烈状况的混合形成，且各国的人与物均不得不夹杂其中而无法独善其身。那么，在国际商事争议解决领域，建设新型的国际商事法庭来积极回应国际商事主体和国际商事关系的利益需求，从而在为国际商事关系当事人提供良好司法服务的情况下增强对国际商事主体的吸引力，进而提升本国司法的竞争力。所以，国际商事法庭在国际社会的建设，是全球化发展演进的实际结果，也是全球化发展引发的观念转变的必然产物。

二、国家软实力促进的需要

一方面，国际商事法庭的建设是国家软实力提升的结果，国家软实力的提升将使国家更加重视司法支持与保障，从而使国家软实力的提升能够得以稳定地持续；另一方面，国际商事法庭的建设也是促进国家软实力提升的有效途径。

国家实力包括国家硬实力和国家软实力的观念目前在国际社会获得了较为一致的认识，从而转变了国际社会先前只认可国家硬实力观念的状况。对于国家软实力的观念，一般认为是约瑟夫·S. 奈（Joseph S. Nye）最早系统提出并加以阐述的。在我国，国家软实力也经常被称为国家软力量、国家软权力等。

约瑟夫·S. 奈提出，在国际政治中存在两种力量，一种是由军事力量和经济力量等有形的、能起到支配作用的力量组成的"硬实力"（hard power），依赖引诱（胡萝卜）或威胁（大棒）的途径来促使他人改变立场；还有一种

---

〔1〕　T. T. Arvind, "The Draft Hague Judgments Convention: Some Perspectives from Arbitration", Netherland Int'l L. Rev., 2004（51），p. 357.

〔2〕　T. T. Arvind, "The Draft Hague Judgments Convention: Some Perspectives from Arbitration", Netherland Int'l L. Rev., 2004（51），p. 357.

间接的使用力量的方法，这种力量——能让其他人做你想让他们做的事，就是"软实力"（soft power）。软实力的产生和发生效用，可能是因为别的国家想追随她，崇尚她的价值观，以她为榜样，渴望达到她所达到的繁荣和开放程度，强调与人们合作而不是强迫人们服从其意志。这种不用实实在在的威胁或报酬就得到所想要的结果，也被称为"力量的第二层面"。[1]与硬实力的表现和力量来源是有形的物质力量有明显不同，软实力则通常隐含在无形的能力之中。正如约瑟夫·S.奈所指出的，国家的软实力主要来自三种资源，即文化（在能对他国产生吸引力的地方起作用）、政治价值观（当它在海内外都能真正实践这些价值时）及外交政策（当政策被视为具有合法性及道德威信时）。对于软实力的衡量因素，约瑟夫·S.奈提出了诸多的考察项目，认为对这些衡量项目的考察就大致能够判断一国软实力的状况：政治制度、是否存在主权与领土争议、国内族群和谐、生活质量指数、大学世界排名、图书出版销售、发表科学及期刊文章、互联网主机数目、专利项目、研发支出、高科技出口、跨国品牌、诺贝尔奖得主、音乐销售、体育运动（明星）、电影电视出口量、公共外交、吸引外来游客、吸引海外留学生数量、吸引海外移民数量、吸引政治避难申请、海外发展援助以及是否拥有珍稀动物等。[2]当然，需要指出的是，约瑟夫·S.奈所确立的这些衡量项目实际上并不是全面性的，也不是固定不变的，这些项目在软实力衡量中的所占比重也不具有确定性；而且，这些项目是否能够衡量国家的软实力以及多大程度上体现国家软实力，可能令人怀疑，甚至因为其具有地域偏见或者意识形态的价值取向而减损其科学性。

因而，按照约瑟夫·S.奈的主张，一国的实力由硬实力和软实力两大部分构成，而软实力和硬实力的综合便构成该国的"巧实力"（Smart Power）。[3]硬实力通常是一国凭借其资源实力、经济实力、军事实力和科技实力等有形物质力量为基础的强制性、支配性能力而迫使其他国家服从的力量和权力；软实力则通常是统领硬实力并使其发挥特定功能的吸引力与同化力。约瑟夫·

---

〔1〕 ［美］约瑟夫·奈：《软力量——世界政坛成功之道》，吴晓辉、钱程译，东方出版社 2005年版，第5页。

〔2〕 ［美］约瑟夫·奈：《软力量——世界政坛成功之道》，吴晓辉、钱程译，东方出版社 2005年版，第11~17页。

〔3〕 这种"巧实力"其实就是我国普遍使用的"综合国力"。

S. 奈提出，软实力是通过吸引别人而不是强制他们来达到你想达到目的的能力，包括政治制度的吸引力、价值观的感召力、文化的感染力、外交的说服力、国际信誉以及国家领导人与国民形象的魅力等。[1]约瑟夫·S. 奈还补充认为，除了上述因素，国家的信誉、国家凝聚力、非政府组织以及在国际社会设定议题也是国家软实力的重要来源。[2]因而，国家软实力本质上是一种非物质力量，是一种具有内向吸引力、感染力以及外向辐射力的综合体，但又主要依赖被指向国家自愿地接受甚至同化来发挥作用并最终得以体现出来。

对于软实力与硬实力，约瑟夫·S. 奈认为，二者都是以影响他人行为达到自身目的的能力；它们之间的区别在于其行为的性质和资源的实质性存在的程度不同。支配力（改变他人行为的能力）依赖于通过强迫或引诱的方式发挥作用；吸纳力（左右他人愿望的能力）依赖于一国文化和价值的吸引力，或者依赖于通过操纵政治议程的选择，让别人感到自身的目标不切实际而放弃表达个人愿望的能力。在支配力和吸纳力两个极端之间，行为的种类涵盖了许多层面：从强迫到经济诱惑，到制订政治议程，最后到纯粹的吸引。软力量资源通常与吸纳力行为这一端相关联，而硬力量则与支配行为相关联。[3]在两种力量的互动关系上，约瑟夫·S. 奈认为：一国经济和军事的衰落不仅使其丧失硬力量，也能使其丧失部分影响国际议程的能力，并丧失自身的部分吸引力……软力量并不依赖于硬力量……一些国家的政治影响力大于它们的军事和经济实力，这主要是因为它们在考虑国家利益时涵盖了一些具有吸引力的目标，诸如经济援助和维和等。[4]毫无疑问，约瑟夫·S. 奈的这种主张强调了软实力的价值，认为软实力在当前国际社会领域具有更为基础与有效的效用，是硬实力所难以企及的。这种观念有着一定程度的合理性，显现出了软实力在现代国际社会所具有的特殊地位与价值，因而需要对国家软实力给予更大程度的提升和关注。

---

[1]　Joseph S. Nye, *The Paradox of American Power：Why the World's Only Superpower Can't Go It Alone*, New York：Oxford University Press, 2002, pp. 8~11.

[2]　Joseph S. Nye, *The Paradox of American Power：Why the World's Only Superpower Can't Go It Alone*, New York：Oxford University Press, 2002, pp. 8~9.

[3]　[美] 约瑟夫·奈：《软力量——世界政坛成功之道》，吴晓辉、钱程译，东方出版社2005年版，第7页。

[4]　[美] 约瑟夫·奈：《软力量——世界政坛成功之道》，吴晓辉、钱程译，东方出版社2005年版，第9页。

通常认为，与硬实力的有形物质性、外在强迫性或支配性不同，软实力的基本特质主要体现在内生性、内省性和内驱性。按照学者的理解，内生性是指软实力的生长来自一个国家对自身核心价值的信仰和坚持，对政治制度的创新与完善，对文化理念的信心和发扬，对民族精神的光大和传播，并不依附于强大的硬实力而形成和提升；内省性是指软实力的价值基点奠定在既有力量的认知和反思之上，在于从不足和匮乏中拓展力量建设的内在空间而不是为了向外部世界显示力量；内驱性则是指软实力基于构成要素的互动整合而得到提升，提升软实力的动力来源于整体力量建设的要求，对外投射力的产生是客观的效应而非对于投射结果的有意识控制。[1]所以，软实力更注重内在的素质提升和精神动力，而不仅仅是外在力量的积累与展现，这也是一些经济实力和军事能力等并不绝对占优的国家在国际政治或者国际法律形成等领域上能够发挥重要影响的主要原因。客观上说，作为当代综合实力的两大构成部分，国家硬实力和国家软实力都是不可或缺的，很难准确区分二者的价值与实际地位；而且二者之间还存在相互依存或者相互转化的情形，从而使得硬实力与软实力之间并不存在绝对的界限。正如有学者指出的：军事实力在攻击他方时，是硬实力的展现，但在承担维和、救援、救灾等任务过程中，又可产生出明显的软实力效果。经济实力在进行制裁或进行威胁利诱时，是硬实力的表现，但在经济援助或抗击经济风险过程中，又能产生较大的软实力效应。[2]事实上，硬实力与软实力并非如此泾渭分明，而存在相辅相成的内在关联。

值得注意的是，相当程度上，约瑟夫·S.奈提出"软实力"理论，主要是因为当今多数大国都发现，使用军事力量要比前几个世纪所付出的代价更大。核升级的危险，对弱小国家中被民族主义唤醒的人们进行统治的艰难，由于其他问题所造成的互惠关系破裂的危险，以及西方民主国家的公众对持久而耗资的军事冲突的反对均是造成这一现象的原因。[3]就传统而言，作战

---

〔1〕 刘杰：《中国软力量建设的几个基本问题》，载上海社会科学院世界经济与政治研究院编：《国际体系与中国的软力量》，时事出版社 2006 年版，第 103 页。

〔2〕 刘相平：《对"软实力"之再认识》，载《南京大学学报（哲学·人文科学·社会科学版）》2010 年第 1 期，第 152~153 页。

〔3〕 ［美］约瑟夫·奈：《美国定能领导世界吗》，何小东等译，军事译文出版社 1992 年版，第24 页。

能力往往是检验大国的标尺，而现在，权力的定义不再强调昔日极其突出的军事力量和征服。技术、教育和经济增长因素在国际权力中的作用越来越重要，而地理、人口和原材料则变得越来越不重要了。[1]在历经两次大规模的世界大战之后，单纯凭借国家硬实力以获得国际政治上的领导地位以及国家利益的有效增长的做法受到国际社会的普遍反思与质疑，并相当程度上引发了中小国家的反对甚至强力反抗；而20世纪50、60年代新兴国家的独立运动也给旧的国际秩序带来了巨大的冲击，从而促使新国际秩序得以逐渐形成。这种情形促使国际社会改变先前仅依赖国家硬实力以维护自身利益甚至谋求霸权的简单实践和片面观念，而迫切需要运用更为柔和且更具有诱惑力的国家软实力来引诱各国遵从既定的国际法律制度和国际社会规则。除此之外，第二次世界大战后形成的《联合国宪章》将主权平等、禁止使用武力、不干涉内政等原则明确规定为国际法基本原则，使得和平与发展成为当代国际社会的根本目标，也使得传统的硬实力在国际政治领域的作用空间受到影响。毫无疑问，这些因素都一定程度上改变了国家硬实力在国际政治中的地位，并使更具诱惑力的国家软实力日益显现出积极的价值。有鉴于此，作为国际政治中的超级大国，美国率先提出、积极提倡并充分运用国家软实力，以吸引并引诱国际社会遵从其价值观和因此形成的国际秩序，显然具有特殊的价值追求和深层意义。正是如此，对于约瑟夫·S.奈提出软实力的主要原因，我国学者揭示了其隐藏在表面形式之内的真正实质：约瑟夫·S.奈主要是针对国际关系提出软实力概念，具有强烈的"美国特色"，即对外谋求软性霸权。所以，他提出的软实力论有着工具性，或者说实用主义的倾向。事实上，这一理论已被一些西方大国纳入自己的战略武器库，成为干预和控制别国的重要手段。[2]

当然，另一方面，国家软实力观念的形成，显然是与国际社会的当前现实相一致的，是对国际事务中呈现出的现实所给予的认可。对于国家软实力在国际事务中的价值，约瑟夫·S.奈这样指出，如果一个国家可以使其权力被其他国家视为合法，则她将遭受更少对其所期望的目标的抵制；如果其文

---

〔1〕 〔美〕约瑟夫·S.奈：《硬权力与软权力》，门洪华译，北京大学出版社2005年版，第98~99页。

〔2〕 郭洁敏：《当前我国软力量研究中若干难点问题及其思考》，载《社会科学》2009年第2期，第14页。

化和意识形态有吸引力，其他国家将更愿意追随其后；如果该国能够建立与其社会相一致的国际规范，则她无须被迫改变；如果该国支持使得他国按照主导国家的预期采取行动或限制自身行为的制度，她可能无须以高昂的代价运用强制性权力或硬权力。[1] 软实力利用其吸引力和诱惑力吸引其他国家接受或尊重一国的利益，从而避免了强制或威胁手段所可能引发的对一国期望目标的反对与抵制；软实力还有助于一国制定有利于自身利益的国际制度和法律规则，形成国际法律体系，使国际社会遵守并维护国际体制，从而最终实现对本国利益的有效保护和期望目标的有效尊重。所以，虽然国家软实力的概念甚至在国际社会的提出包含着发达国家的非法目的，但国家软实力本身反映了国际社会的现实。

在当代社会，司法竞争力日益受到关注与重视，并日渐被视为国家软实力的一个组成因素，强调司法竞争力的提升有助于对当事人尤其是国际商事主体形成吸引力，使得国际商事关系当事人愿意选择该国的法院作为管辖法院、也愿意选择该国的法律作为他们争议的准据法。那么，法院在国际商事争议的解决过程中不仅有利于增强本国司法的经验、提升法院的司法能力与水平，也有利于增强国际商事主体对该国司法和法律的实际感知进而形成积极的心理认知。毫无疑问，这种情形有利于促进国际商事主体的吸引力，促进该国国际商事关系的持续发展，也进一步促进国家在国际商事争端解决中心建设上的目标达成。有鉴于此，国际商事法庭的建设应当是国家软实力增强的一个表现，同时也是国家为了促进国家软实力提升而实施的一个措施和一种策略。

在当今国际社会，英国伦敦商事法院和美国纽约法院被国际商事主体认为是受欢迎的管辖法院。在英国司法部主持的一项有关英国决定提高诉讼费可能对英国司法与英国法律适用带来何种效果的研究项目[2]中指出：伦敦被

---

[1] ［美］约瑟夫·S.奈：《硬权力与软权力》，门洪华译，北京大学出版社 2005 年版，第 107 页。

[2] 该研究项目采用了三种方式完成资料采集，即其一，与经常在英国法院从事国际商事诉讼的人进行访谈；其二，通过英国国际法与比较法协会向那些具有相关专业知识和经历的法律从业者发送网络调查；其三，举办了一次由英国国际法与比较法协会主持的"在英国诉讼，为什么或为什么不？"60 人参加的研讨会。根据该研究项目的说明，参与这个项目的受访者涉及在英国较高水准（主要是以标的额为判断标准——笔者注）商事诉讼的相关人士，诸如国际诉讼当事人、律师事务所、大律师事务所（Barristers' chambers）、司法机构、法律组织或法律协会以及关注英国商事诉讼和英国法院所面临全球化法律服务市场竞争的法律学者。

认为是国际社会普遍认可和自然的国际商事诉讼管辖地。而导致伦敦作为跨国争议解决中心的主要因素涉及以下方面：（1）最重要的是，英国法官的经验与声望；（2）英国法因为其高质量、确定性与高效能而在国际商事事项中被普遍选择为准据法；（3）英国法院在一系列商事争议解决领域的良好声望；（4）高效的损害赔偿制度；（5）诉讼程序上的高效率；（6）法院的中立性。因而，因为英国法院的崇高声望和高质量的法律制度，在国际商事领域协议选择英国法院和英国法的情况被认为是极其盛行的一般实践。[1]虽然这个研究项目可能带有一定的指向性而刻意突出伦敦商事法庭的所谓优势，从而影响项目研究结论的可信度，但是，当前国际社会对伦敦商事法庭的欢迎也并非不是一种现实，在航运业、航运保险业、银行业、金融业、能源业等行业尤其是如此。事实上，外国学者早就曾经这样指出："金融机构通常在合同的法域选择条款中选择英国法院，是因为能利用英国商事法院法官的特殊技能与经验。"[2]一直以来，美国也是国际商事主体普遍期望的国际商事争议的管辖地。对此，马歇尔（Marshall）法官曾在 Reyno 案中分析了促使外国原告挑选美国法院的主要相关因素："第一，美国五十个州中除了六个州[3]之外都实行了严格责任制度；第二，侵权案件中，原告至少可潜在地从五十个州中进行选择，因为每个州都有一套灵活的法律选择规则；第三，在美国有陪审团制度；第四，美国允许风险收费制度，并不需要败诉方承担胜诉方的律师费；第五，美国的证据制度涉及范围更广泛。"[4]而纽约因为世界金融中心的地位更使得纽约法院成为国际商事主体青睐的管辖法院。因此，英国伦敦和美国纽约因为国际金融中心、国际经济中心的地位而导致国际商事主体选择其法院作为国际商事争议的管辖法院；与此同时，伦敦商事法庭和纽约法院因为法律制度的灵活进步、法官经验的积累与丰富、法

---

[1]　Eva Lein et al., "Factors Influencing International Litigants' Decisions to Bring Commercial Claims to the London Based Courts, UK Ministry of Justice Analytical Series", 2015, https://assets. publishing. service. gov. uk/government/uploads/system/uploads/attachment_ data/file/396343/factors-influencing-international-litigants-with-commercial-claims. pdf.

[2]　Andrew Clark, "A Toast from Wall Street: Examines London's Pre-eminence in Bank Litigation", Financial Times, 1995-12-12 (9).

[3]　这六个州分别为：特拉华州、马萨诸塞州、密歇根州、北卡罗来纳州、弗吉尼亚州与怀俄明州。

[4]　Piper Aircraft Co. v. Reyno, 454 U. S. 235 (1981), footnote 18.

院程序的高效合理、法院判决的公平合理等也增进了国际商事主体的好感与信心，进而对其国际争议解决中心、世界经济中心的建设起到积极的促进效果。

新兴的国际商事法庭则更显著地显示出国家对司法竞争力作为国家软实力组成部分的观念认可。新加坡设立国际商事法庭，主要在于通过为国际商事关系当事人提供更加优质和高效的司法服务，从而将新加坡打造成一个地处亚洲但面向世界的国际商事争议解决中心。新加坡已经基本建成国际商事仲裁中心与国际商事调解中心，而以国际商事法庭为基准的国际商事司法中心的建设将形成三位一体的国际商事争议解决中心，进而通过国际商事争议解决服务来推广新加坡价值。德国国际商事法庭的设立目标之一，也是通过国际商事法庭来促进国际商事关系当事人对德国法院的选择，并进而扩大德国法律的适用，从而回应自 2008 年以来"法律——德国制造"的价值追求。德国立法者认为，法院地的选择与法律适用在实践中是一致的，对于当事人而言，保持法律适用与法院地选择的一致性是优先考虑的因素；那么，引入国际商事法庭就有利于增强德国法院对国际商事主体的吸引力，从而会在国际商事合同中更多地考虑选择德国法作为准据法。应当承认，理论上看虽然德国立法者的观念并不完全准确，因为在国际私法理论上法律适用与法院选择是两个并不相同，也没有必然关联的两个独立事项，对法院的选择并不影响当事人对其他国家法律的选择；另一方面，我们也应注意到现代社会二者联系甚至混同的现象，法律适用"回家去"的倾向事实上使得国际社会发现对法院的选择也相当程度上意味着对法律适用的确定，而国际社会在外国法查明上普遍存在的"无法查明"现象也使得二者的混同成为国际商事主体眼中的一种事实。毫无疑问，这对于并不具备国际私法观念的国际商事主体来说，他们对二者关系的感知就更容易弄得混杂。对于中东地区国家的国际商事法庭建设而言，其建设的核心价值本质上就是作为国际金融中心建设的一个组成部分，期望通过国际商事法庭提供的良好司法服务与司法保障来促进国际金融中心的建设。

对于国家软实力所发挥效应的独特性，我国学者指出：软实力具有明显的特点，即渗透性，软实力渗透于经济、政治、军事、社会、国际关系等领域，从而使其成为更高、更深、更广的力量；隐蔽性，因为软实力是非物质性的、抽象的，所以人们不易察觉，而是心甘情愿、潜移默化地受到影响。

软实力的非强制性使它的作用更加深远绵长。[1]国际社会的实践表明，良好的司法服务和司法保障对于国际商事争议的有效解决有着实际的效应，并对国际商事主体有着观念上的积极体验从而形成吸引力。对于注重法律关系稳定性、确定性与可预见性的国际商事主体来说，良好的司法体验对其观念的形成会有实际的价值。那么，这种结果不仅有助于国际商事主体选择该国法院作为争议解决的管辖法院，从而增强法院的审理经验进而提升国家司法的吸引力和竞争力，促进国家国际争议解决中心的建设；而且对国家经济的发展形成良好的效应。因此，当前国际商事法庭在国际社会的建设局面，显然是国家软实力发展的结果，也是国家软实力提升需要的积极产物。

三、司法竞争力提升的需求

国际商事法庭在国际社会的建设，直接的价值追求显然就在于提升本国的司法竞争。司法竞争力日渐被视为国家软实力的一个组成部分，因而司法竞争力的提升成为国际社会的努力方向。全球化的发展对于国际社会所形成的竞争状态，客观上要求各个国家采取各种措施和方法来增强自身的竞争能力。在现代社会，司法制度日益成为一项重要的竞争力要素，司法制度的有效程度会对国家的法治水平和司法能力产生效应，并对国际商事关系当事人带来观念上的影响。事实上，一些国家日益重视司法制度具有促进国家竞争力的观念。在英国看来，良好的司法制度和成熟的争议解决机制是促进伦敦成为国际商事争议解决中心甚至成为全球商业中心的重要基础；伦敦商事法庭长期积累形成的司法经验和国际声望，相当程度上使国际商事主体期望选择英国法院作为其争议的管辖法院，也经常选择英国法作为其争议的准据法。德国也认为，法律是在全球化时代一项重要的竞争因素，因而兴起了"法律——德国制造"的司法改革运动，以促进德国积极参与全球法律制度的竞争，提升德国的司法竞争力，进而使德国法也成为国际商事关系选择的对象。因此，我国学者提出：在现代国际社会，对于大国而言，具有竞争力的争议解决制度尤其是司法制度，是维护经济发展、彰显本国综合国力的一个重要因素，从而使其已经超出争议解决的范畴，上升到了服务经济、提升本

---

〔1〕 俞新天：《软实力建设与中国对外战略》，载《国际问题研究》2008 年第 2 期，第 17 页。

国或本地区综合竞争力的高度。[1]

当然，无论是否为成熟的法域，一国的司法竞争力都具有相对的性质；也即不是在所有领域一国的司法竞争力都是高水平的，或者国家所有的法院司法竞争力都很强大，相反，司法竞争力不足的国家也可以有司法水平较高的法院。与此同时，对于新兴国家来说，司法竞争力的提升则会遇到更多的困难，不仅会面临其他成熟法域司法竞争力的压力，也会因为自身法律制度和司法水平有所不足等不利因素而受影响。在上述情况下，国际商事法庭的建设可以通过国家的推动来实现司法竞争力的提升，对成熟法域是如此，对新兴国家也是如此。通过国际商事法庭的特别建设促进其司法竞争力的快速提升，并以此作为窗口的司法示范效应来对国际商事主体形成积极影响。

国际商事法庭的既有经验表明，司法竞争力的提升需要在制度层面加强努力，良好的制度建设能够促进司法竞争力的提升。正如外国学者指出的：制度变迁能够影响经济增长，并影响国家的国家实力；反之，国家竞争力所蕴含的竞争也是制度变迁的原动力。因而，如果没有竞争来进行制度的扬弃，从而放弃不好的制度、发展良好有效的制度，人类历史就不会发展演进下去。[2]为了增强国际商事法庭的司法竞争力，各国都在法律制度上进行了各种努力，对本国的法律制度进行了调整或者修改。

为了进一步提升英国法院（包括伦敦商事法院在内）的司法竞争力，以及有效应对其他国家国际商事法庭建设所可能形成的司法竞争关系，英国作出了一系列的努力。所采取的措施主要包括：其一，将商事法院、海事法院、技术与工程法院以及其他专门法院迁入罗尔斯大厦（Rolls Building），从而将商事与财产案件集中在罗尔斯大厦统一管辖和审理。这种实践的效果是有利于将各专门法院的资源加以统一，并因此提高纠纷解决的效率。其二，在各个法院之间采用灵活便利的法官选任方式，允许各法院之间进行跨庭调任法官。这种措施有利于使法官的专长、经验与案件审理所需要的特殊要求相匹配，进而使争议的解决更专业也更有效率。其三，在伦敦之外，曼彻斯特、伯明翰、利兹、布里斯托、卡迪夫五个中心城市也将设立商事与财产法院，

---

[1] 何其生：《大国司法理念与中国国际民事诉讼制度的发展》，载《中国社会科学》2017 年第 5 期，第 123~146 页。

[2] Armen A. Alchian，"Uncertainty, Evolution and Economic Theory"，*Journal of Political Economy*，1950（58），p. 213.

从而相关的案件能够在这些地方的法院进行审理，减轻伦敦商事法庭的审理压力，使国际商事争议得到迅速解决。避免案件堆积所引发的审理延迟，是法院和当事人都期望的，否则很容易对当事人的商事利益带来不利，从而导致对法院产生不好的司法体验。其四，为提高诉讼效率进而节约当事人的诉讼成本，英国商事法院采用了速裁机制和灵活审理机制。前者的目的在于庭审在较短的时间内完成并迅速作出判决，后者则在于鼓励当事人在庭审上限制证据开示以节约诉讼时间与成本。司法机制的灵活性不仅有利于法院司法资源的合理分配，也可以使当事人获得更有效的司法体验。其五，积极采用信息技术提高法院各项工作的便利性与灵活性。司法的信息化可以体现司法的效率、便利与成本节约等价值。

法国建设巴黎国际商事法庭的目的，主要在于提升法国商事争议解决的国际竞争力。作为大陆法国家的主要代表，法国的立法与司法曾经都有一定的国际影响力；尽管如此，当前国际社会国际商事主体却更加愿意选择英国法院和美国法院，也更愿意选择英国法或美国法作为准据法，在商事关系中也经常选择英语作为交易的语言。所以，这种情况表明当前国际社会法国司法的竞争力不再强劲。与此同时，英国在退出欧盟后可能导致伦敦商事争议解决的国际影响力降低，从而会形成国际商事争议解决的机会空缺。那么，通过组建巴黎国际商事法庭提高法国的司法竞争力，有助于填补这个机会空缺，进而促进国际商事主体对法国司法和法国法律的选择。为了增强巴黎国际商事法庭的竞争力与吸引力，巴黎国际商事法庭建设了一套完整的程序流程以缩短诉讼所需的时间，设立严格的时间节点要求法官与当事人共同遵守。与此同时，法国允许在国际商事纠纷特定的庭审阶段使用英语审判，并考虑在判决作出后附上相应的英文版本。毫无疑问，这种实践主要是基于当前国际商事实践中多数都是使用英文的情况而作出的变通，并不符合法国法对法语的法律地位的规定，从而体现出了法国对国际商事关系现实主动进行接受的一种态度。

作为新兴的国际商事法庭，新加坡国际商事法庭的目标在于建设面向世界的国际商事争议司法中心，从而成为国际商事争议解决中心建设的一个重要部分，进而为新加坡的世界经济中心建设提供司法助力。为此，新加坡国际商事法庭在提高司法竞争力方面所采取了诸多的措施。其一，在法院级别上定位为新加坡最高法院的组成部分。高级别的法院不仅对国际商事关系当事人有更大的吸引力，而且法官的能力、经验也会更强，从而进一步使国际商事关系当事人有选择其法院的更大意愿。此外，在外国判决承认与执行阶段，更高级别法院作出的判决在承认与执行上也有一定的优势，尽管国际经验并不直接表明，但被请求法院在对外国更高级别法院所做的判决显然会有更大程度的尊重。其二，在法官的组成上可以从其他国家的优秀法官或已退休法官中招录国际法官，使国际商事法庭的国际性更加明显，并利用国际法官的经验与声望来对国际商事主体形成更强的吸引力。在国际商事主体看来，法官的国际化意味着有更多的优秀法官，也意味着国家对国际商事争议解决的自由化态度，因而更能符合当事人的利益需求。其三，允许当事人对离岸案件协议选择新加坡国际商事法庭，从而将与新加坡不存在实质联系的案件纳入管辖范围。这种管辖权制度有效摆脱了协议管辖上"实际联系原则"的制约，对当事人的意思给予了极大的尊重，使当事人选择合适的中立法院的期望能够得到有效实现。其四，允许经过注册的外国律师在新加坡国际商事法庭从事律师代理，对于获得完全注册的外国律师可以律师身份出庭代理离岸案件，对于限制注册的外国律师可以就外国法问题提交法律意见。某种程度上，外籍律师代理制度不仅满足了国际商事主体的高标准要求，也体现出国家的一种自由宽松态度，从而对当事人形成吸引力。

迪拜国际金融中心法院期望建立一个以英语为其官方语言、以英国商事法院为蓝本的位于中东地区的普通法法院，进而为其国际金融中心的建设提供司法支持。为此，迪拜国际金融中心法院采取了相应的措施来增进其司法竞争力。其一，与其他新兴国际商事法庭相似，迪拜国际金融中心法院也注重法官的国际化，其国际法官基本具有普通法传统，从而在保证国际商事争议解决上的国际性的同时，也注重了与其普通法法院建设目标的内在协调。其二，通过案件繁简分流制度来提高争议解决的效率，使不同程度的案件通过适当的程序加以解决，从而不仅可以使法院的效率得到合理的保障，而且可以使当事人获得适合性的司法服务。迪拜国际金融中心法院建立了小额诉讼法庭，并准备建立技术和工程诉讼的法庭，从而根据案件的标的额或案件性质进行分流。这种案件繁简分流制度不仅可以合理分配司法资源，使司法资源得到有效的利用，也可有效缓解迪拜国际金融中心初审法院的审理压力；而且可以使当事人获得适合性的司法服务，增强当事人司法体验的满意度。其三，对外籍律师采取开放态度，允许外籍律师以登记执业的方式从事代理业务。其四，注重加强信息化制度建设，通过文件提交的电子化、案件审理的电子化、文书送达的电子化等对诉讼的推进起到积极的作用。阿布扎比全球市场法院也基本上接受了迪拜国际金融中心法院的制度建设理念，进行了相关制度的开放性建设，从而也致力于建设基于英国司法制度的普通法法院，以增强其司法的国际竞争力。

四、小结

不可否认，国际商事争议的解决已然发展为一种竞争市场，这主要是基于国际商事争议的解决对于经济发展的潜在意义、国际商事争议解决对国家司法竞争力的实际价值以及国际商事争议解决对国际商事争议解决国际中心建设的基础性效应等因素共同作用的结果。那么，在全球司法竞争市场上，国家层面的努力至关重要，但国际商事社会的普遍接受则更加关键，只有国际商事主体的自愿参与和主动选择，司法的竞争力才能得以体现。

需要注意的是，国家司法竞争力的提升通常需要一段长时间的积累过程，而很难呈现出突进式的发展现象，这既是源于司法的进步和法官经验必须要有时间的积淀，也是因为人的观念接受或固有观念的转变需要时间和其他因素的支持。某种程度上，发达国家法院在司法竞争力上会占有某种程度的先发效应，国际商事主体通常愿意选择英国法院（尤其是伦敦商事法院）或美国法院的现象被国际社会所认知。综合其原因，既有这些国家法律制度的因素，以及经济发展程度所形成的吸附效应，也有国际商事主体方面的因素，诸如作为理性人更愿意选择对自己更有利的法院和法律适用，发达国家当事人的优越地位使得其在法院选择上占有优势，而他们由于文化、所受教育、地域偏见甚至意识形态等方面的原因更愿意选择发达国家的法院。那么，这些具有先发优势国家的法院将会由于法官的经验与水平、法院的声望，以及国家为国际商事争议解决中心建设所提供的制度支持与便利措施等各种因素的加持效应而在国际商事争议解决市场的竞争中形成优势；而且，这些国家也普遍注意到国际商事争议及其解决的特殊性，因而在较早的时期就形成了商事法院，赋予商事法院更大的灵活度和自由适用空间来解决商事争端。尽管如此，在当代国际社会，全球化深入发展演进所导致的人们观念的多元化发展进而形成的司法哲学理念逐渐转变的趋势，以及国家软实力观念要求提升司法能力与司法服务水平，对这些先发国家的司法竞争力也产生了影响、形成了压力；为此，这些国家也对于国际商事法庭的建设给予了更大的关注，以继续在国际商事争议解决市场领有司法竞争力的优势。新兴国家在国际商事法庭建设上的强力推动，必然会对国际商事主体的观念带来效果，因此，先发国家在国际商事法庭的重建，显然也是迫于司法竞争力因素的现实影响。

与此有较大差异的是，其他国家尤其是广大发展中国家受制于法律文化、国家法律制度、国家经济政治发展与国际地位、法官经验与水平、法院声望等多种因素的影响，对国际社会的吸引力相对较低。在这种情况下，新兴国家加强了国际商事法庭的建设，以利用国际商事法庭来实现迅速提升司法竞争力的目标，从而在国际商事争议解决市场占据一席之地，进而为国际商事争议解决中心、国际经济中心的建设提供国际商事主体的观念接受、提供司法支持和保障。毕竟，与整体提升国家司法竞争力的巨大困难相比，单个国际商事法庭的司法竞争力能够得到快速的提升，尤其是通过国家层面的支持和制度方面的创新，法庭的能力与水平能够在较短的时间内迅速提升，进而得到国际商事主体的认可与接受。

第三节　国际社会国际商事法庭建设的基本价值目标

一、通过优质的国际商事争议解决提升司法竞争力

在国际商事争议解决领域，司法服务市场与司法服务观念的形成导致了各国司法的竞争现象。为此，提升自身的服务水平和服务能力，是为国际商事关系当事人提供公平合理、优质高效的争议解决结果的关键，也是在国际商事争议解决市场取得竞争力的重要基础，从而使得国际商事关系当事人愿意选择其法院作为争议解决的管辖法院。那么，在国际市场的竞争状况下，专门的国际商事法庭的建设无疑是有着集中国家优势资源、也对国际商事主体具有更高辨识度的可行实践。

中世纪"灰脚法庭"的成功给后世带来了积极效应。英国商事法院因为国际金融中心以及国际商事争议解决中心而具有了强大的司法竞争力，尤其是在海事海商、银行金融等国际商事领域，国际商事关系当事人通常选择英国法院为其争议的管辖法院，并将英国法选择为争议的准据法。即使如此，面对当前国际社会日益明显的司法竞争压力，英国法院也开始对国际商事法

庭进行制度改进，以有效应对来自国际社会的司法竞争局面。英国法院将先前各自独立的专门法院进行整合，并进行了法律制度的改革，诸如跨庭调任法官制度允许各个专门法院之间的法官根据案件需要进行跨庭选任，从而改变了先前各法院之间的法官相互独立的状况，使法官的专长与经验能够更有效地与案件的审理进行匹配，因而对于国际商事争议的解决更能实现公平合理且更高效的目的；此外，还实施速裁机制和灵活审理机制，使国际商事争议的解决更加灵活便利、也更高效合理。应当认为，对于成熟法域的英国法院，其作出这些方面的制度调整显然是受到了来自国际商事争议解决市场的压力之所致。英国司法部主持的研究项目就指出，英国商事法院正遭受着其他国家法院的竞争威胁，涉及的主要竞争者是纽约法院、新加坡法院和其他欧盟国家的法院，而且新加坡国际商事法庭将成为英国商事法院的强有力竞争者（a serious competitor）。更为严重的是，这个研究项目的受访者大多持这样的主张。[1]因此，这应该是一种具有普遍性的国际商事共识，且可能对国际商事主体的观念带来效果。毕竟，对于国际商事主体来说，他们对于新司法哲学的接受，要求争议的解决结果应符合公平、适宜且效率的原则，将会对各国的司法竞争状况带来现实的效果，从而给各国法院带来司法竞争的压力。

　　作为新兴国家的新加坡，其对国际商事法庭建设的目标在于与新加坡国际仲裁中心、新加坡国际调解中心一起构成一个位于亚洲但面向世界的国际商事争议解决中心。毫无疑问，这不仅会对成熟法域的英国商事法院、美国法院甚至法国或德国法院形成抗衡甚至挑战，也需要通过具体的实践来改变国际商事主体的固有观念甚至地域偏见。所以，新加坡国际商事法庭的建设，首先就需要通过优质的国际商事争议解决来树立形象，进而在争议解决的过程中增强司法竞争力。中东国家的情况可能更是如此，这些国家由于历史原因、文化传统、法律制度、经济政治发展等因素，对于国际商事主体的吸引力更小；而且，中东国家的国际商事法庭如迪拜国际金融中心法院、卡塔尔国际法院与争议解决中心，将国际商事法庭的建设视为其国际金融中心建设

---

　　〔1〕　Eva Lein et al., "Factors Influencing International Litigants' Decisions to Bring Commercial Claims to the London Based Courts, UK Ministry of Justice Analytical Series", 2015, https://assets. publishing. service. gov. uk/government/uploads/system/uploads/attachment_ data/file/396343/factors-influencing-international-litigants-with-commercial-claims. pdf.

的一个组成部分以及为国际金融中心建设提供司法服务与司法保障的要素，所以，这些国家的国际商事法庭建设实际上有着更为宏大目标的追求，是为促进这些宏大目标实现采取的司法支持措施。正是如此，更需要通过高效优质的争议解决来提升司法竞争力，从而吸引国际商事主体前来国际贸易和国际投资。

二、促进对本国司法与本国法律的选择

通常情况下，国际商事关系当事人对一国法院的选择通常都不是任意的。作为理性人，当事人通常会选择一个对自己有利的法院来管辖他们之间的争议；正是如此，在法院选择时，当事人可能需要考虑各种因素，诸如国家的法治状况、法官的素养和经验、诉讼的便利，甚至还会考虑判决的承认与执行。当然，当事人选择的法院通常是一个均能接受且较为公平合理的中立法院，这个法院一般是国家法治程度较高、法官素养和经验较为丰富的国家法院，只是当存在明显的强弱当事人之分时，这个被选择法院通常更体现强势当事方的利益要求。需要指出的是，当事人的法院选择并没有对被选择法院形成一种义务，普通法国家可以对当事人的选择法院协议进行不方便法院原则的审查，大陆法国家则可能会因为专属管辖规则、"实际联系原则"条件等因素拒绝协议管辖的效力。尽管如此，在本国法院被选择的情况下，似乎并没有普通法国家适用不方便法院原则来否定当事人选择法院协议的效力的情形；大陆法国家也不会否定对本国法院选择的协议管辖的效力，毕竟，与普通法国家相比，大陆法国家法院被国际商事关系当事人协议管辖的情况相对较少。事实上，国际社会的这种状况是与司法竞争观念和司法竞争状态直接相关的。国际社会日益注重国际商事关系当事人对自己法院的选择，也日益强调国际商事关系当事人选择自己的法律作为其争议解决的准据法，强调这是在国际社会体现本国司法的权威、促进本国法律的对外输出，进而在国际社会展现司法话语权的重要途径和方式。

《新加坡国际商事法庭委员会报告》就提出，新加坡国际商事法庭的建设目标之一就在于国际商事争议的解决向国际社会输出新加坡法律。究其原因，是由于新加坡国际商事法庭实际上就是以英国商事法院为基准来建设的，并最终助力新加坡形成为地处亚洲但面向世界的国际商事争议解决中心。德国立法者也提出，德国国际商事法庭的建设是实现"法律——德国制造"愿景

的一种努力。在他们看来，德国法作为成文法的重要组成部分与重要代表，长期以来并没有被国际商事合同作为主要选择，而是相反，甚至与德国企业相关的商事纠纷也通常选择其他国家的法院与其他国家的法律。毫无疑问，这不仅可能会使得德国企业尤其是中小企业难以处于一个更熟悉的法律环境中因而可能会影响到企业的利益和发展，也可能影响到德国法在国际社会的影响力。而与此相适应，国际商事主体可能会对德国形成错误的观念，进而在法院选择上不愿选择德国法院作为管辖法院。

英国一直就强调英国法律被国际商事关系当事人选择的重要价值，认为这是体现英国法律权威、增强国际商事主体对英国法律黏从而体现英国法律吸引力的重要基础；也是认为英国即使不再是经济强国或军事强国，却仍是保证其国家软实力大国的一个重要方面，是体现英国法律与英国司法的国际话语权的重要部分。因此，在面对其他国家国际商事法庭的竞争压力，尤其是英国脱欧可能对其国际商事争议解决中心的地位带来消极后果而使其他国家进一步加大国际商事法庭建设力度的情况下，英国商事法院也对其相关法律制度进行了修改，以维持英国商事法院的司法竞争力以及国际商事争议解决中心的地位，并防止英国商事法院司法竞争力的下降对伦敦国际金融中心地位带来的损害。

当然，中东的新兴国家在其国际商事法庭的建设上则似乎并不强调本国法律被当事人选择这一价值目标，甚至还明确强调其国际商事法庭是适用普通法的普通法法院，如迪拜国际金融中心法院、阿布扎比全球市场法院等。对此的解释：一是在于这些国家深知目前无法在国际商事争议解决领域与其他国家特别是成熟法域形成抗衡关系，从而在法律和法院选择上与这些国家处于直接竞争地位；二是因为这些国家是把国际商事法庭的建设与司法支持作为其建设国际金融中心或全球市场的一个要素。所以，这些国家的法律是否被当事人选择或者能够因此向国际社会输出，显然不是国际商事法庭建设主要关注的内容，而在于通过吸引国际商事关系当事人对其国际商事法庭的选择，并通过高水平的法院审判来对这些国家形成积极的态度与良好的印象，进而促进与该国的贸易与投资。为了吸引国际商事关系当事人对其国际商事法庭的选择，引进能够吸引这些国际商事主体的普通法来替代其不被国际商事主体熟悉的传统伊斯兰法，显然被认为是一种能够即时见效的方法。由此看来，中东新兴国家国际商事法庭的建设似乎并不强调本国法律的选择，但是这是由于这些国家的特殊情况所导致，这些国家根据现实加强国际商事法庭的建设，以更公正、高效地解决国际商事主体的商事争议，进而对其国际金融中心或全球市场的建设目标提供司法的基础。

三、促成国际商事争议解决中心或者国际经济中心的建设

国际商事法庭建设的国际经验表明，国际商事法庭的建设并不只是为了更好地解决国际商事争议，或者为国际商事争议提供更好的司法服务；其背后都有国际商事争议解决中心或者国际经济中心的建设目标。

某种程度上，英国商事法院的建设是促成伦敦国际商事争议解决中心的一个重要内容，建设一个专门法院来审理国际商事争议从而促进伦敦国际商事争议解决中心的形成，既是历史经验的合理总结，也是现实需要的考量，是伦敦作为国际金融中心与世界经济中心需要的结果。伦敦商事法院在国际商事争议解决上积累的丰富经验、对国际商事关系当事人选择英国法院和英国法律所取得的成功，为伦敦国际商事争议解决中心的形成提供了司法支持与保障。当然，国际商事争议解决中心或国际经济中心与国际商事法庭建设之间是否有内在的因果关系或者前后之别，可能并不容易分析，但二者之间相辅相成应该是有客观基础的。伦敦商事法院在国际商事争议解决领域长期积累的成熟司法经验、形成的良好声誉，不仅带来了英国法律服务业的巨大发展，而且对国际商事主体的观念形成了积极效应，促进了国际商事关系当事人对英国法院和英国法的接受并选择。毫无疑问，这些效果对于伦敦国际商事争议解决中心和世界经济中心的持续性发展有着特殊的意义。

新加坡旨在建设一个容纳了国际仲裁中心、国际调解中心和国际商事司法中心三位一体的地处亚洲但面向世界的国际商事争议解决中心。《新加坡国际商事法庭委员会报告》提出，设立一个与新加坡国际仲裁中心对应的国际商事法庭，令其扮演一个理性中立的审判角色，不仅可以完善新加坡纠纷解决体系，还能更大范围消化亚洲因商业发展所衍生的商业纠纷，从而与新加坡国际仲裁中心、新加坡国际调解中心一起，以全方位、多渠道的法律服务为当事人解决国际商事争议，进而强化新加坡国际商事争议解决中心的地位。因而，新加坡显然是以英国作为建设的基准，并借鉴英国的相关具体实践，通过国际商事法庭以优质的司法服务来吸引国际商事主体。而新兴的中东国家对于国际商事法庭的建设，更是本质上为其国际金融中心的建设提供司法

服务和司法保障。

四、提升国家软实力

国际社会日益接受国家硬实力、国家软实力以及共同构成国家综合实力的观念，并且接受国家软实力更注重内在的素质提升和精神动力、利用吸引力和诱惑力而非强制或威胁手段从而更具有同化力的观念。国家软实力的水平直接影响着国家参与国际事务的能力与深度，影响着国家在国际社会的话语权，并最终对国际法律和国际秩序的形成产生效应。正是如此，提升国家的软实力在当代社会具有相当重要的价值，如约瑟夫·S. 奈指出的：如果一个国家可以使其权力被其他国家视为合法，则她将遭受更少对其所期望的目标的抵制；如果其文化和意识形态有吸引力，其他国家将更愿意追随其后；如果该国能够建立与其社会相一致的社会规范，则她无须被迫改变；如果该国支持使得他国按照主导国家的预期采取行动或限制自身行为的制度她可能无须以高昂的代价运用强制性权力或硬权力。[1]

为国际商事争议的解决提供良好的司法服务进而促进国际商事关系当事人愿意接受并选择该国司法，以及促进本国法律的对外输出从而促进国家法律被国际商事关系当事人接受并选择，这显然是提升国家软实力的一个司法手段，是各国国际商事法庭建设的一个基础目标。国际商事法庭通过对国际商事争议的解决能够对国际商事主体形成良好的效应，吸引国际商事主体愿意选择并接受该国法院和法律，也能够改变该目的国的法治状况，提升司法能力与水平，并形成良好的国际声誉。

---

〔1〕　〔美〕约瑟夫·S. 奈：《硬权力与软权力》，门洪华译，北京大学出版社 2005 年版，第 107 页。

　　国际商事法庭在国际社会的建设，是全球化时代国际商事主体对司法服务更高要求的一种结果，也是各国增强本国司法竞争力进而加强国际商事争议解决中心建设要求的结果，从而提升国家的软实力。因而，国际商事法庭建设并非只是为国际商事关系当事人提供更良好司法服务，而具有更宏大目标的价值追求。有鉴于此，国际商事法庭的建设就不应简单地将其视为一个司法机构或者司法制度的建设。因此，审慎地考察国际商事法庭建设的相关影响因素，应该是促进国际商事法庭建设需要密切关注的事项。

　　思维定势理论（Thinking Set Theory）认为，先前的活动和观念将会对人产生正向或反向的推动作用。思维定势通常有两种形式：适合思维定势和错觉思维定势。前者是指人们在思维过程中形成的某种定势，在条件不变时，能迅速地感知现实环境中的事物并作出正确的反应，可促进人们更好地适应环境；后者是指人们由于意识不清或精神活动障碍，对现实环境中的事物感知错误，作出错误的解释。所以，当人们在受到先前经验或观念的影响时所产生的意识，将会对以后的认识或思维带来效果，形成思维定势；那么即使条件已然发生变化，受思维定势的影响，都可能会继续先前的观念，从而导致错误的认识。一般来说，思维定势具有稳定性、示范性，是人们衡量、借鉴、审视其他事物的标准；思维定势还具有广众性，为同一时代、同一社会、同一阶段、民族、地区、群体所共有，是一种群体性思维，在价值指引、秩序建设等方面会产生积极意义。[1]但是，另一方面，思维定势也会因为它的

---

〔1〕　刘怀惠：《思维定势在认识中的地位和作用》，载《中州学刊》1989 年第 4 期，第 49 页。

封闭性、求同性、守成性而在情境发生变化时无法及时作出合理的改变或回应，从而妨碍人们观念的转变，甚至阻碍社会的变革。作为理性人，国际商事主体无论在法院选择抑或法律选择方面都潜在地受到思维定势的影响。在法院的选择上，当事人将会因法律救济的重要价值性而更加注重选择的合适性，否则不仅将耗时费力却一无所得，而且可能会因判决的存在而受既判力原则（或禁反言原则）的制约，无法向其他国家的法院寻求司法救济。在这种状况下，当事人对法院的选择将会受自身或者他人先前经验、教训的影响，也会受文化传统、意识形态、教育背景、国际舆论等因素的影响，而且一旦这些影响因素受到当事人的观念接受，可能因此产生某种程度的思维定势而难以更改。

正因如此，在国际商事法庭的建设上，各国不仅需要对其他国家的国际商事法庭建设加以全面的了解，努力做到知己知彼；也需要对国际商事主体的观念、意图作出适当的探究，进而在此基础上努力作出有效的应对。当然，当事人的思维会呈现出灵活性甚至随意性的特点，从而使得对其的考察变得并不容易；因而，本书只是提出这个影响因素以引起我国学界与实务界的关注，而并不对其进行深入的分析。毕竟，要对此进行制度建设方面的审思，可能已超出我们的学识范畴了。

第一节　卓越法院国际标准对国际商事法庭建设的指引效应

从当前国际社会的建设情况来看，各国的国际商事法庭几乎都在其国内法院体系中占有某种程度的独特地位，例如规定了特殊的法律制度、建设了更高水平的法官队伍、赋予了重要的财力支持等，真正的意图就在于通过国际商事法庭的建设来提升本国司法的竞争力，吸引国际商事主体将国际商事纠纷提交到该国际商事法庭，进而促进更高层面的价值目标诸如国际商事争议解决中心、国际金融中心、国际经济中心等建设的有效实现。因而，国际商事法庭的建设标准应该是高标准的法院，这样才能不仅在与一般意义的法院比较之下显现出明显的优势，而且还应当与其他国际商事法庭相比有某种程度的优越性，进而赢得司法竞争优势，吸引国际商事主体愿意将其争议提交该国际商事法庭。

值得注意的是，欧洲、亚洲、澳大利亚、美国等国家的一些法院和研究机构共同组成了"卓越法院国际框架标准联合会",以探究国际社会公认的高水平法院普遍应具备的条件,为此制定的《卓越法院国际框架标准》(International Framework for Court Excellence,IFCE),提出了卓越法院的评价标准。有人提出,这个评价标准被认为是目前在世界各国司法领域中衡量和检验法院工作水平、司法正义质量、公众满意度的一套比较完整、客观的法院工作评价体系。[1]当然,这个《卓越法院国际框架标准》是否具有完全意义的评判功能,可能尚需要时间的检验,本书并不对此加以过多的考察。不过,从通常意义来看,由于这些卓越法院标准提供了符合当事人需要的实际指标,因而为各国法院的建设提供了一种可行的指导路径;那么,具备卓越法院标准的国际商事法庭,可能在国际商事争议解决市场更能够获得国际商事主体的认可与接受从而提升其司法竞争力。下面笔者对《卓越法院国际框架标准》所确立的司法的核心价值和若干标准作出相应的阐述。

一、卓越法院应坚持与遵循的核心价值

《卓越法院国际框架标准》提出了成功的法院在司法运行中应坚持并且遵循的司法核心价值。

(1)法律面前人人平等。法律面前人人平等是社会公平的根本诉求。卓越法院应当强化法律面前人人平等原则,从而使双方当事人得到尊重而形成内心的确信。

(2)公平。公平正义是司法的本质特点,也是司法公信的前提。在当代,司法公信是民主政治的要求,也是社会稳定和人类智慧对司法的要求。[2]卓越法院强调公平价值,会在社会形成良好的效果并促成良好的秩序。

(3)中立。司法中立的理念是人类对司法职能的本质属性认识、运用过程中形成的重要司法观念,是从司法机构与其他国家机构、社会关系主体之间的关系角度对司法客观规律的描述。[3]强调司法中立,既是法律面前人人平等原则的要求,也是公平正义的基础与保障。卓越法院应当将中立作为核心价值加以遵循。

---

〔1〕 林娜编译:《"卓越法院"的国际评价标准》,载《人民法院报》2013 年 3 月 1 日。

〔2〕 蒋德海:《公平正义与司法公信》,载《华东师范大学学报(哲学社会科学版)》2013 年第 5 期,第 76 页。

〔3〕 蒋惠岭:《现代司法理念中的司法中立》,载《法制日报》2003 年 2 月 10 日。

（4）独立审判。审判独立原则的确立为审判权的公正性和权威性进而为诉讼公正的实现提供了诉讼制度上的保障，并由此成为世界各国普遍奉行的诉讼原则。[1]卓越法院坚持独立审判原则，是作出公正合理判决的重要前提。

（5）胜任职责。法官在诉讼程序中具有实际性的主导作用，也具有最终的裁判功能，因而要求法官能够胜任职责，是法院应承担的基本责任，也是法院得以成功的基础条件。

（6）清正廉洁。清正廉洁是对法官职责和裁判行为的基本准则要求。枉法裁判将严重损害法院的司法公信力和司法权威。

（7）公开透明。公正在司法层面下包含司法公开与司法透明两个方面的内容。司法活动应当以公开为原则，做到依法公开、及时公开、全面公开；司法透明的关键，要求程序公开，也要求实体公开，在司法程序的每一个阶段和步骤都应当以当事人和社会公众看得见的方式进行。而且，司法的公开透明，还有利于社会公众的社会监督，从而保证法官能够清正廉洁，助力案件审判能力和审判质量的提升。

（8）便捷亲民。便捷亲民是指能让当事人更方便地进入诉讼程序以及高效使用法庭设备，同时也使当事人方便地获得有关司法程序和裁判结果方面的确切、完整的信息。便捷亲民在为当事人提供便利的时候也使当事人逐渐形成接受法院的内心意愿。

（9）及时快捷。及时快捷体现的是必要的时间耗费和不合理的时间延迟之间的平衡。新司法哲学理念对卓越法院提出了更高程度的标准，要求法院应及时快捷地解决争议。

（10）司法的确定性。法律的确定性是全球化时代法治的核心原则。[2]强调司法的确定性功能主要在于国际社会对法律关系稳定性与可预见性的现实要求，卓越法院应对当事人的期望加以尊重与实现。

二、卓越法院的评价标准

《卓越法院国际框架标准》还提供了卓越法院的评价标准。

---

〔1〕　蔡彦敏：《独立审判探源及其现实分析——寻求实现立法与现实的契合》，载《法学评论》1999年第2期，第15页。

〔2〕　James R. Maxeiner, "Some Realism about Legal Certainty in the Globalization of the Rule of Law", Houston J. Int'l L. , 2008（31）, p. 28.

（1）开拓创新的领导和积极有效的管理。提高司法服务的质量、效率和效能，改善法院运转状况，决策层的领导与管理能力具有关键的作用。这个标准应当具备的主要要素包括：法院对外公布其愿景与使命以及如何满足卓越法院基本价值的声明；法院领导积极参与制定时间与服务标准，并根据这些标准审查司法与行政工作；法院定期向法庭使用者提供法庭资料，及时寻求法庭使用者的反馈，并通过法庭使用者的反馈以提高法院的服务水平；妥善保管、公布与法院工作有关的数据；法院制订未来计划、审查反馈及工作表现，并确定需要改进的地方；法院及其领导人员倡导创新文化。

（2）法院的计划与政策。卓越法院需要制定、实施正确的政策和战略，以实现法院在工作业绩和服务质量方面的既定目标。这个标准应具备的要素主要包括：法院有一个详细列明目的、目标和改进计划的战略计划；法院积极促成法官和工作人员参与法院规划及其他需要解决的问题当中；法院根据其目标，定期审查计划及其执行情况；法院公开其司法政策和法院政策并加强定期审查，以确保其持续有效；将创新战略作为其战略规划中不可或缺的组成部分。

（3）公平、高效的诉讼程序。一个卓越法院的标准诉讼程序应当包括以下几项重要因素：各方商定的合理的审限标准，为特定案件制定的审理日程表；法官在审理期限管理和掌控方面要积极主动，采取科学方法对每个案件进行有效安排调度，以及应有替代性纠纷解决机制等；法院确保案件高效处理，同时保证判决质量；法院已经形成一项有效管理案件的制度，并寻求有效解决案件的改进方法；法院有效平衡了法官与法庭工作人员的工作量；法院保存案件档案和记录的体系运转良好；法院鼓励创新案件管理制度。

（4）高度的司法公信。对腐败的零容忍，司法文书的高质量、裁判说理充分，法官受到尊重以及案件得到及时审理，都会增加公众对司法的信任。这个标准的主要评价要素包括：公开说明法院在争端解决中所起的作用和法院的工作情况；法院根据时间和服务标准提供相关工作表现信息；法院确保所有法庭使用者了解法院的程序、服务以及任何判决；法院对投诉的处理，并报告投诉的处理情况；法院定期对支出进行独立审计。

（5）法庭使用者的较高满意度。卓越法院必须能够对当事人的感受和需求进行及时评估，并据此进一步改进法院提供的司法服务质量。这个标准的评价因素包括：法院定期调查和查看所有法庭使用者的反馈；法院依照法庭使用者的反馈和调查对法院工作作出改变；法院公开并定期报告根据调查和反馈所作出的更改；法院调查法庭使用者在诉讼程序中对法院工作的满意程度；法院利用技术和创新为所有法院用户提供更高质量的服务。

（6）充足的司法资源。卓越法院能够妥善、有效、主动地管理和运用好各种资源。这个标准的主要评价因素包括：法院积极管理资源，平衡司法和行政工作负担；确定并满足法院工作人员的培训需求；法院为法官和工作人员定期进行职业发展引导；法院提供信息获取渠道以支持司法裁判；法院有效管理法院物资；法院设施完备、安全；法院拥有适当的预算程序，并定期监督收支情况；法院为创新提供培训和支持。

（7）经济、便捷的司法服务。这个标准的评价因素包括：法院已有促进司法便利化的措施；法院发布有关法庭服务和访问的信息；法院制定了解所有法庭使用者获得平等对待的政策；法院为没有代表的群体提供信息帮助；法院使用通俗的语言来协助所有法庭使用者；法院提供电子和远程访问服务；法院使用技术和创新来改进所有法庭使用者的访问权限。

三、卓越法院标准对国际商事法庭建设的效应

卓越法院标准为法院的建设提供了一个发展的方向与判断的依据，提出了卓越法院应当遵循的核心价值以及对卓越法院进行判断的评价标准。当然，这种卓越法院的标准是否合理、是否可行，可能需要时间和实践的支持；而且，各个标准之间的关系如何，卓越法院标准也缺乏指导性的规定。

尽管如此，卓越法院标准应该属于当事人（甚至是一般人）对优秀法院的一个理想模型，是当事人对心目中的优秀法院的一个期望。因为在这样一个法院中，当事人的基本甚至所有需求都能够得到合理的实现。而从法院的视角看，这样的一个卓越法院显然是当事人期望的法院，是能够得到当事人认可与接受甚至被当事人主动选择的法院。事实上，即使伦敦商事法庭、纽约南区法院等法院并不完全具备卓越法院的标准要求，却能够在国际商事争议解决领域获得国际商事主体的普遍选择，这也相当程度上表明当事人对卓越法院的期望，以及当前国际社会的卓越法院明显不足，各国法院距离卓越法院的标准还存在一定程度的差距。正是如此，对于国际社会建设中的国际商事法庭，卓越法院标准为其提供了一个可以借鉴的合理依据。

从早期的"灰脚法庭"开始，国际商事法庭的建设目标都不只是增加一

个审理商事争议的法院而已，也不只是为了解决国际商事争议。在"灰脚法庭"的时代，法院就强调更加公平、有效率地解决商事争议，并在争议的解决中适用当时法律体系中不具有地位的"商人法"；在此基础上，有效稳定当事人的商事关系，促进商业活动的发展。当代国际商事法庭的建设有着更多的期望、更大的抱负，从而在国际商事争议解决市场有更强的司法竞争力，进而提升国家的软实力和经济发展水平。那么，在国际商事争议解决领域日益激烈的司法竞争中，国际商事法庭提升自身的司法竞争力就显得极为重要。事实上，无论是成熟法域还是所谓的新兴国家，在国际商事法庭的建设上都进行了制度的改革与创新，如各国国际商事法庭不同程度实施的案件繁简分流制度与程序简化制度，不仅是为了更有效地利用司法资源，也是为了更好地符合当事人的实际需要与灵活需求，从而给予当事人更高的满意度；国际化制度则对于新兴国家的国际商事法庭更有价值，一方面有利于提高法庭的审判水平，另一方面也有利于当事人观念的转变，进而促进当事人满意度的提高；而管理的信息化制度，则可以使国际商事法庭的司法服务更便利快捷，并因此提高当事人的满意度。因此，国际商事法庭的建设目标应该是卓越法院，从而在国际商事争议解决领域增强自身的司法竞争力，在日益激烈的司法竞争中占据一席之地，使国际商事主体认可并愿意选择为他们争议的管辖法院。

第二节　国际商事法庭的制度建设

国际商事法庭的建设有着更宏大的价值目标，并非只是新建一个国际商事争议的解决机构。因而，国际商事法庭的建设能否真正实现期望的价值目标，需要在制度的建设方面进行努力，通过制度的建设和制度建设的创新来提升国际商事法庭的司法竞争力，进而通过更好的司法服务来提高对国际商事主体的吸引力。

一、法官的国际化制度

一直以来，由于司法权的主权性质，法官都应当由本国人担任，且需要符合严格的任职条件；当然，强调法官的本国化，可能也存在实际的便利因素等方面的原因。尽管如此，值得注意的是，在国际商事法庭的法官制度上，国际社会逐渐呈现出明显国际化的性质，在国际商事法庭的法官选任上允许外国人作为国际商事法庭的外国籍法官。虽然英国、美国、德国、法国的国际商事法庭没有承认法官的国际化制度，但是，新兴的国际商事法庭则明显对法官的国际化持积极的立场。

根据最新的数据来看，新兴国家的国际商事法庭几乎都实行了法官的国际化制度，或者被要求改革法官制度以确立国际化法官制度。其中，迪拜国际金融中心法院的13位法官分别来自英国、澳大利亚、马来西亚和阿联酋4个国家，其中8位法官是国际法官。[1]比例如此之高的国际化法官对于其建设一个普通法法院的期望是有实际作用的。新加坡国际商事法庭可以从其他国家的优秀法官或已退休法官中招录国际法官，目前19位国际法官中有来自普通法系国家或地区包括澳大利亚、美国、英国、加拿大、印度等的法官，也有来自大陆法系的法官包括日本、法国以及来自社会主义法系中国的法官。[2]而且，从新加坡国际商事法庭已公布的案件判决来看，基本上每个案件都有国际法官参与，从而表明新加坡国际商事法庭的法官国际化制度在司法实践中得到了实际的保障，而并非流于形式的制度设定而已。阿布扎比全球市场法院的法官由全球市场的董事会任命，法官队伍由8位高水平法官组成，分别来自英国（共6位）、澳大利亚和新西兰。[3]从相关介绍看，这些法官有着丰富的经验并在国际商事争议解决领域有着极高的声望。这种法官的国际化原因主要在于阿布扎比全球市场法院旨在打造中东地区一个直接适用英国普通法的法院，因而广泛仿照英国司法系统，并通过普通法国家的法官来进行建设。卡塔尔国际法院与争议解决中心也非常注重法官的国际化，其目前14位法官分别来自英国（共6位，其中1位来自威尔士，1位来自苏格兰）、卡塔尔（2位）、新西兰、南非、新加坡、中国、科威特、塞浦路斯。[4]这种法官的国际化组成显然是与卡塔尔国际法院期望建设成为一个适用英国普通法的国际性法院相适应的，因而，在法官的选任上强调法官的国际化尤其是来

---

〔1〕　See https://www.difccourts.ae/about/court-structure/judges.

〔2〕　See https://www.sicc.gov.sg/about-the-sicc/judges.

〔3〕　阿布扎比全球市场法院现有8位法官，分别是Lord David Hope、Kenneth Hayne、Sir Peter Blanchard、Dame Elizabeth Gloster、William Stone、Sir Michael Burton、Sir Andrew Smith、James Walker McNeill。See https://www.adgm.com/adgm-courts/judges.

〔4〕　See https://www.qicdrc.gov.qa/courts/court.

自普通法系国家就显得很重要。哈萨克斯坦阿斯塔纳国际金融中心法院在法官的选任上，更是要求法官的人选应具有丰富的普通法知识和普通法系中担任律师或法官的经历，并能熟练使用英语作为工作语言；而且，不要求法官必须放弃其原本的工作，只要该工作不与阿斯塔纳国际金融中心法院的工作相冲突，法官还可以保留自己在该法院之外的其他法院的任职。

在国际商事争议解决领域，法官的国际化显然有着某种程度的特殊意义。有学者曾经提出，商事活动的国际化和商人法的国际化带来的直接影响就是，在跨国商事审判中要求法官具有更高的国际法视野，更专业的国际商事法律素养，更加独立的商事审判法律制度，只有这样，才能更好地满足这种解决跨国商事纠纷的专业性要求。[1]毫无疑问，用民法的思维和国内商法的观念来解决国际商事争端，可能并不符合国际商事主体和国际商事关系的实际需要，这已被早期商人法的形成和早期商事法庭的出现所证实。法官的国际化一定程度上有效地保证了国际商事争议解决的专业性，甚至还能够引进先进的经验以提高法院的审理能力与水平。各国选任的国际化法官通常都是具有丰富经验的法官（退休法官），当然也有的国际商事法庭选择知名律师作为国际法官。毫无疑问，这些经验丰富甚至声誉显著的国际化法官对于那些新兴国家的国际商事法庭尤其重要，有利于快速提升法院的司法水平、提高法院的司法服务质量，进而短时间内提升司法的国际影响力和国际竞争力。正如我国学者指出的：来自世界各国的外国法官拥有不同的文化背景，代表着不同的法律制度，具有较强的专业性，也更容易获得当事人的信任，对于法庭工作效率的提升、司法公信力的提高、国际竞争力的增强具有举足轻重的作用。[2]

而且，法官的国际化更具有某种程度上的声明效果与宣示效应，体现国家对文化多元性、宽容性的一种明确态度，以及对自由开放性的一种确定立场。毕竟，在强调司法主权、管辖权国际扩张的当前国际环境下，法官的国际化更具有鲜明的说服力。那么，在当前国际商事争议解决领域形成司法竞争市场与司法竞争理念的情况下，法官的国际化对于国际商事主体可能将呈

---

〔1〕 范健：《商事审判独立性研究》，载《南京师大学报（社会科学版）》2013 年第 3 期，第 84 页。

〔2〕 黄进、刘静坤、刘天舒：《中国国际商事法庭制度改革探析》，载《武大国际法评论》2020 年第 6 期，第 8 页。

现强烈的吸附效应，从而提升国际商事关系当事人对国际商事法庭的信心，吸引国际商事主体的选择。而且，法官的国际化还能够迎合当事人的主观心理，使得他们在国际商事争议的解决上不会因为身处外国法院而感到陌生与紧张。正是如此，有外国学者就指出，争议双方当事人在选定他们的仲裁员或法官时，他们通常会偏爱一名与其国籍相同，或者至少属于相同文化和法律背景的人。[1]而国际商事仲裁领域的资深仲裁员亨特（Hunter）教授也曾经指出国际商事关系当事人在选择仲裁员时的普遍观念："我真正挑选的是对我的当事人最具倾向性的仲裁员，而不是具有最少偏见的仲裁员。"[2]毕竟，当事人选择与他们具有相同观念或类似文化背景的国际化法官，符合他们的内在心理需要。另外，公平原则的国际多样性现实，可能也会影响到仲裁员或者法官的公平观念，进而对国际商事关系当事人的利益带来影响。虽然公平原则已经获得了国际社会的普遍承认和尊重，成为法治建设必须遵守的基本原则，但是，公平原则本身并不具有客观的确定标准，更不存在普遍承认的国际标准。事实上，公平原则具有模糊性和多样性，需要依据具体情形来作出合理的判断；而且，随着社会的进步和历史的演进，公平原则逐渐从形式公平向实质公平发展，从而更加导致了公平原则的国际多样性。毫无疑问，国际社会对公平原则理解上的多样化，将会对来自不同文化背景、不同教育经历的仲裁员或者法官带来观念上的差异。因而，选择在有相同文化背景法官的国际商事法庭解决争议，明显契合国际商事主体的心理与期望；而国际商事法庭采用国际化法官制度，可以因此吸引国际商事主体，并借此扩展案件的来源。对此，我国的学者对以新加坡国际商事法庭的法官国际化作出如此的评价：从新加坡国际商事法庭的实践经验来看，吸收国际法官作为国际商事法院的法官有助于提升法院的服务质量，拓宽案件的来源，并通过案件的审判输出本国法律，从而提升本国司法的国际竞争力与影响力。因此，引进国际法官，建设国际化的法官队伍具有一定的积极意义。[3]

除此之外，国际商事法庭的法官国际性可以适当地消除外国法查明上的

---

〔1〕　Bishop & Reed, "Practical Guidelines for Interviewing, Selecting and Challenging Party-Appointed Arbitrators in International Commercial Arbitration", Arb. Int'l, 1998（14）, p. 1401.

〔2〕　Martin Hunter, *Ethics of the International Arbitrator*, Arbitration, 1987（53）, pp. 222~223.

〔3〕　何其生课题组等：《当代国际商事法院的发展——兼与中国国际商事法庭比较》，载《经贸法律评论》2019 年第 2 期，第 68 页。

消极状况。外国法查明问题始终是困扰国际民事诉讼程序顺利进行以及国际民事诉讼效果的一个难题。事实上，无论是在坚持"法官知法"模式的大陆法国家还是实行当事人主义模式的普通法国家，在外国法查明问题上都实际性地呈现出"外国法无法查明"现象的消极局面，从而体现出国际社会在外国法的查明上确实存在困境。在坚持严格职权主义模式的德国，日益形成了法院在司法实践中极力规避外国法适用的情形以逃避对外国法的查明责任：在德国的初级审法院，只要未被当事人提及，法院会简单地忽略案件所牵涉的国际私法问题；而上级审法院则会将一审中当事人未提及冲突规范的诉讼行为视作当事人之间做出的对法院地法的选择，从而规避外国法的适用。[1]普通法国家则坚持当事人诉讼主义模式，要求当事人承担外国法查明的责任，否则法院视为这个外国法查明问题不存在而直接适用法院地法。所以，在普通法国家法院被视为不需要承担外国法查明的责任，从而似乎使得外国法查明的问题并不显著。但是，很显然，这个外国法查明的问题只是因为法院不需要承担责任因而在法院判决中不显现出来而已，事实上多数案件都是因为当事人无法查明或者没有提供外国法而适用了法院地法来进行解决的。毫无疑问，普通法国家法院的这种法律适用结果并不符合冲突法的本意。正因如此，国际社会日益对于这些在外国法查明上要求由当事人负举证责任，对法院处于超然地位的国家立场日益提出了质疑。在英国，有学者就批评道："是否在特定的案件中引入外国法并非意味着这属于民事诉讼程序法调整的范围。实际上，究竟是否应该引入外国法关系到对可适用法律的适当定性，这可以认为是冲突法的问题。"[2]其主要的含义是英国的外国法查明规则使得当事人背负着严重的举证责任，从而使诉讼效率和诉讼公正价值目标均难以有效实现，因而法院也需适当负担起查明外国法的责任。

现实情况下，外国法无法查明困境的形成主要在于查明的责任主体缺乏有效的查明方式，以及对于查找到的外国法不能确定其正确性与准确性、并且不能合理地探知外国法规定的价值目标与真实内涵（恰如柯里所主张的

〔1〕 徐鹏：《外国法查明的比较研究——兼评相关条文设计》，载中国国际私法学会、武汉大学国际法研究所主办：《中国国际私法与比较法年刊》（第10卷），北京大学出版社2007年版，第183页。

〔2〕 Richard Fentiman, *Foreign Law in English Courts*, *Pleading*, *Proof and Choice of Law*, Oxford University Press, 1998, p. 70.

"政府利益"）。因为受制于所受法律教育、法律文化传统等因素，法官并不能对外国法像对本国法那样应付自如。那么，在国际商事法庭建立法官国际化制度，则可以一定程度上解决上述外国法查明上的问题，利用国际化的法官可以适当消除外国法查明上的困境。对此，有人就曾这样指出过：新加坡国际商事法庭和迪拜国际金融中心法院都吸纳其他国家和地区的法官参与诉讼审判，组建一支国际化的法官队伍，不仅有利于外国法的适用等问题在诉讼过程中的合理解决，而且还可以有效避免当事人对本国法院地方保护带来判决不公的顾虑，不失为一种有益的尝试。[1]

二、管辖权制度

在管辖权领域尊重当事人的意思自治，是国际商事法庭的基本实践。为此，各个国际商事法庭不仅将协议管辖作为其基本的管辖权基础，而且在当事人的协议管辖上采取了极为宽松与灵活的立场。协议管辖制度所具有的赋予管辖权与剥夺管辖权效应，对国际商事法庭而言显然有着直接的价值：一方面，对于被选择法院，当事人的协议管辖表明了其对被选择法院的接受和意愿，体现的是当事人对被选择法院甚至被选择法院所属国的认可态度；另一方面，协议管辖的剥夺管辖权效应可以使被选择法院的管辖权行使更具有特殊的意义。正是如此，明确协议管辖作为国际商事法庭基本的管辖权行使基础，既是国际商事法庭接受国际司法竞争的决心与勇气的一种体现，敢于通过自身的各种优势来吸引国际商事当事人的选择；也是国际商事法庭提升司法竞争力的基本方式，还能够在国际商事争议解决领域作为中立法院获得当事人的选择。

英国商事法庭一直对当事人的选择法院协议持积极认可的态度，并强调对英国法院的选择能够促进英国法律的域外适用和实现英国的司法权威，进而促进英国国际经济政治中心的建设。所以，虽然英国法对当事人的选择法院协议能够运用不方便法院原则进行审查，在 Eleftheria 案[2]中，英国法院就认为法院有权依据不方便法院原则对当事人的选择法院协议进行审查以决

---

[1] 王欣濛：《新加坡国际商业法庭的司法制度及启示》，载《湖北社会科学》2015 年第 6 期，第 164 页。

[2] The Eleftheria,［1970］p. 94.

定是否中止诉讼，而且，选择法院协议是否属于排他性质，这个因素在不方便法院原则的审查中也不具有十分重要的作用；但是英国法院似乎从未适用过不方便法院原则来拒绝当事人选择法院协议的效力。伦敦商事法庭通常尊重当事人的选择法院协议，而且在具体实践中其对案件的管辖权就主要源于当事人的选择法院协议。迪拜国际金融中心法院也允许当事人协议管辖，并可在协议管辖中对阿拉伯语或英语以及诉讼程序规则作出选择，当事人约定不明的，则默认采用英国普通法的诉讼程序和证据规则。德国《引入国际商事法庭的立法草案》规定了协议管辖制度，要求同时满足国际商事争议事项、约定法庭和英语审理三个条件，德国国际商事法庭才能获得管辖权。

当然，在国际商事法庭的协议管辖上更加自由开放的应属新加坡国际商事法庭。新加坡国际商事法庭把协议管辖作为其行使管辖权的基础。为此，一方面，新加坡国际商事法庭极大程度地赋予了当事人争议的国际性，从而扩张了协议管辖的适用范围。根据《新加坡国际商事法庭第110号法令》第1条第2款规定，当事人的营业地位于不同国家，或者任何一方在新加坡没有营业场所，或者争端事项有最密切联系的地点位于营业场所所在国之外，或者双方当事人明确同意争议标的与一个以上国家有关，则这些争议都具有国际性，因而允许当事人协议管辖选择新加坡国际商事法庭；另一方面，新加坡国际商事法庭允许当事人通过协议管辖把所谓的"离岸案件"提交给新加坡国际商事法庭审理。"离岸案件"主要是指与新加坡无实质联系的案件，其中涉及争议的准据法不是新加坡法、争议标的不受新加坡法律调整、新加坡与案件唯一的联系在于当事人选择新加坡法律作为准据法并选择新加坡法院管辖。那么，在"离岸案件"中，新加坡国际商事法庭则处于真正意义的中立法院的地位。

更为重要的是，在司法实践中，新加坡国际商事法庭的观念似乎呈现得更为灵活开放。在"Teras Offshore"案[1]中，独任法官爱德（Eder）认为，在决定案件是否为离岸案件时，关注的焦点在于诉讼本身是否可以被确认为与新加坡没有实质联系。爱德法官提出，可以将案件的各项要素结合起来审查，以断定案件是否与新加坡具有实质联系；而根据本案的具体情况，本案的各项要素无法合理地推导出案件与新加坡具有实质联系的结论。就当事人

---

[1] Teras Offshore Pte Ltd v. Teras Cargo Transport (America) LLC, [2016] SGHC (I) 02.

和财产的要素，法官认为，原告是新加坡公司及在新加坡拥有不属于本案诉讼标的的财产，这在本案诉讼无关紧要；就资金流转要素，法官认为通过原告在新加坡的账户转账在本案中也并不重要；就证人与文件要素，法官认为这些要素表明诉讼在程序和行政层面与新加坡有联系，但将这两个要素与其他要素结合起来，却无法使让人信服这种联系属于"实质性的联系"。[1]而且，爱德法官进一步认为，本案中原告的诉讼请求与被告的反诉都涉及服务条款，并且这些服务条款均与位于澳大利亚昆士兰的 3 个液化气项目有联系，其中项目履行中的大部分相关服务义务以及与项目有关的问题均与新加坡没有联系。在进行了上述审查后，爱德法官认为请求与反诉的核心均与新加坡没有实质联系，因而案件属于"离岸案件"。[2]由此看来，新加坡国际商事法庭在司法实践中采用了极其宽松并且相当灵活的立场，从而使当事人协议选择新加坡国际商事法庭作为管辖法院的期望得到极大程度的实现。事实上，在上述案件中，案件实质上并非通常意义的"离岸案件"，而是与新加坡有着一定程度的联系，尽管如此，新加坡国际商事法庭仍然强调该项争议的"离岸案件"性质，进而对案件行使了管辖权。对此，有学者进行了评价：这显示了如果案件的实质性纠纷是在海外，那么即便是很多程序性和行政上的因素与新加坡有关，该案件也可以被视为"离岸案件"，从而极大地扩展了新加坡国际商事法庭的管辖范围。[3]

应当认为，在协议管辖上持宽松的立场，符合当事人意思自治原则的要求。从理论上说，除非是公共政策的原因，否则，任何对协议管辖所增添的附加条件都在某种程度上是对当事人意思自治原则的侵损，也不利于协议管辖制度的发展。[4]毫无疑问，这种灵活、宽松的立场对于国际商事法庭尤为重要。要求当事人的协议管辖应与案件存在某种意义的实质性联系，这是协议管辖上"实际联系原则"的内在要求，其基本目的在于使当事人所选择的法院与案件争议存在实质的联系，进而保证程序进行的有效并一定程度上避免本国管辖权被当事人的私人管辖协议产生过多的损害效果。不过，这种

---

〔1〕 Teras Offshore Pte Ltd v. Teras Cargo Transport（America）LLC，[2016] SCHC（I）02, paras. 13~15.

〔2〕 Teras Offshore Pte Ltd v. Teras Cargo Transport（America）LLC，[2016] SGHC（I）02, paras. 17~19.

〔3〕 Andrew Godwin et al., *International Commercial Courts：The Singapore Experience*, Melbourne J. Int'l L., 2017（18），pp. 245~246.

〔4〕 王吉文：《2005 年海牙〈选择法院协议公约〉研究》，东南大学出版社 2008 年版，第 208 页。

"实际联系原则"对于协议管辖则是一个限制性的条件。因为，从当事人的角度来看，协议选择管辖法院显然有他们自身利益的考量，他们之所以在合同中选择某一国的法院来处理他们之间可能发生或已经发生的争议，或者是合同双方相互妥协的结果，或者是当事人利用第三国法律制度的完善从而期望他们之间的争议能够获得公平公正的审理，或者是当事人期望利用第三国法院的特殊经验与技能从而解决某些特殊的合同争议；所以，在协议管辖中要求"实际联系原则"，当事人的期望就难以实现，虽然不能就此认为他们可能因而就会拒绝签订合同，毕竟目前各国基本上都在法律选择上坚持了当事人意思自治原则，但至少对争议的有效率解决会带来不利影响，也可能会影响到判决的承认与执行，也是对当事人正当期望的一种漠视。正是如此，对于协议管辖中的"实际联系原则"，我国学者多持批评态度，认为它不符合协议管辖的发展趋势，也不符合协议管辖的本意。[1] 国际商事法庭不仅需要与其他国家的国际商事法庭进行竞争形成竞争优势，也需要与各国的国内法院形成竞争优势。因而，需要在协议管辖制度上赋予商事法庭更大的灵活空间，使其作为中立法院能够得以选择。

此外，在协议管辖的形式要件上也可以持宽松的立场，从而使并不具备较多法律知识的国际商事主体的意思得到尊重并且得以实现。毫无疑问，这对于国际商事法庭也是非常重要的，为此，新加坡国际商事法庭就强调书面协议并不限于一般意义，而是包括了任何可以供后续使用的方式，包括口头、行为和电子形式。这种规定与国际社会的一般发展趋势是一致的。随着"在形式方面尽量使之有效"的观念的逐步确立，这种严格的书面形式要求也就逐渐被灵活、宽松的形式要件所取代。2005 年海牙公约就体现出了这种宽松化趋势，公约第 3（c）条规定："排他性选择法院协议必须以下列方式缔结或者获得证明：（1）书面形式；或（2）通过其他任何能够提供可获取并供后来可援用的信息的通讯方式。"

作为一个肩负着远比争议解决更多也更大价值追求的国际商事法庭，灵活宽松的管辖权制度有着充分的必要性，从而使其能够作为中立法院被国际商事关系当事人选择为争议的管辖法院，并使国际商事主体因对国际商事法庭的选择而获得更好的司法服务从而增强对该国司法甚至法律环境、经济政

---

〔1〕 李浩培：《国际民事程序法概论》，法律出版社 1996 年版，第 64 页。

治环境的信心。因而，各国际商事法庭都不同程度地对其协议管辖制度的限制进行了灵活宽松化的调整，对国际商事关系当事人的选择法院协议给予尊重。

三、案件的繁简分流制度

对于国际商事法庭而言，建立初期的案源不足和后期的案件堆积都是需要面对、也必须采取合理措施加以应对的现实问题。作为理性人，当事人通常会选择熟知的并有良好声誉的法院，显然不愿意轻易尝试将涉及自身利益甚至是切身利益的争议提交给刚建设的法院，所以，如何在建设初期尽快地通过案件的审理来提高法院的水平与经验、提升法院的声誉和知名度，是摆在各国国际商事法庭面前的现实问题；毕竟，对于国际商事主体来说，对法院的选择都以自身利益最大化为基础，而司法服务的体验以及符合甚至超越预期的司法裁决通常是当事人主要感知的内容。另一方面，如何合理地面对与有效地处理未来必然面对的案件堆积现象，是国际商事法庭更需要充分关注的问题。因为，案件的堆积不仅会对争议的解决不利，从而引发公平正义的问题，也会直接影响当事人对司法服务的感受与认知，降低当事人对法院的吸引力。毕竟，对于国际商事主体而言，争议的解决不仅意味着一个争议的处理，也是法律关系的确定，所以，案件的久拖不决，会对当事人及其关系带来消极后果。除此之外，案件的堆积可能还会有一个案件管理能力与水平的问题，不符合卓越法院的要求，从而使得当事人觉得该法院并不值得信任，也不值得托付。通常认为，与案源不足相比，国际商事法庭更需要把关注点放在合理应对未来可能的案件堆积问题。

正是如此，国际商事法庭几乎都采用了案件的繁简分流制度来合理应对。当然，需要指出的是，繁简分流制度并非强调对案件堆积的应对，而主要是利用案件的繁简分流来合理地配置国际商事法庭的司法资源，进而强调当事人的司法体验；尽管如此，从繁简分流的内在本质来看，显然更多的是对案件堆积的应对措施。从国际社会的相关实践来分析，国际商事法庭的案件繁简分流制度主要通过两个路径来加以实现：其一，通过非诉讼纠纷解决方式来实现案件的分流；其二，设立专门法庭来实现案件的分流。

（一）非诉讼纠纷解决方式的利用

非诉讼纠纷解决方式的适用可以起到案件繁简分流的作用，实现不同的案件适用合适的纠纷解决方式来加以解决的目的。

非诉讼纠纷解决方式通常也称为 ADR，是法院诉讼以外的纠纷解决方式。这种纠纷解决方式主要强调当事人的自治性，是否愿意接受、程序的启动与推动、纠纷的解决方案等各方面的事项都体现当事人的意思自治；强调纠纷解决的非强制性与非对抗性，允许当事人自主决定纠纷的解决方案，在事实查清、举证责任、裁决方式等各方面都可以灵活处理；强调程序的灵活性，通常不需要严格遵守法定的程序。虽然国际社会对于非诉讼纠纷解决方式的具体内涵、涉及内容、形成目的等各种相关问题并未达成普遍的共识，不过，对于非诉讼纠纷解决方式的形成因素，则主要认为一方面是由于当事人意思自治原则的发展，另一方面是诉讼方式在纠纷解决上日益呈现出的缺陷所导致的。建立在私法自治原则基础上的当事人意思自治，本质的含义是允许当事人根据自己的意愿来进行选择，而不需要严格依据法律制度的限定。那么，如果当事人基于各方面原因的考虑而选择诉讼外的纠纷解决方式来处理他们之间的争议，则通常认为这是当事人行使自己权利的结果。长期以来，管辖权一直被认为是一国主权不可分割的重要组成部分，因而，一国对于该国主权控制之下的人或物行使管辖权被认为是不可动摇的主权权力。受此影响，基于主权权力之上的权力理论在管辖权领域中一直占据着绝对主导的地位。正如一个案件中霍姆斯法官这样表示："普通法曾经主张：对人的一般管辖权基础是建立在主权者享有抓捕并囚禁该人以实现主权者的利益的权力之上；而且需要采取各种必要措施以维持这种有形权力，并把这种权力施加于判决或裁决之上。这是任何人都不持异议的文明标准之一。"[1]但是，社会的发展尤其是全球化的推动，管辖权领域的权力理论逐渐受到了公平理论的冲击，要求在管辖权的行使上需要明确地权衡各种因素，而不只是国家的权力要素，从而为当事人意思自治原则在管辖权领域的确立提供了理论基础与观念来源。那么，对于当事人在其民商事纠纷的解决方式所作出的选择，管辖权的公平理论是予以肯定的，从而允许当事人根据自身的利益需要和主观观念来作出相应的选择。与此同时，随着全球化的深化、权利观念的树立，民商事争议也指数级地增长，法院面临着巨大的案件压力并实际形成了普遍的案件堆积现象。面对这种案件压力，法院诉讼强调严格诉讼程序、强化司法公平正义

---

〔1〕 Michigan Trust Co. v. Ferry, 228 U. S. 346（1913），p. 353.

与是非曲直、司法裁判要求公开透明且说理透彻，不仅难以更为迅速地处理案件，也忽视了当事人正义的多维度追求诸如只需要阐明一个事实、只要求一个道歉，以及对商事关系稳定的要求等。所以，非诉讼纠纷解决方式的形成，是当事人对诉讼方式在纠纷解决上缺陷所带来的不利而作出的一种正常反应。

正因如此，非诉讼纠纷解决方式因为体现了当事人的意思自治、符合当事人对纠纷解决实际需求的关切，并且本质上是基于诉讼在纠纷解决上的不足而形成的，因而在国际社会日益获得了承认。非诉讼纠纷解决方式通过当事人的自愿接受与积极参与可以消除当事人阻碍程序进行的障碍；而多种方式的运用、配合或者衔接也有助于纠纷的合理解决，使案件能够在不同阶段、以不同方式予以处理，从而起到一定程度的案件分流的作用。对于国际商事法庭而言，案件的堆积将会降低当事人的司法服务体验，因而需要采取合适的措施尽可能地避免案件堆积现象的出现。那么，通过非诉讼纠纷解决机制，将争议通过不同的方式进行解决，并且利用当事人的自觉参与和意思自治使争议的解决更加顺畅，从而不仅有利于国际商事法庭受理的争议在不同的阶段得以解决，也有利于国际商事法庭利用其他机制或者方式来起到帮助处理争议的作用。事实上，纽约南区法院较早就引入了非诉讼纠纷解决机制，以实现案件繁简分流的目的。纽约南区法院为当事人提供了司法和解会议与调解两种非诉讼解决程序，并且提升了调解程序在纠纷解决上的灵活性。对于调解程序的启动，可由当事人自己选择，也可由法官选择；双方当事人随时可向案件受理法官提出选择调解程序，法官也可在审前会议前、中、后期决定案件通过调解程序解决，不必征得双方当事人的同意。很显然，调解程序的自由开放可以为纽约南区法院的案件分流起到积极效果。作为新兴的国际商事法庭，迪拜国际金融中心法院也积极利用非诉讼纠纷解决机制，鼓励当事人选择仲裁等方式作为纠纷解决的替代性方案：一方面，在进入庭审之前利用仲裁和调解方式来解决争议，减轻法院的审理压力。如果法官认为案件或其中产生的任何问题特别适合通过非诉讼解决机制，而当事人没有试图通过这些方式解决上述问题，则法官可采取措施、创造有利条件鼓励和促进当事人选择使用这些方式。另一方面，对当事人的代理人规定相应义务，使案件得以通过合理的方式来进行解决，从而减轻法院的案件审理压力。迪拜国际金融中心法院规则要求代理人在所有情况下都应考虑客户、其他相关当事人以及通过非诉讼纠纷解决机制尝试解决争议或某个特定问题的可能性，并确保其客户充分了解最具成本效益的争端解决方法。

毫无疑问，非诉讼纠纷解决方式的运用有利于实现案件的繁简分流目的。那么，非诉讼纠纷解决机制对于国际商事法庭具有某种程度的特殊价值。一方面，非诉讼纠纷解决方式的运用有利于实现司法资源的有效利用、避免案件堆积带来的声誉损失。随着国际商事法庭的不断建设，国际商事法庭在国际商事争议解决领域中的地位将会不断增强；与此相适应，国际商事法庭也将日益面临案件增多甚至案件堆积的问题。需要注意的是，国际商事法庭需要通过当事人的选择来提升司法竞争力，在当下国际社会管辖权扩张以及各国加强国际商事法庭建设的情况下尤其如此；因此，高效便利的多元纠纷解决方式的合理运用，可以使国际商事法庭的案件得到合理的解决，进而增强当事人的好感与信心。另一方面，非诉讼纠纷解决方式的运用也有利于保障当事人的利益，使当事人得到一个合适的争议解决方式和有利的纠纷解决结果。对于多数国际商事主体来说，争议的解决不仅要求公平合理有效，也需要体现效率节约成本，还需要适当地保持商业关系和市场声誉，这些多维度的纠纷解决价值追求，显然对争议的解决以及争议解决的方式有着更大程度的要求。非诉讼纠纷解决机制对当事人意思自治的尊重，对程序适用的自由灵活、对案件裁决的灵活开放，不仅有利于案件的有效解决，也有利于当事人对法院形成良好的观念。

（二）专门法庭的设置

设置特别的专门法庭，也是一些国际商事法庭的具体实践，从而达到某种程度的案件繁简分流的目的。专门法庭的基本特点在于其专业性，用以解决专门性的争议；当然，根据争议的标的额来设立小额诉讼法庭，应该也是专门法庭的一种形式。

针对日益增长且事项繁杂的破产案件，纽约南区法院成立了破产法庭，成为专门审理破产案件的专业化法庭。毫无疑问，破产案件具有相当程度的复杂性，牵涉主体众多且社会效应广泛，因而对破产案件设立专门法庭，可以更合理、有效地加以解决。迪拜国际金融中心法院则针对标的额较小的案件建立了小额诉讼法庭，对于标的额不超过 50 万迪拉姆[1]的案件由小额诉

---

〔1〕 阿联酋国家的流通货币。

讼法庭管辖，标的额不超过 100 万迪拉姆的案件，且所有当事人在相关合同中或合同执行完毕后以书面协议选择小额诉讼法庭管辖的，由小额诉讼法庭管辖。而且，迪拜国际金融中心法院还准备设立专门解决技术和工程相关诉讼业务的专门法庭，以审理涉及复杂技术争议的相关案件，这显然也是基于专门法庭的专业性因素。

社会分工的细化与社会关系的复杂是专门法院形成的重要基石。事实上，早期商事法庭的形成就在于商事关系的特殊性，商人们要求从先前的民事体系中脱离出来，不仅应适用与国内法律体系并不相同的商人法，还可以采用不同于民事诉讼程序的特殊程序，允许当事人意思自治在诉讼程序中发挥效用。从具体实践可以发现，专门法庭的专业性能够使案件的审理更加顺畅、程序更加自如；而且，法庭的专业性也更容易体现法院的权威性，并因此增强当事人的信心。那么，对于国际商事法庭而言，专门法庭的设置，可以将国际商事法庭的专业性案件交给专门法庭，利用专门法庭的专业性更加有效地处理案件，从而实现案件分流的作用，缓解国际商事法庭案件的审理压力，促进争议解决的效率得以实现。而小额诉讼法庭的设置，则明显是期望通过案件的繁简分流来减轻国际商事法庭的案件审理压力，并且合理地分配国际商事法庭的司法资源及其利用；不可否认，这种实践已经产生了良好的效应，对当事人和国际商事法庭都非常有利，使得小额诉讼的当事人因为适合的诉讼程序而感受到良好的司法服务体验。

四、外国律师代理制度

和法官制度一样，各国在律师代理制度上也强调本国律师代理而不允许外国律师代理。对此，有学者指出了其中的主要理由：第一，委托诉讼代理人目的在于寻求法律上的帮助，而外国律师对法院地国的法律不熟悉因而可能无助于案件的公正解决；第二，基于主权因素，外国律师是根据外国的法律制度所赋予的身份，一般不为内国所承认。[1]

尽管如此，在国际商事诉讼领域，外国律师代理制度可能对当事人具有重要意义。首先，对于外国当事人而言，对其本国律师的信任不仅可能源于日常活动所形成的观念，也可能是因为传统文化、教育熏陶甚至地域偏见等

---

〔1〕　何其生：《比较法视野下的国际民事诉讼法》，高等教育出版社 2015 年版，第 30 页。

所形成的一般观念。正是如此，当事人可能更信任本国律师，而不轻易相信外国律师。其次，外国律师的有效参与，在外国法查明上可能会有一定的助益，从而破除外国法查明上的困境。有外国学者对新加坡国际商事法庭进行评价时就指出，新加坡国际商事法庭成功的主要因素涉及：允许具有丰富商事经验的外国法官参与审理案件、允许外国律师成为注册律师代理案件、在法律适用上采取灵活宽松的态度，以及产出高质量的裁判书。[1]事实上，新加坡国际商事法庭在律师代理问题上突破了传统的律师代理制度，允许注册的外国律师参与案件的审理。新加坡设立了两种外籍律师注册方式：完全注册（full registration）与限制性注册（restricted registration）；获得完全注册的外国律师可以律师身份参与离岸案件的审理程序，限制性注册的外国律师只能在一审与二审中就外国法问题提交书状。外国律师在新加坡获得完全注册要满足以下条件：①律师在申请时在其本国为合法执业律师，且不存在被禁止、暂停或受到执业处罚等情形；②律师具有 5 年以上的执业经验；③律师能够使用英语参与诉讼。而限制性注册则不需要律师具有 5 年以上执业经验的要求。这种规定使得外国律师能够在新加坡国际商事法庭进行代理活动。迪拜国际金融中心法院也确定了外国律师代理制度，且没有区分完全注册与限制性注册，获得注册的外籍律师享有同等的代理权限；而且，迪拜国际金融中心法院对外籍律师在境内代理事项没有严格要求，在获得登记注册后可以在法院进行诉讼和行使相关权利。由此看来，迪拜国际金融中心法院对外国律师持更加自由宽松的立场，没有限制在离岸案件之中。迪拜国际金融中心法院要求外籍律师申请注册登记要在其本国有资格代表客户出庭、熟悉迪拜国际金融中心的相关法律法规且能够用英语进行诉讼。

律师代理制度涉及当事人的权利保护与权利实现问题，但同时也涉及国家司法权以及司法管理等问题，因而通常不承认外国律师代理制度有客观的存在基础。尽管如此，外国律师代理制度对于吸引当事人选择一国法院可能却具有某种重大的意义。因为，外国律师对于该国当事人在国际商事纠纷解决机制以及管辖法院的选择上会产生较大的作用，正如有学者提出的：外国代理律师制度对于吸引当事人选择该国法院解决纠纷意义重大，因为律师在

---

〔1〕 Andrew Godwin et al. , "International Commercial Courts: The Singapore Experience", *Melbourne J. Int'l L.* , 2017（18），p. 254.

建议当事人选择纠纷解决机构上有很大作用，方便了律师就等于赢得了市场。[1]

五、案件管理信息化制度

科学技术的进步和信息化的发展，对社会生活产生了现实的影响，并促进了全球化的推进和国际民商事关系的顺利进行。国际社会日益重视信息化发展对社会治理的现实意义，从而使得社会治理更加便利快捷、更加合理有效、更加公平经济。对于各国司法中普遍存在的诉讼爆炸所带来的司法资源短缺且难以有效分配的现实问题，国际社会逐渐尝试利用信息化加强司法管理，并取得了积极的效应和有效的经验。为此，国际商事法庭也充分注意到国内司法的信息化发展，从而形成了案件管理的信息化制度。

法院的信息化对于便捷、高效、经济地纠纷解决有着重要的意义；因而，无论是成熟法域的商事法庭还是新兴国际商事法庭，都在信息化制度上作出了相应的规定，从而采取适当措施以提升案件管理的信息化水平建设。纽约南区法院为了解决案件管理问题以更有效地处理案件、提升案件审理效率，逐渐广泛地将信息化引入案件管理体系。纽约南区法院要求提起的各种民事诉讼，需由当事人的代理律师通过法院的电子立案系统进行；所涉及的文件应以 PDF 形式上传到系统中，诉讼费用也需通过网上支付的形式缴纳。纽约南区法院还推行了电子文件公共访问系统，当事人可以通过这个系统查询案件相关的文件信息。从实际效果看，纽约南区法院的信息化制度建设实现了案件管理的便利快捷化、具体明确化，以及公开透明度高的目标。英国商事法院也积极采取了在线司法电子司法系统，当事人通过电子系统提起诉讼并提交文件，也可以通过电子系统获得与案件相关的文件信息。

新兴的国际商事法庭在信息化制度建设上也愿意采取措施，以利用当前国际社会的信息化发展来促进国际商事法庭更高效、便捷、经济地处理案件，解决争议，在与成熟法域的国际商事法庭的司法竞争中能够拥有一些后发的优势从而避免处于劣势的不利状况之中。新加坡国际商事法庭利用最高法院的电子系统，当事人和律师可以利用这个系统提交与获取相关文件，并获得

---

[1]　蔡伟：《国际商事法庭：制度比较、规则冲突与构建路径》，载《环球法律评论》2018 年第 5 期，第 181 页。

与案件相关的文件信息，这些措施极大地便利了案件的管理和诉讼的进行，从而通过信息化技术更便利地处理国际商事争议。迪拜国际金融中心法院则规定所有提交的文件应以电子文件形式加以提交，提交的渠道首选是迪拜国际金融中心法院网站上的电子文件提交端口，也可以将电子文件发送到法院案件登记机关的电子邮箱或者直接提交给法院；除此之外，迪拜国际金融中心法院还对文书的送达规定了电子送达方式，如果当事人或其法定代表人以书面形式明确接受电子送达，并提供了相应的传真号码、电子邮箱和电子身份证件，则可以进行电子送达，从而极大地促进了送达效率的提升。需要指出的是，国际社会的既有实践表明，文书域外送达的困境一直是国际社会的一个现实问题，程序繁琐与时间耗费是其中表现较为明显的两个缺陷，从而导致案件的审理程序被严重影响。那么，迪拜国际金融中心法院对电子送达方式的明确，会使域外送达的程序繁琐问题得以合理解决。

六、小结

加强国际商事法庭的制度建设，是使国际商事法庭能够在国际商事争议解决领域更具有司法竞争力的重要基础，也是各个国际商事法庭能够在相互的司法竞争中得以占据优势的重要因素。毕竟，国际商事法庭需要面对一般民商事法庭和其他国家国际商事法庭的双向竞争，进而通过竞争的优势来获得国际商事主体的信心与选择。正是如此，各国的国际商事法庭都加强了制度的建设，从而使国际商事主体能够很明显地感受到国际商事法庭主要优越性的内容和具体表现。

综合而言，各个国际商事法庭基本上都在管辖权制度、案件繁简分流制度、案件管理的信息化制度等方面加强了建设，通过这些制度的改进来提高国际商事法庭对国际商事关系当事人吸引力；而且，有的国际商事法庭尤其是新兴的国际商事法庭还在法官的国际化制度、外国律师代理制度等方面进行了创新与突破，采取了与国内法院制度并不相同甚至对其宪法规定作出了相应调整的制度措施。国际商事法庭的这些制度建设，不仅在于加强国际商事法庭的自身能力和良好声誉，也能够因此提高国际商事主体的信心和吸引力。而从相关国际商事法庭具体实践的表现来看，似乎这些制度建设都不同程度地起到了积极效应，增强了国际商事法庭的司法竞争力。

第三节　判决承认与执行制度对国际商事法庭建设的特殊意义

一、判决的承认与执行在国际商事法庭建设中的地位

判决的承认与执行不仅涉及当事人权益的保护问题，也会影响到各国司法权威的实现。因而，在国际商事法庭的建设中，需要对判决的承认与执行问题给予有效关注，从而增强国际商事主体的吸引力，并在各个国际商事法庭的司法竞争中占据优越地位。

（一）判决承认与执行的国际意义

在国际民事诉讼程序领域，判决的承认与执行是其中的一个重要环节，不仅关涉当事人正当权益的实现，而且关涉司法权的实现问题。因为，在国际民事诉讼中，一国作出的判决在其他国家并不具有当然的法律效力，其他国家基于司法主权而不愿意直接认可原审法院所作出的判决。"判决为一国司法权之实施。而主权之行使，除有条约规定外仅限于本国境内，故判决当无域外效力，不能强求他国承认既判力。"[1]正是如此，作为国际民事诉讼程序领域中的重要组成部分，外国判决的承认与执行具有特殊重要的意义。对于国际民商事关系的当事人而言，经过了一段长时间的诉讼程序后获得的判决如果在其他国家无法得到有效的认可，则不仅其先前所进行的诉讼活动归于无效，而且其所期望的通过诉讼以实现法律关系确定性的目标也难以保证。"判决作出后如果得不到承认或执行，就如同没有判决一样，当事人的权益不能获得保护，交易安全自然没有保障。"[2]这种状况显然并不符合人们对于国际民商事秩序的一般期望，也与自然正义的观念不相符。当然，另一方面，对于外国判决的败诉方而言，外国判决效力的这种状况显然对其有利，他可以在外国法院的诉讼中败诉后通过转移其财产以达到逃避其财产被执行的不当目的。那么，这种拒绝认可外国判决法律效力的做法就事实上可能演变成一种为国际民商事关系中的不诚实当事人提供避法甚至庇护效果的有效手段，

---

[1]　卢峻：《国际私法之理论与实际》，中国政法大学出版社1998年版，第327页。

[2]　Celia Wasserstein Fassberg, "Rule and Reason in the Common Law of Foreign Judgments", *Can. J. L. & Juris.*, 1999（12），p. 193.

从而最终损害国际民商事关系的正常进行，并损坏普遍公认的公平公正原则。对于国家而言，对外国判决拒绝认可的做法不仅有损于判决作出国的司法权威，也会对被请求国的有限司法资源产生不利影响，甚至可能使被请求国承担起了为不诚实者提供非法庇护所的消极声誉。这显然不符合各国的利益要求。

正是如此，在当前全球化时代国际社会应加强合作以促进共同福利的状况下，各国在外国判决承认与执行领域相互合作似乎并无理论上的障碍；但是，现实情况却远非如此。正如外国学者所指出的："在解决纠纷过程中赢得诉讼仅仅是走完了整个程序的第一小步，等待他的还有更加复杂和漫长的工作。因为一方面胜诉方试图执行判决；另一方面败诉方又力图阻止判决的执行。在经济全球化的今天，一项判决又经常因为介入了两个或更多的法律体系而使得其执行更加困难。实践表明，在不同国家间的判决承认与执行过程中，不同的价值观，不同的法律文化、历史背景乃至不同的实体规则，不同的管辖权原则以及不同救济制度都是引起判决难以获得承认与执行的重要因素。"[1] 判决承认与执行的国际合作存在现实困境，而这种困境在当今时代显然会带来更不利的后果。因为，当前科技日新月异的发展背景以及国际资本流动的自由开放状况，会使人员与财产的国际转移更加便捷顺利地完成，"当今世界交通频繁，私人间涉外法律关系往往发生于本国境内，若一国判决在外国毫无效力，则败诉债务人只需携产逃往他国。债权人即无法追偿，殊非良策"。[2] 所以，如果国际社会拒绝对外国判决给予承认或执行，将对当事人的合法权益和正当期望带来消极后果。尽管如此，虽然各国相互间存在对外国判决加以承认与执行的现实需要，但另一方面，出于各方面因素的考虑，如对本国司法主权的保护或者出于一国私利，各国立法以及国际立法中都还是无一例外地规定了外国判决承认与执行上应当遵循的各种条件，其中涉及应当具备的肯定性条件如管辖权因素、外国判决的终局性因素、互惠原则等，以及必须排除的禁止性条件如欺诈例外、公共政策例外等。一般情况下，只有上述条件均齐备时，外国判决才可以在其他国家获得承认与执行。因而，

---

〔1〕 Maryellen Fullerton, "Enforcing Judgments Abroad: the Global Challenge", *Brooklyn J. Int'l L.*, 1988 (24), p. 1.

〔2〕 卢峻：《国际私法之理论与实际》，中国政法大学出版社 1998 年版，第 327 页。

这些条件也就相应地成为外国判决承认与执行的前提与基础。而由于各国在这些条件的理解上有着存在现实的差异，这一定程度上使之演变成外国判决承认与执行的限制性条件。

当然，有人对判决承认与执行的国际合作持乐观的立场，认为国际社会的相互需要最终将促进国家之间合作状态的有效达成。美国知名冲突法学者布兰德（Brand）教授运用"捕鹿游戏"博弈模式来阐述判决承认与执行国际合作的合理状况，认为各国可以在判决承认与执行上加强国际合作。布兰德教授提出，如果各国选择"共同合作"实现判决在国际社会的自由流动，就可以降低国际交易的法律成本，从而把"蛋糕做大"促进国际贸易的增长，使得各国都能够从中获得最优的结果。[1]对此，我国学者曾做过评价：在进行此类博弈（即"捕鹿游戏"博弈）时，各国虽都有合作的愿望，但往往无法把握对方合作的意图，因而可能导致采取"合作"策略的一方因为对方的"背弃"而损失惨重，从而最终影响各国对判决承认与执行进行国际合作的效果。[2]因而，各国合作观念的不确定性使得判决承认与执行的国际合作难以有效形成；但与此同时，相互合作以促进判决自由流动进而促进国际贸易增长的图景又客观上增强了各国加强合作的观念与信心。受此影响，当前国际社会的实际情形是：判决承认与执行的国际合作局面仍未普遍形成；与此同时，缔结判决公约的尝试也取得了一定的成功。

（二）判决的承认与执行对于国际商事法庭的建设意义

需要注意的是，国际社会在判决承认与执行的当前状况将会影响国际商事关系当事人的法院选择，当事人在选择法院协议上需要对判决的承认与执行因素进行审慎的考量。

作为理性人，国际商事主体在管辖法院的选择上需要对各种相关因素进行权衡。毕竟，法院管辖权的行使不仅会影响到当事人参与诉讼的便利程度，也会因为各国程序法、实体法甚至冲突法的不同而可能获得一个实体结果差异极大的判决；而且，由于协议管辖所具有的赋予管辖权和剥夺管辖权效力，

---

〔1〕 Ronald A. Brand, "Recognition of Foreign Judgments as a Trade Law Issue: the Economics of Private International Law", in Jagdeep S. Bhandari & Alan O. Sykes ed., *Economic Dimensions in International Law*, Cambridge University Press, 1997, pp. 592~626.

〔2〕 徐崇利：《承认与执行外国法院判决的博弈论分析》，载中国国际私法学会、武汉大学国际法研究所主办：《中国国际私法与比较法年刊》（第6卷），法律出版社2003年版，第417~418页。

未被当事人协议选择的法院应当尊重当事人的管辖协议并不得对其争议行使管辖权。正因如此，国际商事主体在管辖法院的选择上通常会对各种相关的因素进行考察与权衡，然后作出相应的选择，当然，权衡的结果通常会呈现出某些法院选择的偏好，正如有外国学者曾指出的："金融机构通常在合同的法院选择条款中选择英国法院，是因为能利用英国商事法院法官的特殊经验与技能。"[1]英国伦敦商事法院在金融争议解决领域的良好声誉和成熟经验，成为国际商事主体在法院选择上的关键因素。当然，通常情况下，在法院选择的相关衡量因素上，国家的法治状况、国家的法律完善情况、国家的经济社会发展水平、法官的素养和经验等等方面往往属于基本的因素而受到当事人的衡量；而且，当事人参与诉讼的便利程度、一国法院对外国原告的接受程度等等也是当事人在法院选择上需要加以考量的因素，因为这些因素可能会影响当事人胜诉的概率。除此之外，当事人的地位因素也会在法院选择上产生作用，进而影响当事人对管辖法院的选择。一般情况下，更发达国家的法院在国际商事主体的管辖法院中更具有选择偏好；事实上，美国由于经济发展水平高、先进的实体法规则和完善的程序法制度、法官较强的审理经验与水平等因素而使美国法院通常成为当事人青睐的对象。对此，英国上诉法院的丹宁法官就曾这样描述道：诉讼当事人就像飞蛾扑向火焰一样扑向美国法院，因为只要能将案件送进美国法院，他就将赢得机会。[2]

需要注意的是，在国际商事主体的法院选择上，判决的承认与执行将会日益成为需要考量的重要因素。不可否认，在当事人选择法院协议相关因素的考察上，国际社会通常并不会明确指出判决承认与执行这一要素；当然，造成这种状况的原因主要是因为，在当事人的选择因素思路上，判决的承认与执行可能还没有成为真正考虑的因素。究其原因，主要是因为先前国际社会判决承认与执行国际合作的障碍，使得当事人在法院选择上对判决承认与执行因素的考量意义不明显。博弈论的研究表明，在外国判决承认与执行领域，各国可能陷入"囚徒困境"之中，从而使各国倾向选择"背弃"而非"合作"，以避免本国利益受损的情况。那么，如果各国均把"背弃"作为其

---

[1] Andrew Clark, "A Toast from Wall Street: Examines London's Pre-eminence in Bank Litigation", *Financial Times*, 1995-12-19 (9).

[2] Smith Kline & Fren. H. Labs Ltd. v. Bloch, (1983) LW. L. R. 730, 734 (C. A.).

主导战略，则会使外国判决承认与执行的国际合作无法有效形成。事实上，即使认为各国所进行的并非单一博弈而是重复型博弈，各国不断地实施"投桃报李以牙还牙"（Tit - Tat）的应时性博弈，各国基于合作报偿、背弃惩罚的观念可能逐步建立信任进而实现共同合作的结果，但是，国际社会的现实表明判决承认与执行的国际合作状况并没有实际性地形成。这种消极的状况其实涉及两个方面的关键性因素：其一，外国判决承认与执行领域中对国家利益的关注，其二，各国管辖权的扩张状况。前者是各国在外国判决承认与执行上从未绝对地将私人利益和国家利益相分离，而经常性地认为对本国私人利益的保护将涉及国家利益；而且，本国对外国判决予以承认与执行却不能得到外国的同等对待也涉及国家利益的不对等问题。后者是管辖权的扩张导致了司法管辖权的冲突现象，对外国法院作出的判决进行承认与执行不符合本国司法管辖权行使的利益。所以，虽然在判决承认与执行领域存在实际的重复型博弈状态，但也没有实际形成国际合作的积极现象。正因如此，无论是哪个国家的法院作出的判决，都将遭受法院判决难以被其他国家承认或执行的现实障碍，任何国家都并没有在判决承认与执行上的绝对优势，甚至是各国在判决承认与执行上都面临同等程度的被拒绝的尴尬境地。毫无疑问，这种实际的状况使得当事人在法院的选择因素上就缺乏对判决承认与执行因素现实考量的必要了；毕竟，哪个国家的法院都没有特殊的优势从而也无法对当事人形成吸引的效力。当然，这并不意味着判决的承认与执行在当事人法院选择上没有实际价值，而主要是先前的时机还不成熟而已，一旦有国家的法院享有了这种优势，很显然将会对当事人的选择带来实际的效果，甚至这种效果还会因为相互之间明显的对比而更为突出。

对于多数国际商事主体而言，纠纷的解决并非只是期望获得一个法院判决以确定他们的法律关系，更要求法院判决能够最终获得承认与执行，从而使他们之间的法律关系得以真正确立而在其他国家获得既判力效果，并因此真正得到判决所确认的相应数额的金钱；否则，仅作出一个法院判决，并不意味着当事人的法律关系已经真正确定、当事人的正当权益能够得到有效的保障，这在当代投资自由化和便利化的国际社会尤其如此。正是如此，针对当前判决承认与执行国际合作的现实困境，在法院选择的衡量上国际商事主体可能会越需要对判决承认与执行因素加以权衡，以免耗时费力获得的法院判决却无法得到相关国家的确认。更为严重的是，由于当事人之间存在选择法院协议，则其他国家法院可能会因为选择法院协议的剥夺管辖权效力而拒绝对胜诉方在被请求国法院提起的诉讼行使管辖权，从而导致投诉无门的不利状况。因而，在法院的选择上就需要适当地予以考量与权衡，而这种情形在当前有的国家法院通过各种努力促进了其判决的承认与执行从而占据了优势地位时就更加明显地凸显了出来，从而影响当事人对法院的选择。

作为国际商事纠纷机制的"新宠"，国际商事法庭显然也不能轻易绕开上述相关因素，需要接受国际商事主体的观念认可以及法院选择，才能在国际商事纠纷的解决上彰显出现实的司法竞争力，并因此在不断的司法实践中提升国际规则（包括国际司法规则和国际实体规则）形成上的话语权。毫无疑问，为了在与普通法院以及其他国际商事法庭的竞争中获得竞争力，国际商事法庭需要加强各种有效制度的建设；与此同时，国际商事法庭也需要加强判决承认与执行的制度建设，促进国际社会对国际商事法庭的判决予以承认与执行从而使当事人感受到国际商事法庭的优越性。某种程度上，相对于国内的普通法院，判决的承认与执行这一因素对于国际商事法庭而言或许尤为重要。

与国内的普通法院明显不同，各国国际商事法庭在建设上都更加强调其国际性与专业性。前者主要体现在诸如受案的范围、司法人员、审判程序、司法合作等方面，都不再局限于本国；后者则主要通过建立专业化的精英法官队伍、对审判和诉讼进行专业化改革等途径来加以体现。客观而言，国际商事法庭国际性与专业性的制度本质，根本原因就在于提升国际商事法庭的司法竞争力，从而在与普通法院和其他国际商事法庭的司法竞争中占据优势地位，受到当事人的欢迎而选择为他们争议的管辖法院。不可否认，国际商事法庭国际性与专业性建设的程度，将对国际商事主体的观念认可和吸引度提升形成积极的效果。除此之外，国际商事法庭的广泛兴起所导致的各国国际商事法庭事实上的竞争状况，客观上使得各国国际商事法庭的成功和价值目标追求的实现很大程度上取决于当事人对其的选择，取决于国际商事主体的观念认可，愿意将其争端提交给国际商事法庭。有鉴于此，当前各国无一例外地在国际商事法庭的制度设置和规则便利上做出了诸多的努力，甚至采取了一些突破本国传统实践的特殊制度，例如引入国际法官制度和外国律师代理制度，作为非英语国家却以英语为审判语言的制度，作为非普通法国家却在诉讼程序上强调灵活化与宽松度等诸如此类，不一而足。其根本的目的就在于因此提升本国国际商事法庭的审判水平以及对当事人的吸引力，获得国际商事主体的观念认可从而愿意将他们之间的国际商事争端提交给该国际商事法庭。为此，各国在国际商事法庭的制度设置和规则便利等方面无一例外都竭尽所能，从而期望在日益激烈的国际商事法庭协议管辖的竞争中占得先机。

当然，问题的另一个方面是，各国国际商事法庭建设上所采取的这些便利措施因为相同性或类似性而呈现出同质化的局面，进而使得这些制度或措施不再具有了独创性或特殊性的价值，[1]并因此失去了相对的优越性，难以凸显出真正的优势，在国际商事主体的法院选择因素上也因此缺失了特殊的影响效力。那么，在这种情形下，国际商事法庭所作判决的可承认与执行程度以及便利程度可能就成为各国国际商事法庭竞争力比拼的关键因素，使得在这方面有优势的法院或国家呈现出更大程度的优越性，形成更显著的竞争力；也成为国际商事主体对国际商事法庭选择的重要权衡对象。毕竟，作为理性人，国际商事主体更期望选择对己有利的法院或某个国际商事法庭；那么，国际社会在判决承认与执行国际合作的实际困境，就使得国际商事法庭判决的承认与执行状况对于当事人有着实际的价值：国际商事法庭作出的判决得以顺利地承认与执行状况使得当事人的权益保护得到了真正的实现，从而将对国际商事主体产生直观的感受效应；而如果国际商事法庭作出的判决不能被其他国家所确认，则当事人就会觉得他们所得到的法庭判决如同一张废纸，甚至也因此感觉到国际商事法庭的各种制度优越与规则便利都意义不彰。对于国际商事主体而言，由于经常参与国际商事争议解决活动，因而对各国判决的执行力又有更强烈的对比效应。而且，国际商事主体的这种感知和实际的遭遇会很容易在国际商事行业中被广泛流传而变得世人皆知，进而对国际商事法庭的国际声誉带来消极影响从而影响国际商事主体对她的选择。

二、基于国际商事法庭建设国际社会对判决承认与执行制度的改进

虽然国际社会对于判决承认与执行因素在当事人的法院选择上的地位问题目前还存在某种程度的怀疑态度，毕竟这个因素确实具有不可预知性，因

---

〔1〕　当然，这些制度或措施相比普通法院而言显然还是具有特殊价值的，从而使得当事人在法院选择上更愿意选择国际商事法庭而非各国普通法院。

而对其是否会影响当事人对法院的选择并不确定；而国际社会在判决承认与执行国际合作上"囚徒困境"普遍存在的情况，使得这个因素更有些难以捉摸。尽管如此，在国际商事法庭的制度建设上，显然国际社会已经注意到了判决承认与执行这个因素，因此进行了相应的制度建设来加以改进，进而提升其竞争力。

作为成熟法域，英国商事法院已经获得了国际商事主体的普遍认可，在海事海商、金融保险等领域尤其如此，国际商事主体在合同签订或争议发生时经常选择英国商事法院作为管辖法院。当事人对英国商事法院的认可与接受也促进了英国商事法院的发展，提高了英国商事法院的审理经验和水平，又进一步提升了国际商事主体对英国商事法院的认可程度。尽管如此，英国商事法院也日益注意到了国际社会兴起的国际商事法庭建设对其带来的潜在挑战，而英国脱欧则使英国商事法院面临的这种风险更加直接也更加明显，尤其是新兴的国际商事法庭几乎是以英国商事法院为蓝本来进行建设的。为此，英国商事法庭进行了一些制度的改进。与此同时，英国脱欧也引发了国际社会对于英国法院判决承认与执行问题的担心，国际社会担心英国法院（当然也包括英国商事法院在内）判决可能难以利用《布鲁塞尔条例 I》在欧盟境内自由流动。对此，英国发布了《英国法及司法管辖权的力量》（The Strength of the English Law and UK Jurisdiction）[1]来对国际社会的关切给予回应。其第 7 项指出，英国脱欧之后，英国与欧盟因《布鲁塞尔条例 I》形成的关系不会发生变化；在非欧盟国家中，英国法院判决仍将基于之前双边条约安排、协议或礼让原则获得承认与执行。英国发布这个文件表明了判决承认与执行对于英国商事法院的重要意义，也表明了判决承认与执行因素在当事人的法院选择上的作用。毕竟，对于先前可资利用的《布鲁塞尔条例 I》来实现英国商事法院判决的承认与执行，一旦不能利用，其中的反差会对国际商事主体带来明显的不利和观念的落差。所以，英国即使在政治层面进行了脱欧，但在判决承认与执行领域（也就是司法层面）应该与欧盟之间达成一致，允许英国在判决承认与执行领域继续坚持《布鲁塞尔条例 I》的体例。

---

〔1〕 See Courts and Tribunals Judiciary of LegalUK, The Strength of the English Law and UK Jurisdiction, https：//www. judiciary. gov. uk/wp-content/uploads/2017/08/legaluk - strength - of - english - law - draft - 4 - FI-NAL. pdf.

　　新兴的国际商事法庭也在判决承认与执行上进行了努力，形成了一些特殊制度安排。新加坡国际商事法庭的建设目标在于建设一个位于亚洲面向世界的国际商事争议解决机构，进而与国际商事仲裁中心、国际商事调解中心一起构建国际争议解决中心。为此，新加坡国际商事法庭在促进判决承认与执行方面采取了一些相关措施：其一，与其他国家的法院签署了大量涉及判决承认与执行的合作备忘录。这种备忘录只是法院而非国家之间签署的，而且不具有正式的法律意义，并且通常也不具有溢外效应，只能对签订备忘录的法院之间有一定的效应，并不对相关国家的其他法院产生效应；尽管如此，正如我国学者所指出的，双边备忘录对国际商事法庭仍有着积极意义：①双边备忘录的内容规定灵活，对于签署法院的司法实践有指导作用；②可以强化这些法院与世界其他法院的交流与司法合作，为法院的发展创造良好的外部环境；③与具备良好声誉和丰富经验的法院签订双边备忘录，能够借助这些法院的上述优势在较短时间内极大提高法院的国际声誉。[1]法院之间签订的双边备忘录，有利于在法院之间形成合作的谅解和意愿，从而消除当前判决承认与执行上互惠原则难以有效启动的不利局面，促进法院相互给予合作的信心。长期以来，国际社会均不愿意在互惠关系的适用上率先走出第一步，以避免判决承认与执行国际合作不充分的状况下自己选择"合作"而他国却选择"背弃"所带来的不利局面。在德国"柏林高等法院承认无锡中院判决"案[2]中，德国柏林高等法院就声称：由于中、德之间不存在相互承认法院判决的国际条约，那么具体司法实践就成了处理案件的依据。如果双方都等待对方先迈出第一步，自己再跟进给予对方互惠的话，那么事实上永远不可能发生相互间的互惠，互惠原则也只能是空谈而已。其二，利用《英联邦判决互惠执行法》与《外国判决互惠执行法》，促进其判决在相关国家与地区通过登记得到执行。[3]英联邦原成员之间的登记方式，是判决承认与执行上相对便利的一种方式。新加坡国际商事法庭能够借助这种执行方式，显然有

---

〔1〕 何其生主编：《国际商事法院研究》，法律出版社 2019 年版，第 163 页。

〔2〕 有关该案具体情况的相关介绍，参见马琳：《析德国法院承认中国法院民商事判决第一案》，载《法商研究》2007 年第 4 期，第 150~155 页。

〔3〕 主要涉及的国家与地区有：英国、澳大利亚、新西兰、斯里兰卡、马来西亚、向风群岛（Windward Islands，属于英联邦成员）、巴基斯坦、文莱、巴布亚新几内亚、印度，以及中国香港特别行政区。

利于其判决的承认与执行。其三，加入 2005 年海牙公约。毫无疑问，条约必须遵守原则的效力使得条约在判决承认与执行国际合作领域成为最为有效的方式。2005 年海牙公约规定当事人通过意识自治选择法院所作出的判决能够在公约范围内获得承认与执行，缔约国应当把对当事人所选择法院作出的判决予以承认与执行作为其基本的公约义务；为此，2005 年海牙公约严格规定了尊重当事人选择法院协议的效力，以及尊重被选择法院所做判决的公约义务。那么，批准 2005 年海牙公约成为公约成员方，将使其法院判决能够在公约范围内得到承认与执行；而这种情形在当前国际社会普遍存在的判决承认与执行国际合作困境下显得尤为突出。可以预见，新加坡国际商事法庭所采取的这些措施，对于国际社会明确表明了新加坡在判决承认与执行积极进行国际合作的意愿和态度，应当会对国际社会（包括国家和国际商事主体在内）形成良好的效应。

迪拜国际金融中心法院也在判决承认与执行方面采取了诸多努力，诸如签订了大量的涉及判决承认与执行的合作备忘录、利用区域性判决条约；当然，值得注意的是，由于阿联酋在判决承认与执行国际合作上有所不足，因而迪拜国际金融中心法院出台了将法院判决转化为仲裁裁决的实践指导，目的在于将迪拜国际金融中心法院判决转化为仲裁裁决，进而依据《纽约公约》在其他成员国获得承认与执行。[1]迪拜国际金融中心法院作出判决需要其他不具有合作关系的外国法院予以承认与执行时，法院允许胜诉的当事方将执行争议提交迪拜国际金融中心—伦敦国际仲裁院仲裁中心予以仲裁，然后由其作出裁决。当事人就依据《纽约公约》向其他国家申请承认与执行。需要注意的是，这个判决转化仲裁裁决的实践指导是为了保证判决债权人在不丧失判决赋予其权利的基础上有更多的选择来获得金钱支付，因而不影响判决的效力和可执行性。毫无疑问，迪拜国际金融中心法院的这种判决转化仲裁裁决的思路具有显著创新的性质；毕竟，与判决承认与执行国际合作的现实困境截然不同，国际商事仲裁由于《纽约公约》的作用而使其仲裁裁决能够在世界范围内得到有效的承认与执行。因此，迪拜国际金融中心法院的这种判决转化仲裁裁决的制度如果能够合理实施，将会有效地解决当前判决承认

---

〔1〕 See Amended DIFC Courts Practice Direction No. 2 of 2015-Referral of Judgment Payment Disputes to Arbitration.

与执行国际合作的难题。当然，这种判决转化仲裁裁决的实际效果如何，尚需实践的检验。尽管如此，这种转化机制可能在国际社会却并不具有过多的效果与示范功能，也不具有过多的启示性意义。首先，判决如何转化、转化的条件与标准，可能不在法院的控制范围之内，仲裁庭对此拥有独立的裁定权；其次，这种转化机制能否获得国际社会的认可并依据《纽约公约》在其他国家获得承认与执行，可能并不具有完全的确定性。正如外国学者指出的：被申请执行的国家有可能会因为这种转化的实践与法院地国的法律相冲突为由，而援引公共政策例外予以拒绝，从而抵消这个转化机制所可能形成的对《纽约公约》的滥用现象。[1]

---

〔1〕 Dalma R. Demeter & Kayleigh M. Smith，"The Implication of International Commercial Courts on Arbitration"，J. Int'l Arb.，2016（33），pp. 463~467.

第三章

2005 年海牙公约之于国际商事法庭建设的效应

在国际商事法庭的建设上，判决承认与执行因素将会日益呈现出特殊重要的作用，成为各个国际商事法庭竞争力比拼的基础要素。毕竟，对于国际商事关系当事人而言，争议的解决并非仅体现为程序的进行与裁决的作出，也要求法院作出的判决能够得到承认与执行；否则，"判决作出后如果得不到承认或执行，就如同没有判决一样，当事人的权益不能获得保护，交易安全也自然没有保障"。[1]法院判决不能得到承认与执行的这种状况显然不符合人们对国际民事秩序的一般期望，也与公平正义的观念不相符。毫无疑问，如果国际商事法庭的建设无法有效地解决其判决的承认与执行问题，则建设的效果可能也堪忧，对于新兴国际商事法庭而言或许尤其如此。值得注意的是，各国对于国际商事法庭的建设目标都具有多重性，而并非只是期望增加一个国际商事争议的解决机构，也不是仅仅为了更好地对当事人的国际商事争议加以解决；那么，判决不能获得承认与执行的这个因素将会损害到国际商事法庭的权威实现以及因此的建设效果。

2005 年海牙公约是一个以选择法院协议为载体的判决公约，促进判决承认与执行的国际合作是该公约的基本价值追求。缔结一个全球性的判决公约是国际社会的普遍愿望，但是由于各国在管辖权事项上的实质性分歧，导致判决公约难以有效形成。经过长期的努力和灵活的改变，国际社会决定以普遍接受的选择法院协议为管辖权载体来缔结全球性判决公约，并最终形成了2005 年海牙公约。2005 年海牙公约强调对当事人选择法院协议效力的公约义

---

〔1〕 Celia W. Fassberg, "Rule and Reason in the Common Law of Foreign Judgments", *Can. J. L. & Juris.*, 1999（12）：193.

务、要求选择法院协议指定的法院应当行使管辖权，而未被选择的法院应尊重被选择法院的管辖权行使；强调对被选择法院作出判决的公约义务，要求各国对依据选择法院协议所作出的法院判决加以承认和执行。那么，对于以协议管辖作为管辖权行使的基本依据的国际商事法庭，2005 年海牙公约对于判决承认与执行的公约义务的明确，显然是与国际商事法庭建设目标极其适配的制度安排。对 2005 年海牙公约予以批准成为公约的缔约国，这个国家的国际商事法庭将能够有效地解决其判决的承认与执行问题，并因而在与其他国际商事法庭的竞争力比拼中拥有让国际商事主体直接可视、现实有感的优势，进而获得国际商事主体的选择青睐。

第一节 2005 年海牙公约对判决承认与执行国际合作的意义

经过国际社会共同努力形成的 2005 年海牙公约，本质上是一个判决公约，要求国际社会应当承担对选择法院协议指定法院所作出的判决加以承认与执行的公约义务。需要注意的是，2005 年海牙公约并不是一个涉及所有管辖权依据的判决公约，而是仅以选择法院协议这个管辖权依据的单一管辖权判决公约，这一方面使得不是所有的缔约国[1]或者缔约国的所有法院[2]判决都能依据 2005 年海牙公约进行承认与执行从而获得公约利益，而只有被当事人选择的国家法院作出的判决才能获得公约利益；另一方面也使得国家对于 2005 年海牙公约所享有的公约利益取决于当事人的私人协议。毫无疑问，2005 年海牙公约的这种实质将实际上使得一个国家法院判决的承认与执行变得复杂；所以一般性地对 2005 年海牙公约在判决承认与执行的意义或者国家对 2005 年海牙公约批准的可行性问题进行探究，可能都忽视了 2005 年海牙公约的特殊性。尽管如此，作为目前国际社会真正发生效力的多边国际公约，2005 年海牙公约在判决承认与执行上显然具有重要意义。

---

[1] 2005 年海牙公约允许概括性地对一个国家的法院进行选择，可以不指明该国的某一或某些具体法院。那么，在概括性选择的情况下，被选择国家的任何依据当事人的选择法院协议行使了管辖权的法院所作出的判决，都能够依据 2005 年海牙公约进行承认或执行。

[2] 2005 年海牙公约也允许对一国的某一或某些具体法院进行选择。那么，只有选择法院协议指定法院所作出的判决才能依据 2005 年海牙公约获得承认与执行。

一、判决承认与执行国际合作的困境

在外国判决承认与执行领域，长期以来，国际社会一直强调在外国判决的效力上其他国家并不负有给予认可的义务，一国判决只在作出国境内有实际的法律效力，而无域外效力，其他国家并不承担认可其法律效力的义务。"判决为一国司法权之实施。而主权之行使，除有条约规定外仅限于本国境内，故判决当无域外效力，不能强求他国认有既判力。"〔1〕造成判决承认与执行的这种状况，离不开绝对主权这个关键因素。在绝对主权下，司法权只能在其境内发生效力，其他国家不承认外国司法权具有域外效力。毫无疑问，这种缺乏有效合作的状况并不符合全球化的内在需要，因为对已经进行过处理并作出裁决的争议仅仅由于该裁决是其他国家的法院作出的而就加以拒绝、为了获得裁决有效性而必须再行向其他国家的法院重新提起诉讼，这既不符合国际社会普遍认可的既判力原则或者禁止反言规则，又浪费了各国的司法资源，违反了效率原则。而且，将判决的承认与执行视为司法权的内容，也忽视了法院所解决争议的私权性质以及判决承认与执行所涉及的私权实现问题。因而，随着全球化的不断演进，国际社会在外国判决效力上坚持严格观念的立场逐渐遭受来自现实需要的冲击而日渐销损，尤其是该严格观念所立基的国家主权受到严重冲击之后。对于全球化对国家主权的侵蚀，发达国家国际法学界的不少学者均认为，主权国家正在被政府间和非政府间国际组织以及跨国公司等逐渐掏空，全球化因而导致了国家主权的削弱。〔2〕他们主张，全球化的直接结果是导致了国家与非国家实体间的权力再分配，在国际事务中国家的权力逐渐流向国际组织和非政府实体。在政治主权、经济主权、文化主权以及环境主权等各个领域均已明显地显露出全球化的损耗痕迹，全球化运动对于上述领域的国家主权提出了不同程度的挑战，这也就使得国家主权的相对性特点日益显露出来。对此，戴维·赫尔德（D. Held）曾提出："全球化进程已使政治远不再是从前那种首先单纯地围绕国家和国家间事务的活动……国家运作于一个空前复杂的国际体系中，这不仅限制了它们的自主

---

〔1〕 卢峻：《国际私法之理论与实际》，中国政法大学出版社 1998 年版，第 327 页。

〔2〕 See Tim Dunne, "The Spectre of Globalization", *Indiana Journal of Global Legal Studies*, 1999 (7), p. 2; David A. Smith etc, ed., *States and Sovereignty in the Global Economy*, Routledge Limited London, 1999, p. 34.

性（其方式是改变政策的成本和收益之间的平衡），而且逐步侵犯了它们的主权。任何一种把国家视为无限制的、不可分割的公共权力形式的观念都站不住脚了。"[1]

虽然这种有关全球化对主权影响的观念具有一定程度的片面性，过于强调全球化对国家主权的消极影响，不过，上述观念也反映了全球化时代国家主权的相对性特征。客观上看，全球化对国家主权的现实影响一方面肯定了各国主权的相对独立性，国际社会仍以主权国家为其基本主体，另一方面也要求各国在国际社会自我限制，并加强相互间的合作。具体到外国判决承认与执行领域，随着全球化的深入，国际社会对外国判决承认与执行上的相互合作逐渐成为必要。完全以主权来拒绝外国判决的可行性既损害国际民商事交往的顺利进行，从而最终损害国家利益；又可能招致其他国家的对抗甚至报复，引发国际经济秩序的混乱。在绝对主权时代，各国基于国家主权原则而拒绝对外国判决的效力予以认可，这本身并不令人觉得有多大不合理之处，因为法院作出判决经常被视为一国司法权的内容，因而这个判决只能在其域内发生法律效力，而无当然的域外效力。不过，罗马法有些例外，罗马法倾向于对外国判决的效力给予承认。这主要是因为罗马法把外国判决视为私人争议的结果，而非依据外国法所形成的产物。因而，根据既判力原则，外国判决应予以承认。[2]罗马法强调公法与私法的划分，而外国判决所调整的是当事人的私人争议，因而本质上属于私法的范畴。罗马法的这种公私法划分以及从争议性质的角度来理解外国判决的性质并予以认可的做法，本质上符合罗马法的基本精神，也与当时极为简单的社会状况相一致。但是，当社会发展到科学技术水平日益进步的中世纪后期，主权国家的观念得到了增强，与此相应的主权思想也进一步强化。在这种状况下，具有主权性质的司法权在其境外就受到了一定的质疑，"封建的主权者担心对建立于既判力原则之上的外国法律以及外国判决加以认可将可能对其主权产生消极的后果"，[3]因而开始

---

〔1〕　[英]戴维·赫尔德：《民主的模式》，燕继荣等译，中央编译出版社1998年版，第434~439页。

〔2〕　F. Juenger,"The Recognition of Money Judgments in Civil and Commercial Matters", *Am. J. Comp. L.*, 1988 (36), pp. 5~6.

〔3〕　F. Juenger, "The Recognition of Money Judgments in Civil and Commercial Matters", *Am. J. Comp. L.*, 1988 (36), p. 6.

否定外国判决的域外效力。这种状况随着主权国家的演进逐渐发展成为一种常态，引发了国际社会相当长时间不认可外国法院判决效力的现象。国际社会在外国判决承认与执行上都坚持严格的立场，形成事实上对外国判决予以拒绝的状况。

对外国判决承认与执行予以拒绝现状的形成因素：一是对国家利益的关注；二是各国管辖权的扩张。国家利益要求对本国国家的利益加以保护，也要求对本国当事人的利益进行保护，这是国家主权的内在要求。那么，一国私人财产被外国判决要求转移到另一国，虽然这种情形明显只涉及私人的利益，与国家利益的损害之间并不存在必然的联系，但是，绝对的国家主权观念也会引发国家利益保护的问题。如果这种财产的转移具有经常性且数额巨大，那么，国家利益的考量也必然内在地成为一国对外国判决承认与执行上的态度的重要因素。所以在外国判决承认与执行上绝对地把国家利益与私人利益相分离，虽然在理论与现实中都有一定的合理根据，但是这并不妨碍各国对外国判决承认与执行上坚持严格的态度，甚至以各种理由来拒绝外国判决的承认与执行。一国立法与司法机关对国家利益的内在考虑是根本无法避免的。事实上，美国就非常关注其与欧洲国家之间在相互承认与执行彼此法院判决上的不相称问题，并因此产生美国利益受到损害的主张。美国理论界与实务界强调，由于美国公司在欧洲国家的投资数量要大于欧洲公司在美国的投资，而欧盟内判决自由流动的实现使美国公司处于极为不利的局面，因为欧洲公司可以在欧洲国家起诉美国公司，并依据判决自由流动的规则在其他所有欧盟国家内使欧洲判决获得极为有效的承认与执行；相反，由于欧洲国家公司在美国的投资更少，且美国法院判决无法依据判决自由流动的规则在欧盟成员国内获得承认与执行。

除了观念上的因素（当然这种观念因素是能够改变的），管辖权的因素则可能是造成当今国际社会在外国判决承认与执行合作机制上步履维艰的根本原因。当今国际社会出现了管辖权不断扩张的趋势，各国在其管辖权立法上几乎无一例外地规定了一些过度的管辖权根据，如原告或被告的国籍、标贴管辖权、传票的送达等。其中美国于 1945 年"国际鞋业公司"案[1]中所确立的"最低限度联系原则"表现得更为明显，之后美国各州立法中几乎都基

---

[1] International Shoe Co. v. State of Washington, 326 U. S. 310 (1945).

于"最低限度联系原则"确立了"长臂管辖"规则,对那些与美国关系极其微弱的案件也纳入美国"长臂管辖权"的范围之中。各国管辖权的扩张使国际管辖权的积极冲突无法避免。从博弈论的角度来看,各国管辖权的不断扩张趋势阻碍了各国在外国判决承认与执行上的合作,"这是因为,每个国家从相互承认和执行法院判决中可获得收益的程度,取决于有多少本国法院的判决需要得到外国的承认和执行,以及有多少外国法院的判决需要得到本国的承认和执行。当然,决定一国法院受理国际民商事案件数量的因素很多,其中管辖权的大小是一个关键的法律因素。申言之,一国拓宽本国法院的涉外民商事管辖权,就能受理更多的国际民商事案件,由此将增加要求外国承认和执行本国法院判决的情形;相应地,其他国家法院受理此案的机会将会减少,要求内国承认和执行的外国法院判决的数量也将随之下降。可见,一国法院的管辖范围越宽,实行国际判决承认和执行的自由化对该国就越有利"。[1]

与此同时,值得注意的是,虽然各国都在扩张本国的管辖权,但是这种扩张在不同国家之间的比例并不均衡。[2]这种管辖权扩张不均衡所引发的对国际商事争议管辖权行使的差异,导致了受理案件较少的国家在外国判决承认与执行上的合作缺乏现实的激励。对于受理案件较多的国家而言,虽然都期望实现外国判决承认与执行的自由化,但在实践中,一方面,各国都不愿放弃本国的管辖权,这使得国际民商事关系当事人挑选法院现象难以避免,并使管辖权的冲突难以消除:针对原告在外国所提起的诉讼,被告完全可以在另一国提起对抗性的诉讼,从而导致重复诉讼以及两个以上的法院判决;另一方面,如果相关国家已经在判决承认与执行上得到了相对的优势,也可能引发其对国际合作态度的消极局面。事实上,由于欧盟国家之间实现了判决的自由流动,这也在实践中导致了欧盟国家在外国判决承认与执行合作上的消极态度,从而拒绝在管辖权事项上作出必要的让步,这种情形在 1999 年公约草案的形成过程中表现得就非常明显。

不过,与此同时,受国际民商事交往不断发展的现实影响,国际社会拒

---

〔1〕 徐崇利:《承认与执行外国判决的博弈论分析》,载中国国际私法学会、武汉大学国际法研究所主办:《中国国际私法与比较法年刊》(第 6 卷),法律出版社 2003 年版,第 423~424 页。

〔2〕 这种不均衡状况可能受制于一国国际民商事交往的频繁与宽泛程度:国际民商事交往程度相对较少的国家,其管辖权扩张可能并不具有实际的意义,从而影响了该国管辖权立法的意识。

绝认可外国判决效力的情形由于会损害各国的司法权威、引发重复诉讼、增加当事人的诉累并因而可能增加商品的成本或减少商品的跨境往来，最终损害国际民商事关系的正常进行，因而，一些用来分析外国判决承认与执行的理论如国际礼让说、既得权说等开始形成，以探讨国际社会对外国判决效力予以认可的原因、方式等诸如此类的绝对主权时代难以解释的问题。美国联邦最高法院在 1972 年的 Bremen 案〔1〕中多少有些无奈地承认了全球化时代各国司法主权的受限状况："在国际商业贸易迅速发展的时代，排除理论的绝对性已经没有多大的生存空间了，并且它还可能严重阻碍美国商业活动的未来发展。我们不能期望在世界市场与国际水域所进行的贸易与商业活动都排他性地适用我们的贸易规则、由我们的法律来加以调整并由我们的法院来进行处理。"〔2〕全球化对各国司法主权的现实影响，一定程度上实质性地改变了国际社会先前在外国判决效力上"老死不相往来"的状况，否则，"当今世界交通频繁，私人间涉外法律关系，往往发生于本国境外，若一国判决在外国毫无效力，则败诉债务人只须携产逃往他国，债权人即无法追偿，殊非良策"。〔3〕而且，不对外国判决效力给予认可，通常也会遭致其他国家的同等对待甚至报复，进而使得本国法院所做判决在其他国家无法得到承认与执行，并因此损害本国法院判决的有效性与权威性。因而，在当今国际社会，尽管各国在外国判决的承认与执行上施加了诸多的限制条件，从而一定程度上阻碍了外国判决承认与执行的有效进行，但是绝对地否定外国判决有效性的局面已经并不常见。

博弈论的研究表明，在外国判决承认与执行领域，各国可能陷入"囚徒困境"之中，从而使各国倾向选择"背弃"〔4〕而非"合作"〔5〕。澳大利亚学者温卡普（Whincop）教授曾运用博弈论来探讨国家在外国判决承认与执行中的"囚徒困境"状况。他指出，在跨国判决承认与执行情形中，各国选择"背弃"还是"合作"，是受利益因素影响的结果。在判决承认与执行领域，一国选择拒绝外国判决的主要利益可能是：第一，就要求内国承认与执行的

---

〔1〕　The Bremen v. Zapata Off-Shore Co. , 407 U. S. 1（1972）.

〔2〕　407 U. S. 1（1972），p. 9.

〔3〕　卢峻：《国际私法之理论与实际》，中国政法大学出版社 1998 年版，第 327 页。

〔4〕　外国判决承认与执行的"背弃"策略，主要是指一国对于外国判决的承认与执行加以拒绝。

〔5〕　外国判决承认与执行的"合作"策略，则是指一国对于外国判决的承认与执行加以认可。

外国判决而言，其被执行者多为在内国居住或经商的人（本国国民或居民），而申请执行者多为外国国民或居民。在这样的案件中，外国原告往往就近选择其本国法院起诉，但是，如果被告在该外国没有可供执行的财产，那么原告就会向被告财产所在地——内国法院申请承认和执行该外国判决。显然，承认与执行此类外国判决，因被执行者是本国人，最终受益人为外国人，内国法院花钱、费时耗力而"为他人作嫁衣"。第二，如果内国拒绝承认和执行外国判决，被告为了保证自己财产的安全，可能就会把在国外有被执行危险的财产转移到内国这一"安全港"，由此将给本国带来税收收入等利益。那么，对于一国而言，坚持拒绝而非合作的立场，就具有了明显的客观理由，因为该国能够从中获得利益。另一方面，温卡普教授认为被告因为担心财产的执行而将其财产转移至不承认外国判决的国家境内的情形不可能经常发生，因而外国判决承认与执行领域的"囚徒困境"并不现实存在。与此同时，温卡普教授还提出，各国对外国判决予以承认与执行，能够带来公共利益的获得，即可增进国际社会的集体福利：第一，各国在实行判决承认与执行的自由化后，被告知其判决日后可在外国得到承认与执行，就可能不会把财产转移到该外国，从而减少因这种无谓的财产转移行为而造成的资源浪费；第二，如各国间相互承认与执行对方判决，在两个或两个以上国家对同一国际民商事纠纷都有管辖权（即存在国际民商事管辖权冲突），原告往往会选择诉讼成本最低的那个国家的法院起诉，从而减少国际社会的交易成本。[1]由此，温卡普教授经过权衡后提出，判决承认与执行领域不存在"囚徒困境"，国际社会能够在外国判决承认与执行领域进行合作。美国的布兰德教授则运用了"捕鹿游戏"博弈模型来论证国际社会在外国判决承认与执行领域可以通过相互合作来把"蛋糕做大"，相互之间获得最优的结果；而如果各国拒绝合作、选择"背弃"，则最多只能得到次优的结果。[2]

　　应当认为，学者们运用经济学理论阐述判决承认与执行国际合作的努力证明了判决承认与执行领域并非一定只能是"背弃"的选择。经济学理论的

---

〔1〕　M. Whincop, "The Recognition Scene: Game Theoretic Issues in the Recognition of Foreign Judgments", *Melbourne U. L. Rev.*, 1999（23），pp. 416~439.

〔2〕　Ronald A. Brand, "Recognition of Foreign Judgments as a Trade Law Issue: The Economics of Private International Law", in Jagdeep S. Bhandari & Alan O. Sykes ed., *Economic Dimensions in International Law*, Cambridge University Press, 1997, pp. 604~639.

分析说明了一个现实问题，即在外国判决承认与执行上加强国际合作的有利的，也是可行的，各国坚持合作而非背弃也是可行的策略选择；在重复型博弈的情形下，坚持合作策略对于各国而言可能都是最优的选择，毕竟激励所带来的促进效果对各国都是积极有利的，而防范或报复则会对国际社会带来障碍和背弃，最终导致故步自封而形成零和博弈的消极状况。与此同时，全球化发展促进的当事人意思自治原则在私法领域的确立，要求对判决承认与执行中的私人利益及其实现进行合理的考量。在判决承认与执行领域的一个普遍问题是，国家在对国家利益的考察中，缺乏对判决承认与执行中的私人利益实现这一价值目标给予适当关注，甚至根本忽视私人利益问题，从而导致以个案公正和私人利益为代价来强调对国家利益的保护问题。在国家利益的理解上，各国普遍将其局限于本国国家利益和本国国民及其财产利益，而忽视了因相互合作而可能为各国带来的司法权威、司法资源的节约、法律可预见性目标的保障、国际民商事关系的正常化等相关利益。这些利益均与国家利益相吻合，将其纳入国家利益范畴符合国际社会现实。[1]与此同时，私法自治理论认为，国际民商事争议及其解决本质上涉及的是当事人的私人利益问题，虽然其中牵涉司法权的适用与保护问题，尽管如此，国际商事仲裁在国际社会的普遍认可与接受的事实表明，司法权的适用主要是为国际民商事争议的有效解决提供司法服务和保障的，是享有国家司法权的法院利用国家的司法权来解决当事人的争议，争议的合理与有效的解决是司法权适用的目标所在，而这种司法权的适用也能够被民间性质的国际商事仲裁加以代替。

因而，全球化的发展所引发的国际社会观念的日渐转变促进了判决承认与执行国际合作的格局变化；尽管如此，判决承认与执行国际合作发展步履蹒跚的现实局面，又相当程度上表明判决承认与执行国际合作的良好局面仍未真正达至，仍然需要国际社会的持续努力。

二、2005 年海牙公约对判决承认与执行的意义

针对判决承认与执行国际合作的困境，国际社会进行了一些努力并取得

---

［1］ 王吉文：《论我国对外国判决承认与执行的互惠原则——以利益衡量方法为工具》，载《法学家》2012 年第 6 期，第 160 页。

了一定的成效。目前看最为成功的例子应是欧共体国家间的 1968 年《布鲁塞尔公约》（即《关于民商事案件管辖权及判决执行公约》）以及欧共体国家与欧洲自由贸易联盟成员国之间以 1968 年《布鲁塞尔公约》为蓝本制定的 1988 年《卢加诺公约》（即《民商事司法管辖权和判决执行公约》），根据这些公约，欧盟国家之间实现了判决的自由流动。随着欧盟一体化的发展和《阿姆斯特丹条约》的通过，欧盟确立了在民事司法合作这一原由各成员国协商解决事项方面的直接立法权，欧盟理事会于 2000 年 12 月 22 日颁布了《民商事案件管辖权及判决承认与执行规则》（Council Regulations（EC）No. 44/2001 of 22 December 2000 on Jurisdiction and the Recognition and Enforcement of Judgments in Civil and Commercial Matters），该规则取代了 1968 年《布鲁塞尔公约》与 1988 年《卢加诺公约》。该规则通常被称为"2001 年第 44 号规则"或"布鲁塞尔规则 I"，该规则在内容上基本上承袭了 1968 年《布鲁塞尔公约》。在美洲国家之间，1928 年《布斯塔曼特法典》对判决的承认与执行做了专门的规定。1979 年美洲国家又在蒙特维的亚制定了《美洲间关于外国判决和仲裁裁决的域外效力公约》，1984 年制定了拉各斯《在国际范围外国判决域外效力公约》。而斯堪的纳维亚国家于 1932 年在哥本哈根制订了《关于相互承认和执行判决的公约》（即《哥本哈根公约》）。除此之外，海牙国际私法会议在判决承认与执行上也一直进行着努力，通过了多边判决公约，如于 1971 年通过了海牙《民商事案件外国判决的承认与执行公约》（1971 年海牙判决公约），于 2005 年通过了 2005 年海牙公约；还通过了一些专门事项方面的判决公约，如海牙国际私法会议所通过的 1958 年海牙《抚养儿童义务判决的承认和执行公约》、1965 年海牙《关于收养的管辖权、法律适用和判决承认公约》、1973 年海牙《抚养义务判决的承认和执行公约》。另外，一些专门性公约中也规定了承认与执行判决的具体条款，如 1956 年《国际公路货物运输合同公约》第 31 条第 3 款、[1]1970 年《国际铁路货物运输合同公约》第 58 条、[2]1969 年《国际油污损害民事责任公约》（该公约于 1982 年 4 月 29 日

---

〔1〕　该条规定，由一个缔约国的法院或法庭作出的判决在该国已经生效而可以执行，一经履行任何其他缔约国规定的各项手续之后，即应在该缔约国执行。所需手续不应涉及案件的实质问题。

〔2〕　该条规定，根据本公约由有管辖权的法院在审理后或在缺席审理后作出的判决，按照该法院所实施的法律已经生效时，该项判决应在其他缔约国执行。

对我国生效）第 10 条。[1]当然，多数国家之间还签订了涉及民商事判决承认与执行方面的双边司法协助条约。[2]

应当认为，这些多边性的判决公约的制订与通过，对于外国判决的承认与执行起到了积极的意义，加强了国际社会在外国判决承认与执行上的合作，并有利于增强国际社会的合作意识。不过需要指出的是，从目前来看，这些条约的实际价值并不显著。虽然 1968 年《布鲁塞尔公约》体系实现了判决在欧盟国家间的自由流动，但是该公约体系并不能适用于欧盟成员国之外，其他国家不能利用该公约体系而实现判决的承认与执行；而且，《布鲁塞尔公约》制度设计的合理与成功，很大程度上也取决于欧盟建设一个统一的经济共同体和政治共同体的价值目标。因而，《布鲁塞尔公约》对于国际社会判决承认与执行的可借鉴意义极为有限。专门性公约的判决承认与执行条款只适用于具体的事项，对于其他国际民商事事项则难有作为。1971 年海牙判决公约虽然是一个普遍性的判决公约，但该公约目前只有塞浦路斯、荷兰、葡萄牙三个国家批准，而他们都没有签订双边附加议定书，因而该公约至今尚未生效。所以，上述的努力所获得的效果却并不真正显著。

但 2005 年海牙公约的通过以及生效，对判决承认与执行的国际合作可能会形成直接的效果；而且随着时间的推移，这种效果将会因为缔约国的不断增多而越发显著。需要注意的是，2005 年海牙公约本质上是一个判决公约，要求缔约国依据公约对其他缔约国法院作出的判决予以承认与执行；当然，2005 年海牙公约并非一个涉及普遍管辖权依据的判决公约，而是一个仅以选择法院协议为载体的判决公约，只有选择法院协议指定的法院所作出的判决才能依据公约获得承认与执行。为此，2005 年海牙公约始终把判决的承认与执行内容作为公约的核心内容进行规定。公约明确地把被选择法院应当行使管辖权的义务、未被选择法院拒绝行使管辖权的义务以及被请求国对被选择法院所作判决给予承认与执行的义务明确为公约的"关键条款"。被选择法院

---

[1] 该条规定，第一，由具有第 9 条所述管辖权的法院所作出的任何判决，如可在原判决国实施而无须通常的复审手续时，除下列情况外，应为各缔约国所承认：①判决是以欺诈取得的；②未给被告以合理的通知和陈述其立场的公正机会。第二，按本条第 1 款确认的判决，一经履行各缔约国所规定的各项手续之后，便应在该国立即实施。在各项手续中不应涉及案件的实质问题。

[2] 但是，当前国际民商事关系领域中有重要影响的一些国家诸如美国、日本就没有对外签订这方面的双边司法协助条约。

应当行使管辖权的公约义务，要求被选择的国家法院应当尊重当事人选择法院协议的效力，除非该协议无效或有其他特殊原因。毫无疑问，这种公约义务的规定非常重要，否则将影响当事人正当期望的实现，也影响公约判决承认与执行目标的实现；而且由于选择法院协议的剥夺管辖权效力，被选择法院不行使管辖权可能会导致当事人权利救济的实现问题。未被选择法院应当拒绝对争议行使管辖权的公约义务，要求未被选择的法院应当尊重当事人选择法院协议的效力、尊重被选择法院的管辖权行使。对此条款，有外国学者认为该条款是2005年海牙公约中"最为重要的条款"。[1]很明显2005年海牙公约所期望的选择法院协议实现当事人正当期望并消除管辖权国际冲突目标的真正实现，其他未被选择的国家法院尊重当事人的意思、尊重被选择法院的管辖权是其中的关键因素；否则，不仅当事人选择法院协议的效力难以得到有效的尊重，还会因为其他法院对管辖权的行使从而引发平行诉讼的问题，最终使判决的承认与执行问题变得更加复杂。对选择法院协议指定的缔约国法院所做的判决进行承认与执行的公约义务，要求各国应当对被选择法院作出的判决加以承认与执行，只有在基于公约规定的例外情形才能予以拒绝。

由此看来，2005年海牙公约明确规定三个公约义务，其基本目的就在于实现判决在公约范围内自由流动的价值追求：前两个公约义务保证了被选择法院能够行使管辖权并作出一个判决，而不是存在两个或以上的判决，这就为避免出现"存在不一致判决"的情形提供了公约的基础；否则，公约第三个"判决承认与执行"义务就难以得到有效保证甚至无所依归。正是如此，2005年海牙公约的前两个义务本质上是为判决承认与执行的公约义务服务的。因此，2005年海牙公约的上述规定将有利于判决承认与执行的国际合作，消除影响当前国际商事关系正常发展的一个重大障碍。可以合理地预见，在2005年海牙公约体制下，缔约国之间在判决承认与执行上的合作将会变得顺畅，进而使得公约所期望的"公约之于诉讼正如《纽约公约》之于国际商事仲裁"使国际商事关系当事人更愿意选择诉讼而非仲裁的理想目标得以合理实现。那么，对于判决承认与执行的国际合作而言，2005年海牙公约的实际意义显然是现实的，也必将是深远的。

---

〔1〕 Jeffrey Talpis & Nick Krnjevic, "The Hague Convention on Choice of Court Agreements of June 30, 2005: The Elephant that Gave Birth to a Mouse", Sw. J. L. & Trade Am., 2006 (13): 21.

需要注意的是，2005 年海牙公约把判决承认与执行问题和当事人的意思自治相互联系，规定当事人通过意思自治选择法院所作出的判决能够在公约范围内获得承认与执行。毫无疑问，2005 年海牙公约的这种实践既明显区别于国家利益理论，没有过多地考虑国家利益在判决承认与执行中的保护问题；也不同于私人权利理论，只是允许当事人意思自治选择法院所作的判决方能获得公约的认可。因而，2005 年海牙公约实质上是一个以选择法院协议为载体的判决公约，只是一个确定依据当事人选择法院协议指定的法院所作出的判决能够获得其他缔约国法院承认与执行的判决公约；所以，不是缔约国法院所作出的所有民商事判决均能依据公约获得承认与执行。正是如此，2005 年海牙公约是一个单一管辖权公约，从而与一般意义的判决公约有较大的差异。有鉴于此，与一般意义的判决公约根本不同的是，2005 年海牙公约之于缔约国的意义，实际上完全取决于当事人的选择法院协议，取决于当事人的私人协议。因为，只有被当事人选择的法院，其所作出的判决方能在公约范围内才能获得其他缔约国的承认与执行；相反，如果一国法院不被当事人选择，则该国法院所作判决并不能依据公约获得承认与执行。不可否认，2005 年海牙公约的这种实质将会对判决的承认与执行带来一定程度的相对性：一个国家法院判决并不因为缔约国的合法、有效判决而具有公约效力因而获得公约范围内的承认与执行，也与国家管辖权范围的大小没有绝对的关联，而取决于国家的法院是否获得当事人选择法院协议的确定。

第二节　2005 年海牙公约对国际商事法庭建设的特殊意义

国际商事法庭建设的国际浪潮表明，各国加强国际商事法庭建设并非只是为国际商事争议的解决提供一个争议解决机制或者增加一个新的争议解决机构；而在于通过更合理、有效、便捷地争议解决来获得国际商事主体的认可与接受，进而为更大程度目标的国际商事争议解决中心和国际经济（金融）中心的建设提供观念基础，并最终提升本国的国家软实力。为此，各国都采取了各种措施尤其是制度建设来促进国际商事法庭的发展进步，以此赢得国际商事主体对其国际商事法庭的选择机会。毫无疑问，各国进行的制度建设可以促进国际商事法庭为国际商事争议的解决提供更便捷、经济、有效的司法服务与司法保障，从而极大地提升国际商事法庭的竞争力。

当然，另一方面，国际商事法庭所做判决能否得到国际社会的承认与执行，对于国际商事法庭的建设可能具有某种更加独特的价值。这主要在于，一方面，判决的承认与执行不仅对于当事人具有直接的意义，也会涉及国际商事法庭的司法权威实现与国际声誉流长。毕竟，如果国际商事法庭作出的判决无法获得承认与执行，则会使得该判决形同废纸，从而因此损害当事人之间法律关系的确定和正当利益的保护，对当事人的观念会带来消极影响。另一方面，当前判决承认与执行国际合作的困境使得一国法院判决通常无法被承认或执行，那么，如果国际商事法庭能够有效地促进其判决获得国际社会的承认与执行，则将对整个国际社会以及国际商事主体都产生直接的效果，进而凸显出国际商事法庭的优势。事实上，为了促进国际商事法庭判决的承认与执行，相关国家都采取了一些促进措施和制度建设。当然，实际效果如何，不仅需要时间的检验，也需要国际社会的合作与支持。

作为一个以选择法院协议为载体的判决公约，2005 年海牙公约不仅符合国际商事法庭提升竞争力的实际需要，也与国际商事法庭基于协议管辖来对当事人争议行使管辖权的管辖权基础相一致。因而 2005 年海牙公约对于国际商事法庭的建设将具有特殊的价值。

一、2005 年海牙公约的实质对国际商事法庭建设的效果

（一）2005 年海牙公约的实质

2005 年海牙公约虽然因为《选择法院协议公约》的命名而似乎是对选择法院协议这个管辖权依据进行统一的一个国际公约，不过，该公约其实是一个对依据选择法院协议行使管辖权的法院所作出判决进行承认与执行的判决公约；为此，2005 年海牙公约要求缔约国应当对依据选择法院协议行使管辖权的法院作出的判决予以承认与执行，除非存在公约明确规定的例外事由，各被请求法院不得予以拒绝。事实上，2005 年海牙公约从 1992 年美国代表团提议开始直至 2005 年最终通过的发展历史表明，海牙国际私法会议及其与会各国的初衷就是制订一个涉及所有管辖权事项的判决公约，但是最终发现管辖权事项的复杂性远远超过了人们的想象导致各国无法进行有效的协调，所以只能选择一个各国普遍认可的选择法院协议这一管辖权依据，以此为基础来缔结一个判决公约。

更为重要的是，2005 年海牙公约的实质其实是以选择法院协议为载体的

判决承认与执行公约，要求国际社会应对基于当事人选择法院协议行使管辖权的法院所作出的判决予以承认与执行。为此，2005 年海牙公约明确规定了三个"关键条款"，即被选择法院必须行使管辖权、未被选择法院不得行使管辖权、各国必须对依据选择法院协议作出的法院判决予以承认和执行。[1]其中，被选择法院必须行使管辖权的义务规定是 2005 年海牙公约目标实现的前提，因为如果被选择法院不尊重当事人协议的效力拒绝行使管辖权，则会使判决公约的存在价值遭受损害。因此 2005 年海牙公约要求被选择法院不得适用不方便法院原则或者先受理法院原则来拒绝行使管辖权。未被选择法院应当尊重被选择法院管辖权行使的义务则是公约目标实现的保障，否则，不仅当事人的协议效力将受到影响，还可能会因为存在两个以上的法院判决而最终损害判决自由流动的目标。正因如此，公约确立了选择法院协议独立性原则[2]和选择法院协议有效性适用被选择法院地法规则[3]这样一种"组合"。需要注意的是，2005 年海牙公约这种"组合"的目的显然在于赋予被选择法院协议以完全的效力：一方面，选择法院协议的有效性由当事人协议来确定，这样的规定将使选择法院协议变得有效，因为当事人通常不会选择一个可能使其协议无效的国家法院作为管辖法院；另一方面，选择法院协议有效性受当事人所选择法院地的法律来确定，而非国际社会普遍认可的"程序问题适用法院地法"规则，那么作为理性人，当事人选择法院协议有效性受不利影响的可能性也将极低。与此同时，上述"组合"还赋予了被选择法院极大的权力，被选择法院可以基于管辖条款独立性原则来审查选择法院协议的有效性，并依据本国法律[4]来进行审查。毫无疑问，在当前国际社会普遍扩张本国管辖权的状况下，2005 年海牙公约的"组合"显然使得选择法院协议的效力具有极强的可预见性，从而使当事人的期望更易于实现。在判决的承认与

---

〔1〕 Trevor C. Hartley & Masato Dogauchi, Convention on Choice of Court Agreements: Explanatory Report (First Draft) of May 2006, Paragraph 1.

〔2〕 2005 年海牙公约第 3 条第 4 款规定了选择法院协议独立性原则：构成合同一部分的排他性选择法院协议应被视为独立于该合同其他条款之外的独立协议。排他性选择法院协议的有效性不得仅因为该合同无效而被认为无效。

〔3〕 2005 年海牙公约第 5 条第 1 款涉及了被选择法院地法规则：排他性选择法院协议所指定的缔约国法院应当行使管辖权审查协议所涉的争议，除非依据被选择法院地法该协议是无效的。

〔4〕 依据 2005 年海牙公约规定，被选择法院地的"法律"既包括其实体法，也包括冲突法在内。

执行制度上，2005 年海牙公约不仅规定缔约国应当尊重被选择法院所作出的判决，还明确了穷尽性的拒绝事由，被请求法院仅能依据公约例外事由而予以拒绝。应当认为，上述三个关键条款所构成的公约核心内容构成了相互联系的一个整体，基本目的就在于通过对当事人选择法院协议效力的尊重，最终使依据该协议所作出的法院判决能够在缔约国境内获得承认与执行。"据此，在公约体制下，如果一项国际商事合同中载有选择法院协议，则不仅各国有关的管辖权规则可以得到统一，有关法院作出的判决也可在其他国家得到承认与执行，以实现判决的自由流通。"[1]

2005 年海牙公约的规定使得其成为一个仅涉及选择法院协议这一单一管辖权依据的判决公约，是以选择法院协议为载体的判决公约。那么，2005 年海牙公约的这种实质使得 2005 年海牙公约之于各国的意义，实际上取决于当事人的私人协议，取决于当事人对各国法院的选择。对于其所属法院被当事人协议选择的国家，能够因此享有公约利益实现其法院判决在缔约国境内自由流动的价值；相反，其法院不被当事人协议选择的国家，则无法享有公约利益，还必须要尊重当事人选择法院协议的效力、尊重被选择法院管辖权的行使并对其所做判决加以承认与执行，从而处于不利的状态之中。毫无疑问，2005 年海牙公约的这种实质，将会因此引发不同国家在公约利益享有上的现实差异：被当事人协议选择的法院，其判决能够因此享有公约利益，该法院地国也因此享受了其判决在其他国家获得承认与执行的利益；相反，不为当事人看好并被选择的法院以及法院地国，其判决无法从公约缔约国承认与执行而带来的公约利益。[2]正是如此，2005 年海牙公约显然与一般性判决公约明显不同，其对国家及其法院的效应会受到国际商事主体因素的实际影响，从而使得不同国家可能处于实质性的不均等状态之中，使不同的国家在公约利益的享有上形成较大的差距。

（二）2005 年海牙公约的实质对国际商事法庭建设的意义

2005 年海牙公约的这种以选择法院协议为载体的判决公约的实质，必然

---

[1] 孙劲：《海牙〈选择法院协议公约〉评介》，载《中国国际私法学会 2005 年年会发言代表论文集》，第 522 页。

[2] 王吉文：《我国对 2005 年〈海牙公约〉的批准问题——以 2005 年〈海牙公约〉的实质为视角》，载中国国际私法学会、武汉大学国际法研究所主办：《中国国际私法与比较法年刊》（第 18 卷），法律出版社 2015 年版，第 76 页。

会给各国在公约的批准问题带来影响。对于发达国家而言，由于法治发展程度、法院审理经验与水平甚至国际商事关系当事人的文化或地域偏见等因素，其法院更容易被国际商事主体接受从而被选择为管辖法院，因而在公约利益的享有上拥有更大的优势；相反，发展中国家则因为其法院不易被国际商事主体选择，从而在公约利益的享有上处于更加不利的状况之中。这种差异的存在，必然会对两类国家对 2005 年海牙公约的批准带来不同的效果。某种程度上，2005 年海牙公约的实质还可能带来"案件的国际转移"现象，[1] 从而对广大发展中国家产生相当不利的后果。对于当事人而言，由于 2005 年海牙公约的存在，在法院的选择上就不需要过多地考虑法院判决的承认与执行问题，而把考虑的重点放在其他相关因素诸如国家的经济政治发展水平、国家法治发展程度、法院和法官的公正程度与经验水平等；这种考量的结果通常最终会倾向于发达国家的法院。从而导致当事人法院选择的结果是法治完善的发达国家法院被选择的机会更多，而法治相对不完善的发展中国家不仅其法院难以被当事人选择从而无法享有公约利益，导致受理案件少却承认与执行外国判决多的双重困难局面。毫无疑问，这种情形对于广大发展中国家是不利的。

那么，2005 年海牙公约的实质将会使得国际社会（尤其是广大的发展中国家）面临两种不同的选择：其一，拒绝批准 2005 年海牙公约从而避免受理案件少却承认与执行外国判决多的局面；其二，努力提升本国法院的建设，通过本国法院司法竞争力的提高来改变不被当事人选择的不利状况，进而在对 2005 年海牙公约批准后获得公约利益。第一种选择可以使处于相对不利境况的国家减轻甚至避免可能面对的消极后果，但是很显然，这也必然导致游

---

〔1〕 所谓"案件的国际转移"，主要是指由于当事人协议选择的结果，使国际民商事案件从一个国家转移到另一个国家的现象。因为当事人的选择法院协议所具有的赋予管辖权和剥夺管辖权效力，案件就在不同国家（法院）之间发生了国际转移。由于 2005 年海牙公约对当事人选择法院协议效力的确认，以及对基于选择法院协议而行使管辖权法院所作判决效力的完全肯定，就将对国际商事关系当事人的选择法院协议带来实际影响，当事人在法院的选择上就不需要过多地考虑判决的承认与执行这一重要因素了，而把考虑的重心主要放在国家经济发展程度、国家法治发展状况、国家法院的国际声望、国家法官的审理经验与水平等方面。这种结果通常是发达国家的法院更容易受到国际商事主体的接受并被选择为他们争议的管辖法院，从而使得案件会转移给这些发达国家的法院来进行审理。有关"案件的国际转移"问题的相关阐述，参见王吉文：《2005 年海牙〈选择法院协议公约〉研究》，东南大学出版社 2008 年版，第 219~231 页。

离于 2005 年海牙公约体制之外的局面，因而也必然无法借力 2005 年海牙公约来促进判决承认与执行的国际合作；而且，久而久之，还可能会使当事人形成一个固定的思维或观念，即为了判决的自由流动则更多地选择公约缔约国的法院，而不能选择非缔约国法院，从而使得第一种选择的国家将日渐处于某种更加不利的状况之中。所以，从发展的观念和辩证的思维来看，国家的这种选择虽然在短时期内能够避免 2005 年海牙公约可能形成的消极状况，但从长远来看则可能会在国际商事主体的法院选择中日益处于不利状况之中，并且因此很难改变国际商事主体日益形成的固有观念。这种选择因此具有一定程度的短视与故步自封，应该不能绝对地成为多数国家的接受方案。相反，第二种选择中的加强本国法院的建设进而提升本国法院竞争力水平、从而改变国际商事主体固有观念的做法，显然应该是更为积极的实践和更为有效的应对方案。2005 年海牙公约的实质要求国际社会需要加强国家的法治建设、增强法院的审理能力与水平并不断积累审理经验，从而获得当事人的选择青睐进而使其国家享有公约利益，使其法院判决能够在公约范围内自由流动从而享有公约利益。

不可否认，提升本国法院的竞争力，并因此获得国际商事主体的认可与接受或者改变国际商事主体的固有观念，显然都是需要付出巨大努力的，甚至需要一个长期持续的过程。思维定势理论认为，先前的活动和观念将会对人产生正向或反向的推动作用。思维定势所具有的稳定性、示范性，使其成为人们衡量、借鉴、审视其他事物的标准；思维定势的广众性，则为同一时代、社会、阶段、民族、地区、群体共有从而成为一种群体性思维；[1]思维定势的封闭性、求同性、守成性，则使其在情境发生变化时也难以及时作出合理的改变与回应，从而妨碍人们观念的转变甚至阻碍社会的变革与进步。所以，试图改变国际商事主体的先前观念，显然需要做出极大的努力；对于理性人的国际商事主体而言，要使他们转变先前对于各国法院的观念，也并不容易。

那么，专门的国际商事法庭的建设则可能是一个有效切入的良好路径，可以在相对较短的时间内通过自身的进步来促进国际社会观念的转变。通过制度的建设以增强自身的司法竞争力，是各国国际商事法庭建设的通行模式。

---

[1]　刘怀惠：《思维定势在认识中的地位和作用》，载《中州学刊》1989 年第 4 期，第 49 页。

事实上，无论是成熟法域还是新兴国家，在国际商事法庭的建设上都极为重视相应的制度建设，从而通过制度的建设来提升国际商事法庭的专业化、国际化、信息化水平；而新兴国际商事法庭尤其重视制度的建设，诸如突破国家基本法律规定的国际法官制度与外国代理律师制度、以英语作为审判语言的制度、审理程序的便捷化制度等等。很显然，国际商事法庭的建设可以利用专门法庭的特殊性来作出制度的调整以切合国际商事主体对于争议解决的要求，进而通过高水平的审理和判决促进国际商事当事人的认可，愿意通过选择法院协议选择国际商事法庭作为他们争议的管辖法院。

2005 年海牙公约以选择法院协议为载体的判决公约的实质，符合了国际商事法庭建设的目标期望和实际要求，有利于提升国际商事主体对国际商事法庭的认可进而愿意在争议的解决上选择国际商事法庭作为管辖法院，也有利于提升国际商事法庭的司法竞争力，从而对于国际商事法庭的建设提供促进作用。2005 年海牙公约严格要求对当事人选择法院协议的效力进行尊重，不得以国内法的不方便法院原则或先受理法院原则为由拒绝行使管辖权，对被选择法院的管辖权行使予以尊重，并因此应中止或拒绝诉讼。很明显，2005 年海牙公约对选择法院协议的效力给予了极大的尊重，因而可能会有效地促进国际商事关系当事人对协议管辖这一管辖权依据的积极利用，激励他们在国际商事争议的解决上通过选择法院协议事先选择争议的管辖法院。很显然，2005 年海牙公约的实质所引发的对选择法院协议在国际商事争议解决领域的促进作用，与国际商事法庭建设之间有着某种内在的关联。各国的国际商事法庭均以协议管辖作为其基本管辖权依据，通过当事人的协议管辖行使管辖权。这种管辖权实践的主要成因：一方面在于国际商事法庭的建设目标；另一方面则可能在于协议管辖所具有的赋予管辖权与剥夺管辖权效力。国际商事法庭的建设并非只是为国际商事争议提供合理有效的解决，还是通过争议的解决来提升司法竞争力和国家软实力，因而，将其管辖权依据基本限定于协议管辖，有利于鼓励国际商事关系当事人通过协议管辖选择国际商事法庭作为其争议的管辖法院，并使其在与普通法院的管辖权行使竞争中拥有某种相对的优势。毕竟，作为专门性法庭，国际商事法庭各种制度建设所赋予其的优势，使其在与普通法院的管辖权竞争中更能获得当事人的接受。而协议管辖所具有的内在效力，则使法院管辖权的行使更具有确定性与可预见性，从而切合了当事人对管辖权行使的要求和国际商事法庭合理高效解决争议的期望。

那么，2005 年海牙公约以选择法院协议为载体的判决公约的实质，显然符合以选择法院协议作为其基本管辖权依据的国际商事法庭的建设要求，有利于国际商事法庭在国际商事争议解决领域获得优势地位并因此赢得当事人的选择偏好。2005 年海牙公约严格要求对当事人选择法院协议的效力予以尊重，也对被选择法院的管辖权行使加以尊重；这种公约规定使得以选择法院协议为基本管辖权依据的国际商事法庭的建设之间有着内在的关联，进而使得当事人对国际商事法庭的偏好有了实质的结果，从而使得当事人对更好法院的选择偏好得到尊重并因此获得更良好的司法服务和司法保障，也使得国际商事法庭的管辖权得到尊重，避免了管辖权行使的冲突现象。在某种程度上可能更为重要的是，2005 年海牙公约要求对被选择法院作出的判决应当承认与执行，这种公约义务将使国际商事法庭的判决得到有效的尊重，并消除当前国际社会普遍面对的判决承认与执行国际合作的困境，将会极大地凸显出国际商事法庭的实际优越性，使得国际商事主体因正当权益得到有效保护以及法律关系得以确立因此更愿意选择国际商事法庭作为其争议的管辖法院。在各国国际商事法庭之间，2005 年海牙公约的可利用性以及可利用程度，将会成为导致国际商事法庭之间竞争力差异的关键因素；毕竟，对于当事人而言，判决能够获得国际社会的承认与执行才是权利救济的目的和权益保障的关键；否则，废纸一张的判决将会使得当事人觉得国际商事法庭先前的程序便利和制度优势毫无实际意义，因为胜诉人最终还是必须在其他被请求国的法院再次提起诉讼，这种耗时费力的事情将耗费当事人对国际商事法庭先前确立的好感。正是如此，无论是成熟法域还是新兴国家均采取了一些相应的应对措施，基本的目的就是促进其国际商事法庭所做判决在其他相关国家乃至国际社会获得承认与执行。

二、2005 年海牙公约内容对国际商事法庭建设的作用

（一）2005 年海牙公约的主要内容

1. 2005 年海牙公约的核心内容

2005 年海牙公约规定了三个关键条款，从而构成了公约的核心内容。[1]

---

〔1〕　Trevor C. Hartley & Masato Dogauchi, Convention on Choice of Court Agreements: Explanatory Report（First Draft）of May 2006, Paragraph 1.

其中，第 5 条有关被选择法院行使管辖权的义务是公约的第一个关键条款，要求选择法院协议所指定的法院必须行使管辖权，而不得依据国内法中的不方便法院原则或先受理法院原则拒绝对案件行使管辖权；第 6 条有关未被选择法院的义务是第二个关键条款，要求未被选择法院不得行使管辖权；第 8 条关于判决承认与执行义务是第三个关键条款，要求对被选择法院所作出的判决予以承认与执行，除非存在公约明确规定的例外事由。形式上看，这三个关键条款规定了不同的公约义务，从而有不同的立法目的和价值追求；不过，这三个关键条款其实有着内在的逻辑联系，并共同为公约促进判决承认与执行的价值目标提供保障。2005 年海牙公约要求被选择法院行使管辖权的义务和未被选择法院拒绝行使管辖权的义务，基本目的在于充分地保障当事人选择法院协议的有效性。因而，无论是被选择法院还是未被选择法院均应当加以尊重，这也就使得被选择法院可以依据公约作出一个判决，而该判决能够在公约范围内获得承认与执行；以及避免未被选择法院行使管辖权从而形成平行诉讼的消极情形并因此作出一个不一致判决的状况，最终损害被选择法院所作判决的效力。所以，前两个关键条款的基本目的就在于通过保障当事人选择法院协议的有效性，使得因此形成的被选择法院判决在公约范围内的承认与执行变得简便易行，正如 1958 年《纽约公约》之于国际商事仲裁裁决的承认与执行。所以，2005 年海牙公约核心内容的主要目的仍是实现判决在公约范围内的自由流动，从而借此形成与 1958 年《纽约公约》并行的机制，使更多的国际商事关系当事人选择诉讼而非仲裁。[1]

2. 判决的有效性制度

只有确定性的判决才能获得承认与执行是国际社会的普遍性要求；不过，对于判决的有效性，各国的规定不相同且有着不同的理解，从而可能使一国已经发生法律效力的判决在其他被请求国认定为不具有"确定性"或"终局性"而不能获得承认与执行。这使得判决的有效性成为外国判决承认与执行上一个难以逾越的障碍，[2]阻碍着判决在其他国家的承认与执行。2005 年海牙公约对此采取了简单易行的解决措施，一方面对判决的承认和判决的执行

---

〔1〕 Trevor C. Hartley & Masato Dogauchi, Convention on Choice of Court Agreements: Explanatory Report (First Draft) of May 2006, footnote 18.

〔2〕 王吉文：《判决终局性：外国判决承认与执行上一道难以逾越的坎》，载《云南大学学报（法学版）》2011 年第 4 期，第 137~141 页。

加以了区分，另一方面对它们规定了不同的条件。对于判决的承认，2005 年
海牙公约规定判决只有在作出判决的原审国有效才能获得承认，其中所谓
"有效"，是指法律上的有效与可执行；[1]对于判决的执行，公约规定判决必
须在原审国具有可执行性。需要注意的是，公约在判决的承认和判决的执行
上所规定的条件、适用的法律都是作出判决的原审国法。因而，在原审国有
效和可执行的判决，就获得了公约的可承认和可执行性，被请求国法院不得
以其内国法为由加以拒绝。毫无疑问，这种规定解决了一直困扰国际社会有
关判决承认与执行的法律效力问题，有利于实现 2005 年海牙公约促进判决承
认与执行国际合作的价值追求。

　　3. 判决承认与执行的例外制度

　　规定判决承认与执行的例外事由，是各国立法和判决公约的一个惯例，
从而避免不合格的法院判决获得承认或执行，损害当事人的正当权益或社会
公共利益。事实上，虽然规定的是例外事由，即存在这些情形时被请求国能
够以此为由对外国判决予以拒绝，但是，某种程度上，这些例外事由的明确
规定却有利于判决承认与执行的国际合作，避免被请求国以某种甚至某些立
法未加以明确的事由予以拒绝。

　　2005 年海牙公约第 9 条规定了承认与执行外国判决的 7 项例外，其中包
括协议无效、当事人无缔约能力、通知的缺陷、欺诈例外、公共政策、被请
求国存在一个不一致判决，以及另一外国存在一个不一致判决。客观上说，
上述例外事由应该都具有合理性意义，有助于避免不合格的法院判决获得承
认与执行，也可以防止对原审判决的承认与执行损害被请求国的公共政策。
此外，这些例外事由具有穷尽性，即被请求国不得以公约以外的其他理由对
原审国判决予以拒绝，以及具有任择性而非强制性，也就是即使存在上述例
外事由，被请求国仍然可以依据其本国法自由决定是否予以承认与执行，而
不是必须对该外国判决予以拒绝。所以，2005 年海牙公约对判决承认与执行
例外事由的穷尽性和任择性的规定，使得判决的承认与执行变得更为明确和
灵活，缔约国应当严格依据公约规定的例外事由来对外国判决来决定是否予
以拒绝；而且各国可以采取更为宽松的实践，从而使得判决承认与执行的国

---

〔1〕　Trevor C. Hartley & Masato Dogauchi, Convention on Choice of Court Agreements: Explanatory Report (First Draft) of May 2006, Paragraph 172.

际合作更为顺畅。

4. 损害赔偿判决承认与执行的灵活规定

损害赔偿判决的承认与执行问题一直是影响国际社会在判决承认与执行领域加强国际合作的阻碍因素，其中的焦点在于惩罚性损害赔偿判决的承认与执行问题。在 2005 年海牙公约谈判过程中，美国提出惩罚性损害赔偿虽然具有惩罚与威慑的目的，但惩罚性损害赔偿与实际的经济损失之间确实存在极高的相互关联关系，[1]因而有存在的合理性基础；而且，被请求国法院可以适用公共秩序保留加以拒绝。美国的这些主张遭到了其他国家尤其是欧盟的反对，他们强调惩罚性损害赔偿并不属于"民商事事项"，因而此类判决不得依据公约获得承认与执行；而且，运用公共政策需要对案件的事实与法律进行审查，方能断定是否违反公共政策，而对事实进行审查又是公约所不允许的；且运用公共政策的结果可能使整个判决不被承认，不利于判决其他部分的承认与执行。[2]最终形成了公约第 11 条"损害赔偿"的规定，[3]允许被请求国对损害赔偿判决加以分割，并对其中的惩罚性部分加以拒绝。应当认为，2005 年海牙公约有关损害赔偿判决承认与执行的规定充满了灵活性，被请求国可以依据内国法来断定外国损害赔偿是否包含惩罚性损害赔偿部分，并对那个部分加以拒绝，从而极大地消除了各国在判决承认与执行国际合作上的一个障碍。

（二）2005 年海牙公约内容对国际商事法庭建设的意义

在有关判决承认与执行问题的理论层面上，基本上存在国家利益论和私人权利论两种不同的主张。国家利益论认为判决的承认与执行问题涉及国家司法主权和国家利益保护，因而在判决的承认与执行上需要考虑本国利益的

---

〔1〕 The Permanent Bureau, Note on the Recognition and Enforcement of Decisions in the Perspective of a Double Convention with Special Regard to Foreign Judgments Awarding Punitive or Excessive Damages, Prel. Doc. No 4 of May 1996, p. 24.

〔2〕 Masato Dogauchi & Trevor C. Hartley, Preliminary Draft Convention on Exclusive Choice of Court Agreements: Draft Report, Prel. Doc. No 26 of Dec. 2004, p. 44.

〔3〕 2005 年海牙公约第 11 条规定，①如果一个判决裁定损害赔偿，包括惩戒性或惩罚性损害赔偿，但它却不是给予一方当事人对其所受实际损失或损害的补偿，则在该范围内可拒绝承认或执行；②被请求法院应考虑原审法院所裁定的损害赔偿是否以及在多大程度上包含与诉讼有关的成本和费用。

保护问题。虽然有学者运用"囚徒困境"博弈或者"捕鹿游戏"博弈[1]论证判决的相互承认与执行对于国家利益并无消极影响，甚至可能会对各国的国家利益带来积极的意义，不过，囿于互惠原则在判决承认与执行领域的广泛适用，国际社会在判决承认与执行国际合作的普遍实践却基本上都是消极的局面。难以否认的事实是，互惠原则在判决承认与执行领域的广泛适用确实在一定程度上可以起到阻却不诚实行为的效果，然而，在各国仅关注互惠原则的报复效应，以及"投桃报李、以牙还牙"策略难以发挥作用的情形下，一国对外国法院判决的承认与执行显然将存在风险，从而对本国利益带来相应的损害。而且，各国由于本国国际民商事关系的密切程度、本国在外国的投资以及外国在内国的投资的广度与深度等相关因素的现实差异，在判决承认与执行的实际需要并不一致；因而，较弱的一方在判决承认与执行上坚持普遍合作的立场可能并不符合其国家利益的需要。私人权利论则普遍强调应在判决承认与执行上坚持国际合作，因为判决的承认与执行所涉及的本质上是案件当事人的私人权益实现问题。那么，如果拒绝对外国判决予以承认或执行，胜诉当事人的正当权益则无法真正获得实现，胜诉人耗时费力所获得的胜诉判决无异于仅是废纸一张；相反，败诉方反而从法院的拒绝立场中得到了实际的不当甚至非法利益。尽管如此，国家利益论过于关注法院判决的司法主权和司法权威，以及在判决承认与执行上本国国民财产和本国境内财产的转移问题；而私人权利论则过多地强调了判决所涉私人权利的实现问题，而忽视了私人财产权利和国家利益之间的内在关联关系。

2005 年海牙公约则把判决承认与执行问题和当事人的意思自治相互联系，规定当事人通过意思自治选择法院所作出的判决能够在公约范围内获得承认与执行。毫无疑问，2005 年海牙公约的这种实践既明显区别于国家利益理论，没有过多地考虑国家利益在判决承认与执行中的保护问题；也不同于私人权利理论，只是允许当事人意思自治选择法院所作的判决方能获得公约的认可。为此，2005 年海牙公约一方面规定应尊重当事人选择法院协议的效力，被选

---

[1]　前者如澳大利亚学者温卡普（Michael Whincop）教授，See Michael Whincop, "The Recognition Scene: Game Theoretic Issues in the Recognition of Foreign Judgmentsv", *Melbourne Uni. L. Rev.*, 1999 (23). 后者如美国学者布兰德（Ronald A. Brand）教授，See Ronald A. Brand, "Recognition of Foreign Judgments as a Trade Law Issue: The Economics of Private International Law", in Jagdeep S. Bhandari & Alan O. Sykes, *Economic Dimensions in International Law*, Cambridge University Press, 1997.

择法院应当依据当事人的协议行使管辖权，而未被选择法院应当尊重被选择法院依据当事人协议所行使的管辖权；另一方面规定了对被选择法院所做判决应当进行承认与执行的公约义务，只能根据公约明确的穷尽性与任择性事由加以拒绝，并对判决的有效性问题以及损害赔偿判决的承认与执行问题作出灵活性规定，进而使得被选择法院所做判决能够根据公约获得有效的承认与执行。2005 年海牙公约的上述规定对于国际商事法庭的建设无疑都有特殊的意义。

2005 年海牙公约要求尊重当事人选择法院协议的效力，并因此尊重被选择法院的管辖权行使。公约的这种义务规定为国际商事主体选择国际商事法庭为其争议解决的管辖法院提供了有力的保障甚至激励作用。作为理性人，国际商事主体愿意选择更好的法院作为其争议的管辖法院；那么，具有更合理、灵活法律制度的国际商事法庭显然更符合国际商事主体对更好法院的内在期待。新司法哲学已从先前的"正确性"（真实维度）这个一维评价体系逐渐转向"正确性"＋"效率性"（时间维度）＋"适宜性"（成本维度）的三维评价体系，要求第三方（主要是法院）在解决争议时不仅有义务作出正确的裁判结果，也必须在合理的时间内、以适宜的成本作出裁判。[1]否则，争议解决成本过高既不符合资源节约的要求，也会直接损害当事人的利益并可能对以后的相同诉求救济带来阻碍性效果；效率不足则会在社会分工越来越细、社会节奏越来越强的时代里无法起到及时补救的效果。所以，切合了新司法哲学要求的国际商事法庭显然更符合国际商事主体对更好法院的需要，而无论是成熟法域的英国商事法院、美国纽约法院，还是新兴国家的新加坡国际商事法庭、迪拜国际金融中心法院等近些年在国际商事争议解决领域的发展实践也证实了她们显然是国际商事主体青睐的对象。2005 年海牙公约有关尊重当事人选择法院协议效力的公约义务，将会使国际商事主体对国际商事法庭的选择效力受到极大肯定，从而促进他们对更好法院的选择。而 2005 年海牙公约关于对被选择法院所做判决承认与执行的公约义务规定，则将使国际商事法庭所做判决能够得到承认与执行，从而使国际商事主体对更好法院选择的效力得到真正意义的确认。在这种情况下，国际商事主体对她们争

---

〔1〕　[英] 阿德里安·A. S. 朱克曼：《危机中的民事司法：民事诉讼程序的比较视角》，傅郁林等译，中国政法大学出版社 2005 年版，第 4 页。

议解决管辖法院的选择因素可能就不再需要过于关注判决的承认与执行这个因素了，而把主要关注的因素放在其他诸如法院地国的法治发展状况、法院的公正程度、法官的经验和水平、参与诉讼的便利程度等。由于 2005 年海牙公约判决承认与执行的公约义务性规定，国际商事主体对管辖法院选择的考察因素就基本上限定在了更好法院的范畴之内，因而显然将促进对国际商事法庭的选择，进而也将推动国际商事法庭的建设。与此同时，2005 年海牙公约对于判决承认与执行例外事由的穷尽性规定，对于国际商事法庭所做判决的承认与执行将产生确定性效果。根据 2005 年海牙公约的规定，对于国际商事主体协议选择的国际商事法庭所作判决，被请求法院只能依据 2005 年海牙公约规定的穷尽性例外事由来予以拒绝，而不能依据其他例外事由尤其是国内法事由来拒绝承认与执行，从而不仅使国际商事法庭判决的效力获得了尊重，也使国际商事主体选择法院协议的效力得到了实质的尊重。

除此之外，2005 年海牙公约有关判决有效性、损害赔偿判决承认与执行的灵活性规定显然也将促进判决在公约范围内的承认与执行。国际社会对于判决有效性的不同认定标准，制约着判决在其他国家的承认与执行。而且，理论上的宽松化并没有真正导致事实上的有效性。莫里斯曾这样指出："在普通法上，外国判决及时可以上诉，甚至上诉在判决国正在进行，也可以是终局性的。外国命令要在此处有效，不一定必须是不能向高一级法院上诉的；但它在作出法院必须是最后的、不可改变的。"[1] 但是，现实中各国并没有对外国判决的效力持这样宽松的立场，导致了外国法院判决不具备被请求法院的终局性标准而难以获得承认与执行。另外，损害赔偿判决中有关惩罚性赔偿的问题，也是制约判决在其他国家承认与执行的一个重要阻碍因素。对于损害赔偿中是否包含了惩罚性赔偿部分、惩罚性损害赔偿的性质及其合理性、惩罚性损害赔偿的数额及其合理性等问题，国际社会均有较大的争议，进而影响着判决的承认与执行。2005 年海牙公约对上述事项都作出了灵活性规定，有效地协调了各国的不同态度从而消除各国的障碍。那么，对于国际商事法庭而言，2005 年海牙公约有关判决承认与执行灵活性的规定将促进国际商事法庭判决的承认与执行，被请求法院不得仅基于本国法的理由对国际商事法

---

〔1〕 ［英］J. H. C. 莫里斯主编：《戴西和莫里斯论冲突法》，李双元等译，中国大百科全书出版社 1998 年版，第 1580 页。

庭判决予以拒绝。很显然，这将进一步促使国际商事主体对更好法院的国际商事法庭的选择。

作为理性人，国际商事主体期望选择更好的法院，利用更好法院的审理经验与水平来获得更好的司法服务与司法保障；那么，拥有特殊法律制度基础的国际商事法庭的专门法庭性质使得其成为国际商事领域中的更好法院。2005 年海牙公约严格规定的尊重当事人选择法院协议效力、尊重被选择法院所作判决的公约义务，事实上使得判决的承认与执行和当事人的意思自治得以相互联系。2005 年海牙公约的这些规定不仅符合国际商事法庭对更好法院选择的需要，使得他们对国际商事法庭的选择效力得到国际社会的尊重；而且其对被选择法院判决承认与执行的义务性规定，以及其他相关的灵活性制度安排，都将有利于国际商事法庭判决的承认与执行，进而消除国际商事主体在国际商事法庭选择上的判决承认与执行这个障碍因素。

第三节　2005 年海牙公约批准对国际商事法庭建设的价值

需要注意的是，与 2005 年海牙公约规定对国际商事法庭建设的意义这种具有静态性的问题有所不同，对 2005 年海牙公约的批准对于一国的国际商事法庭建设的价值分析则具有一定程度的不确定性。因为，相对于公约制度规定的纸面价值，对公约批准后的价值能否真正得以体现，可能受到的实际影响因素更复杂多样，从而难以进行事先的预见和进行相应的防范。尽管如此，目前来看，对 2005 年海牙公约的批准效果进行相应的分析并非完全盲目，相反，一些具有确定性的效果也会很显然地呈现出来，从而会对国际商事法庭的建设带来相当程度的确定性意义。

一、2005 年海牙公约批准对互惠关系形成的直接证据对于国际商事法庭建设的意义

在外国判决的承认与执行上，要求互惠原则似乎已演变成为国际社会的一个惯例，从而形成了外国判决承认与执行的互惠体制。美国最先在外国判决承认与执行领域适用互惠原则之后，互惠体制就在国际社会得以逐渐形成。受"国际礼让说"的影响，美国基于一个新兴经济体的现实需要，在 19 世纪后期的一个著名案件中明确提出互惠原则，作为外国判决承认与执行领域的

一个重要原则。在 Hilton 案[1]中，对于法国法院判决是否能够在美国有效并获得承认与执行的问题，美国联邦最高法院采取了相当谨慎的态度，提出在缺乏立法与司法实践的立场后，主张应运用"礼让"原则作为解决外国判决承认与执行国际合作的法律基础，以及外国判决应否依据礼让原则获得承认与执行的五个条件，[2]如果经过审查，法院发现外国判决存在上述五个可能对礼让原则的运用产生消极影响的因素，则该外国判决可就不能适用礼让原则来加以承认或执行。不过美国联邦最高法院还提出，在上述条件之外，如果缺乏有效的互惠，也可对外国判决拒绝给予礼让。最后，美国联邦最高法院声称：由于法国法院对外国判决实行实质审查制，这使得法国法院实质上成为作出判决的外国法院的上诉法院，因而实际上拒绝了外国判决的效力。所以，法国不会给予美国法院判决以互惠，有鉴于此，美国法院也不能根据礼让原则而对法国判决予以承认或执行。[3]在拒绝适用礼让原则于法国判决之上时，美国联邦最高法院提出：在缺乏互惠时，不认为此种判决（即法国判决）具有实质意义上的终局性，我们并非出于对另一方不公平的原因而运用报复理论于一方当事人，而是建立在这种坚实基础之上的：国际法是建立在对等和互惠基础之上，以及被大多数国家所认可的国际法基本原则之上的。[4]就此，美国联邦最高法院的 Hilton 案开创了以互惠原则为依据来承认与执行外国判决的历史；当然，更为严重的是，对于外国判决承认与执行的国际合作而言，该案也开始了以这种合法原则来拒绝外国判决效力的漫长历史。

Hilton 案中美国联邦最高法院之所以提出互惠原则，被认为主要出于两个方面目标的考虑，即保护在国外的美国人的利益和鼓励外国承认与执行美国法院的判决。[5]因而，为外国提供激励显然是互惠原则适用的一个直接目标，从而通过两国之间的相互合作以获得双方判决的自由流动，进而促进本国判

---

〔1〕 Hilton v. Guyot, 159 U. S. 113（1895）.

〔2〕 这五个条件是：其一，全面公正的审判；其二，法院享有合格管辖权；其三，正当的传讯和被告的自愿出庭；其四，是否有一种能够确保公平待遇的司法制度体系；其五，是否有其他特别影响给予礼让的原因。See Hilton v. Guyot, 159 U. S. 113（1895），pp. 202~203.

〔3〕 Hilton v. Guyot, 159 U. S. 113（1895），pp. 227~228.

〔4〕 Hilton v. Guyot, 159 U. S. 113（1895），p. 228.

〔5〕 马守仁：《美国对外国法院判决的承认与执行》，载中国国际法学会主编：《中国国际法年刊》，中国对外翻译出版公司 1984 年版，第 263 页。

决在外国得以承认或执行；而并非相反，即相互阻碍以避免两国判决获得认可。而且，从互惠原则所内在具有的"投桃报李""以牙还牙"功能来看，互惠原则的适用应该能够在外国判决承认与执行上发挥积极的作用，并促进外国判决承认与执行上的国际合作；毕竟，在重复型博弈过程中，互惠原则的激励功能和报复效果通常都能很快发挥效用。但是，国际社会的现实却远非如此，国际社会在互惠原则适用上的实际效果与理想状态完全不相一致。事实上，各国在互惠原则的适用上，不仅未能起到为外国判决承认与执行上的国际合作提供激励的作用，反而经常是使互惠原则成为拒绝外国判决效力的合法手段与有效工具：互惠原则演变成单纯的报复主义，用来作为对外国法院拒绝内国判决这种主张的一种报复性手段；被请求法院通常基于本国国家利益和国民利益的保护目的而主张两国之间并不存在现实的互惠关系。从国际社会适用互惠原则的实践来看，罕见以互惠原则确认外国判决效力并给予承认与执行的案件，而主要是适用互惠原则以确认互惠关系并不存在来拒绝外国判决的承认与执行。毫无疑问，这种状况显然与互惠原则的内在功能之间存在严重的错位，并最终严重损害了外国判决承认与执行上的国际合作。

正是如此，互惠原则在 Hilton 案形成后，并没有得到美国理论界与实务界的肯定，相反都持续性地表达了怀疑和否定的立场。国际社会对于互惠原则也都抱持一种不确信的观念，强调互惠原则本质上是一种报复主义，是以损害个人利益来实现国家利益保护的工具，[1]其结果使得互惠原则无法发挥激励的效果，却经常呈现出报复的功能。为此，国际社会一些学者还运用"囚徒困境"[2]或"捕鹿游戏"[3]等博弈理论来证明严格互惠要求的不合理性。而且，互惠原则在其适用形式上的多样性与复杂性，[4]使得当事人很难

---

〔1〕 如李浩培：《国际民事程序法概论》，法律出版社 1996 年版，第 140~141 页。

〔2〕 如澳大利亚温卡普（M. Whincop）教授就运用了这种博弈模式。See Michael Whincop, "The Recognition Scene: Game Theoretic Issues in the Recognition of Foreign Judgments", *Melbourne U. L. Rev.*, Vol. 23, 1999, pp. 416~439.

〔3〕 美国布兰德（R. Brand）教授运用了这种博弈模式。See Ronald A. Brand, "Recognition of Foreign Judgments as a Trade Law Issue: the Economics of Private International Law", in Jagdeep S. Bhandari & Alan O. Sykes ed., *Economic Dimensions in International Law*, Cambridge University Press, 1997, pp. 592~626.

〔4〕 对于互惠体制适用上的诸多形式的具体阐述，可参见徐崇利：《经济全球化与外国判决承认和执行的互惠原则》，载柳经纬主编：《厦门大学法律评论》（第 8 辑），厦门大学出版社 2004 年版，第 63~69 页。

有效地证明互惠关系的存在，从而给当事人为提供互惠关系的存在增加了过多的证明责任，并导致各国对于互惠关系的存在与否产生消极的认知。尽管如此，需要指出的是，在具体司法实践中，互惠关系的存在与否却仍然是各国法院经常考查的内容。正如德国学者贝尔（Behr）所指出的："事实上，不是要不要互惠要求的问题，而是如何适用该要求的问题，后者被证明乃是当事人的一项负担和国际合作的一个障碍。"[1]

某种程度上，在判决承认与执行的司法实践中，互惠原则的适用所导致的互惠体制经常是国际社会目前真正发挥作用的一种国际合作机制。互惠原则适用上的"回响效应"，一方面会导致判决承认与执行国际合作的实际困境，"在互惠机制实施过程中，一旦一方偏离合作的轨道，导致对方报复，由此可能会滋生相互怨恨，并会无限制地持续下去"。[2]另一方面，"回响效应"也能在消极局面的困境中发现合作的机遇，在当前判决的承认与执行实际处于"重复博弈"的情境下，这种"回响效应"所具有的消极效果更容易显现出来，从而可以依据自身的长远利益来适度改变自己的态度，也作为一种相应的手段来适度使其他国家改变其立场。事实上，即使在一直持严厉批判立场的美国，也在美国法学会 2005 年表决通过的《外国判决承认与执行法建议案》中肯定了互惠原则的合法地位。毕竟，互惠原则所内在的激励功能与报复功能一定程度上符合各国主权对本国利益加以保护的观念。各国坚持互惠原则，一是期望为别国提供激励，鼓励外国对内国法院判决采取友好态度，这种"投桃报李"的结果对于各国都是良性的；二是对外国实施现实的报复，对外国的不合作行为采取有效的报复从而使该外国既无法获得额外的好处，也要承受相应的教训，因而需要作出相应的改变。

当然，需要注意的是，虽然互惠原则又重新回到各国的立法与司法领域，这并不意味着互惠原则已经解决了其固有的问题从而蜕变成一种有效的国际合作机制。事实上，在互惠体制的具体适用中，由于互惠原则内在的两大价值——对等报复和激励支持——在各国立法与司法实践中通常无法获得同等

---

〔1〕　Volker Behr, "Enforcement of United States Money Judgments in Germany", *The Journal Law and Commercial*, 1994（13）, p. 222.

〔2〕　R. A. Brand, "Recognition of Foreign Judgments as a Trade Law Issue: the Economics of Private International Law", in Jagdeep S. Bhandari & Alan O. Sykes ed., *Economic Dimensions in International Law*, Cambridge University Press, 1997, p. 626.

程度的顾及，这将导致互惠关系的启动难以有效进行，并最终在判决承认与执行上陷入了"无法启动——拒绝——再拒绝"的恶性循环之中。[1]受此影响，国际社会在互惠原则的适用上，因为适用形式的多样性与模糊性从而使得互惠原则在适用上形成了复杂的局面，导致互惠关系无法真正形成。互惠原则适用的形式多样性主要是指各国在互惠原则的适用上存在不同标准的形式，诸如以互惠原则存在形式为标准的事实互惠与法律互惠，前者要求两国之间必须存在客观的互惠事实，诸如美国的 Hilton 案和我国的"五味晃案"，后者则认为只要一国法律中明确了愿意基于互惠原则对外国判决加以认可就符合了互惠原则的要求；以互惠原则所涉条件为标准的形式互惠和实质互惠，前者允许各国依据各自确立的条件来适用互惠原则，后者则要求两国之间适用互惠原则的条件应相等或相当；以互惠原则审查方式为标准的整体互惠和可分互惠，前者要求整体上考察外国有关判决承认与执行的条件，不得比内国的条件更为严格，否则就视为互惠关系不存在，后者则认为可以根据类别来审查互惠原则，不以具体条件或具体个案来否定整个互惠关系；以及以互惠原则的证明方式为标准的实存互惠和推定互惠，前者要求实际查明外国有给予内国互惠的实际情形，后者则认为只要没有相反证据证明外国曾有拒绝的事实，就推定两国之间存在互惠关系。互惠原则适用的形式模糊性则是各国在互惠原则的适用上不对互惠原则的适用形式加以明确，由法院根据案件具体情况来加以具体确定，从而赋予互惠原则适用的灵活性，其实质在于为本国利益保护提供有效的机制。互惠原则适用的形式模糊性赋予了法院较为广泛的裁量空间，容易引发互惠原则适用上的不确定性；而互惠原则适用的形式多样性，则使得互惠关系难以有效形成。由此而言，依据互惠原则形成的互惠体制，显然并非外国判决承认与执行国际合作的有效机制。[2]关键的因素主要在于互惠关系最终都难以真正形成，导致互惠原则在外国判决的承认与执行上无法有效启动。

不过，与国内法的互惠原则不相同，条约互惠是互惠原则最直接的形式，也是互惠关系最明显的存在形式。如果一国对条约进行批准，则她就被普遍

---

〔1〕 徐崇利：《经济全球化与外国判决承认和执行的互惠原则》，载柳经纬主编：《厦门大学法律评论》（第 8 辑），厦门大学出版社 2004 年版，第 54~57 页。

〔2〕 王吉文：《外国判决承认与执行的国际合作机制研究》，中国政法大学出版社 2014 年版，第 71 页。

认为与条约的其他缔约国之间形成了互惠关系。那么，在外国判决承认与执行领域，对 2005 年海牙公约的批准，在缔约国之间就形成了互惠关系存在的直接证据，缔约国不得以国内法的互惠原则来对其他缔约国是否存在互惠关系进行审查。毫无疑问，这将有效地促进判决承认与执行领域互惠关系的有效确立，并解决互惠关系难以形成而导致的互惠原则难以有效启动的问题。在某种程度上，一国对 2005 年海牙公约批准所形成的互惠关系，还可能被国际社会认为是一种在互惠原则适用上的积极态度，其愿意在互惠原则的适用上先走一步，从而合理解决互惠原则适用上无法有效启动的实际问题，进而促进判决承认与执行的国际合作。

由此看来，2005 年海牙公约的批准对于国际商事法庭的建设有积极的促进效应，将因此提升国际商事法庭的司法竞争力。与普通法院相比，国际商事法庭由于制度设计上的灵活、开放与自由而有一定程度的竞争力优势，因而在与普通法院的竞争力比拼中有较大的优势；尽管如此，在先前缺乏条约机制的情况下，国际商事法庭也需要面对其判决的承认与执行问题，国际商事法庭的判决也同样会面对着互惠原则的适用上互惠关系难以形成的消极局面。由于互惠原则内在的激励与报复功能，国际社会显然不会因为作出判决的法院是国际商事法庭就放松对互惠原则适用的严格要求。正是如此，在国际商事法庭的建设上，无论是成熟法域还是新兴国家，都采取了相应的积极措施来促进其国际商事法庭判决在其他国家的承认与执行，甚至通过法院之间签订不具法律效力的备忘录，消除国际社会在判决承认与执行的实际障碍，促进国际社会对其国际商事法庭判决的承认与执行。因此，2005 年海牙公约的批准将会使被国际商事主体选择为管辖法院的法院作出的判决能够在其他公约缔约国境内获得承认与执行；那么，以协议管辖为基础的国际商事法庭，更能够从中获得公约批准后的其判决在公约缔约国内承认与执行的利益，进而更易于获得国际商事主体的选择青睐，这种青睐既相对于普通法院，也相对于其他国际商事法庭。而且，在当前国际社会仅有这一个有效的全球性判决公约的情况下，国际商事主体可能会更加注重一国对 2005 年海牙公约的批准情况，进而在法院选择上作出相应的决定。另一方面，对于那些仍未批准 2005 年海牙公约的国家，其国际商事法庭的建设也会相当程度上受到不利的影响，国际商事主体将会因为该国际商事法庭的判决无法利用 2005 年海牙公约而获得国际社会的承认与执行，因而不愿意选择从而影响其国际商事法庭建设的有效性。

二、2005 年海牙公约批准对判决承认与执行国际合作局面的形成对于国际商事法庭建设的实际意义

作为一个单一管辖权判决公约，2005 年海牙公约的基本目标在于促进判决承认与执行的国际合作，消除当前国际合作困境对国际社会带来的不利后果。为此，2005 年海牙公约着重规定了三个关键条款以促进判决的承认与执行。要求被选择法院尊重选择法院协议的效力并行使管辖权，是法院判决获得公约利益的关键。要求未被选择法院拒绝对案件行使管辖权，不仅是对当事人选择法院协议效力的尊重，也是使被选择法院所作判决能够获得公约利益的重要基础，因为，未被选择法院对案件行使管辖权，会对当事人的选择法院协议效力带来损害，也会导致平行诉讼带来两个或以上法院判决的消极状况。要求对被选择法院所作判决进行承认与执行，是 2005 年海牙公约的实质目标，因此该公约还明确地对拒绝承认与执行的例外事由加以穷尽，从而减弱了判决承认与执行的不确定性。

除此之外，2005 年海牙公约还确立了一些灵活性规定来促进被选择法院判决的承认与执行。首先，在选择法院协议的成立与效力上，2005 年海牙公约规定以协议指定的法院地法为准据法，而未采用通常的意思自治原则或者法院地法原则。从公约起草者的目的来看，这种立法规定的主要目的是期望强化 2005 年海牙公约所规定的被选择法院行使管辖权的义务，并且在一定程度上也符合当事人的正当期望。被选择法院可以更便利地对选择法院协议的效力加以判断，也消除法院以此作为拒绝行使管辖权的事由。在具体的法院选择实践中，当事人通常不会选择一个不确认其选择法院协议效力的国家的法院，这在当前当事人强弱地位相对较为明显的国际商事领域尤其如此。那么在这种情况下，2005 年海牙公约的以协议指定的法院地法来确定选择法院协议的成立与效力的规定，会使当事人选择法院协议的效力得到根本的尊重，进而使得被选择法院所作判决能够获得公约利益。其次，判决承认与执行条件两分法的规定。公约对判决承认与判决执行的条件加以区分，要求判决在原审国有效才可承认，并只有在原审国是可执行的才可获得执行。这种不同标准的规定，体现了公约的务实态度与灵活性观念，有利于缔约国根据具体情形灵活进行处置。在判决承认与执行上，国际社会坚持着不同的实践，对

于判决的承认采用了较低的标准，这主要是基于判决的承认涉及的是法律关系的确定性；但对于判决的执行，由于涉及了财产的跨国转移，因而多数国家要求更为严格的执行标准。2005 年海牙公约的两分法肯定了国际社会的普遍实践，也使判决的国际自由流动更为合理与可行。再次，损害赔偿判决的承认与执行问题。在 2005 年海牙公约的缔结过程中，损害赔偿判决的承认与执行问题一度是影响公约谈判的一个障碍，尤其是惩罚性损害赔偿判决的特殊问题。尽管如此，经过努力，最终还是在损害赔偿判决问题上形成了一个比较灵活的机制：（1）2005 年海牙公约没有把损害赔偿的性质明确区分为补偿性还是非补偿性，而是对它们进行统一规定，这可以避免各国对此在性质判断上的困难与纠纷；（2）改变了 1999 年公约草案中的仅仅因为损害赔偿是非补偿性的就依据公共政策例外予以拒绝的规定，[1]被请求法院对此享有灵活的裁量权；（3）2005 年海牙公约坚持了判决部分的可分割性，对惩罚性损害赔偿判决中的补偿性损害赔偿部分不应加以拒绝。公约的这种规定显然非常有效地避免了运用公共秩序保留所出现的对整个判决加以拒绝的消极风险。损害赔偿应为补偿性还是赔偿性，各国一直存在法律传统观念和现实价值目标之间的明显区别。大陆法国家主张公私分立，因而作为私法领域的损害赔偿主要是补偿性质的，从而使被侵权人回归到侵权之前的状态，至于侵权人的侵权责任，则由国家机关来加以追究；普通法国家则强调侵权责任的私人执行，允许被侵权人对侵权人的侵权行为追究其责任，因而侵权的损害赔偿不仅具有补偿性的内涵，使被侵权人回到侵权之前的状态，也能够因为侵权人的侵权行为所受到的损害要求进行身体和精神上的赔偿。惩罚性损害赔偿则更允许被侵权人对侵权人的某些故意或重大过失的侵权行为要求侵权人承担具有刑罚性质的责任。正因如此，两类国家在损害赔偿上的不同观念，导致了损害赔偿判决在其他国家难以获得承认与执行。2005年海牙公约对损害赔偿判决承认与执行的新机制，在坚持对损害赔偿判决

---

〔1〕　1999 年公约草案第 33 条"损害赔偿"条款的规定：（1）就包括惩戒性或惩罚性损害赔偿判决在内的非补偿性损害赔偿判决而言，则至少应在被请求国可以作出相同或类似损害赔偿的幅度内得到承认。（2）①如果通过判决债权人获得庭审机会的诉讼程序，债务人可以向被请求法院证实在原判决国的诉讼中作出的损害赔偿判决极为过分，则可将此判决的承认限定在较低金额的范围内。②在任何情况下，被请求法院在承认判决时，其金额不得低于被请求国在于原判决国相同情况下所能作出的裁决金额。（3）在适用第 1 款或第 2 款规定时，被请求法院应当考虑原审法院所判决的损害赔偿是否以及在多大程度上包含与诉讼有关的成本和费用。

给予认可的原则基础上，尽可能地实现各国的灵活性，从而有利于此类判决的承认与执行。

毫无疑问，2005 年海牙公约的灵活性有助于缓解各国在判决承认与执行上的实际担忧，从而既消除各国在公约谈判中的障碍，又避免在加入公约体制后受到公约规定的严格限制而处于利益受损的状况之中。这种灵活性对于国家对 2005 年海牙公约的批准有着特殊重要的作用，对于发达国家和发展中国家都是有利的。

在当前国际社会普遍承认选择法院协议效力的情况下，2005 年海牙公约强调了被选择法院作出的判决应当获得承认与执行的公约义务，为此明确规定了三个公约义务，要求对被选择法院所作判决予以承认与执行。因此，对 2005 年海牙公约进行批准，将促进该国被选择法院的判决获得承认与执行的公约利益。毫无疑问，这对于国际商事法庭的建设有着重要的价值。事实上，为了推动国际商事法庭的建设，各国都采取了各种措施；而促进国际商事法庭所作判决在国际社会的承认与执行，应该是这些措施中有着特殊意义的一个。毕竟，判决能否获得承认与执行，直接关系到当事人权益的保障，因为如果判决不能获得承认与执行，在当事人眼中就如同一张废纸，没有实际的价值，进而会对国际商事主体的观念产生影响，在以后的国际商事争议解决中避免选择该国的法院（也包括国际商事法庭在内）。相反，如果一个国际商事法庭的判决能够获得其他国家的承认与执行，则不仅使得当事人享受了制度灵活与程序便利的优势，这些优势使得国际商事法庭在当事人的法院选择中拥有了比普通法院更大的好处，也可最终享受权益得到实现的利益。而当前判决承认与执行国际合作的现实困境，不仅对于普通法院是不利的，对于国际商事法庭也同样不利，因为法院判决废纸一张的窘境会使得先前的程序便利缺乏实际的价值，当事人不得不在其他国家的法院再次提起诉讼，再次参与诉讼程序。所以，对 2005 年海牙公约的批准，将实现判决在公约缔约国境内自由流动的目标，促进判决承认与执行的国际合作，这对于各国都努力推动，甚至对为此作出法律制度的修正或改变等相应措施的国际商事法庭而言，无疑有着重要的价值，消除了判决承认与执行的障碍因素而使国际商事法庭的所有优越性都最终得以有效实现。

与此同时，2005 年海牙公约以选择法院协议为载体的判决公约的实质，可能对于国际商事法庭的建设尤为特别。依据 2005 年海牙公约的规定，并非缔约国的所有法院判决都能在公约范围内享有公约利益，[1]其法院判决都能在公约缔约国境内获得承认与执行；而只有被当事人通过选择法院协议所选择的法院作出的判决，才能依据公约规定享有公约利益，其他未被选择的法院则不能享有公约利益。[2]因而，2005 年海牙公约的这种实质使得不同的国家在公约批准上所能享有的公约利益并不一致，至少在目前情况下必然如此。因为在法院选择上，作为理性人的国际商事主体是有偏向性的，甚至也会受到国际商事主体实际地位因素的影响使得法院的选择主要体现的是强势方当事人的意思。所以对于广大的发展中国家而言，在相当长一段时间内，对 2005 年海牙公约的批准都有可能是弊大于利的，需要承受其法院被选择机会少却需要对其他国家被选择法院的判决承认与执行多的不利后果。当然，另一方面，在当前判决承认与执行国际合作存在现实困境的情况下，一国对 2005 年海牙公约的批准，显然表明的是一个国家的积极态度，这种态度可能对于国际商事主体的观念产生积极的效果，从而促进在法院的选择上改变先前的固有观念，愿意选择这个国家的法院作为其争议的管辖法院。毫无疑问，这种观念的改变需要较长的时间，也需要其他条件的配合。尽管如此，2005 年海牙公约的实质却与国际商事法庭的建设目标相吻合，从而将促进国际商事法庭的建设。国际商事法庭以选择法院协议为基本管辖权依据，允许当事人通过协议选择作为其争议解决的管辖法院。那么，国际商事法庭所作判决显然是涵盖在 2005 年海牙公约规定的判决范围内的，能够获得公约范围内的承认与执行。

正因如此，2005 年海牙公约促进判决承认与执行的公约义务，对于国家来说可能会导致各国由于在当事人协议选择法院领域中的不同地位而产生公约批准上利弊的差异，发达国家通常更能获得国际商事主体的青睐，因而其法院被选择的机会更多更大，从而在公约批准上将享有更大的利益，而发展中国家则因为其法院不易被当事人选择从而在公约批准上将面对受理案件少

---

〔1〕 2005 年海牙公约第 8 条第 1 款规定，其他缔约国应根据本章规定承认与执行由排他性选择法院协议所指定的缔约国法院作出的判决。只有基于本公约规定的原因时，才能拒绝此种承认与执行。由此看来，未被当事人选择的国家，其法院判决不能依据公约进行承认与执行。

〔2〕 当然，依据 2005 年海牙公约第 5 条第 3 款规定，被选择法院所在国的法院之间的案件移送并不影响法院判决在公约范围内的承认与执行，也就是说，被选择法院如果根据其本国法规定对案件进行了移送，被移送法院作出的判决也能够依据公约获得承认与执行。

而无法享受公约利益，却需要承认与执行其他国家法院判决多的不利局面。不过，对于以选择法院协议为基本管辖权基础的国际商事法庭，情况则显得不一样了。因为，即使是新兴国家的国际商事法庭，也能够符合国际商事主体对良好法院的条件要求，并且在与成熟法域的普通法院相比较时也显现出实际的优势，因而能够获得国际商事主体的法院选择。如果该国批准了 2005 年海牙公约，则也能够因此享受在公约范围承认与执行的公约利益，该国国际商事法庭的判决能够在公约范围内获得承认与执行。而且，需要注意的是，批准 2005 年海牙公约对于国际商事法庭的这种积极效应，显然最终会对国际商事主体的观念及其观念改变形成效果，进而在选择法院协议中更愿意选择国际商事法庭。

三、2005 年海牙公约批准对国际商事主体观念的确立与转变对于国际商事法庭建设的现实价值

不可否认，在国际商事关系当事人对管辖法院的选择上，所受影响的因素以及各因素相应的占比并不具有完全的确定性，这将导致协议管辖的结果可能会呈现出多样性的局面。当然，作为理性人，国际商事主体对于管辖法院的选择都普遍基于自身利益的考量，选择一个更能带来利益或者尽可能减轻对自身不利的国家法院。因而，尽管无法确切地探究当事人选择管辖法院的影响因素，并进而作出相应的引导措施或防范对策，但从一般意义的角度，却也能够对国际商事主体在管辖法院选择上的影响因素作出合理的考察。

一般情况下，国际商事关系当事人对管辖法院进行选择的影响因素可能涉及客观与主观两个方面。客观方面的因素主要会涉及国家、法院和当事人三个层面。在国家层面，国家的法治状况、国家的法律水平、国家的经济政治状况等方面都可能会在当事人法院选择中受到相应的关注。国家的经济政治状况是当事人判断发达国家与发展中国家的主要依据，而且国家的经济政治状况也可能会在判决结果中体现出来，因此在发达国家进行诉讼可能获得的赔偿会比在发展中国家更多。国家的法治状况与法律水平则是当事人对国家因素进行考量的基本方面，因为这可能最终会对诉讼本身以及判决结果都产生现实效应。在法院层面，法院的声望与管理水平、法官的经验与水平、法院（法官）的公正程度、法院诉讼的便利程度等都是影响当事人选择法院的因素。这些相关因素关涉法院的案件审理能力，也关系着当事人在法院诉

讼的方便程度，否则距离遥远、难以获得签证、证人不愿出庭，则会对最终的判决结果带来影响。当然，在具体法院的选择上，当事人对法院的考量应该会超过对国家的考虑；毕竟，法院才是解决当事人争议的真正主体，而且也并非发达国家的所有法院都能够完全超越发展中国家的法院，新兴国家某些法院的国际声望也可能相当高。在当事人层面，双方当事人的地位会直接影响管辖法院的选择。当事人在管辖法院的选择上，完全的地位平等通常并不存在，而基本上呈现出一方更强势而另一方相对（甚至完全）弱势的情形，因而这种法院选择的结果通常偏向于强势一方。主观方面的因素则会涉及当事人的内心偏好、地域偏见、意识形态等。作为理性人，国际商事主体会有一定的内心偏好，例如对与本国有相同或相似文化传统、法律制度、意识形态的国家更愿意接受，也更愿意选择国际声望高且审理经验丰富的法院；与此同时，受传统文化、教育的影响，国际商事主体也经常受到地域偏见甚至意识形态的实际影响，在法院的选择上更不愿意接受那些他们认为不符合他们标准的国家的法院，因而有意识地避免对这些国家的法院加以选择。

更为重要的是，当事人在法院的选择上还经常会受到先前经验或观念的影响，并因此在法院的选择上作出相应的抉择。因此，思维定势能够使人们形成相对确定的观念，导致正常行为的可预见性；也能够因而形成社会共有的观念和评价标准。但是，另一方面，思维定势也会因为它的封闭性、求同性、守成性而在情境发生变化时无法及时作出合理的改变或回应，从而妨碍人们观念的转变，甚至阻碍社会的变革。

对于国际民商事关系当事人在法院选择方面的观念问题，我们认为，运用思维定势理论来进行分析应该具有合理性价值。因为，在法院选择中，作为理性人的当事人将会因法律救济的重要价值性而更加注重选择的合适性，否则不仅在诉讼程序上耗时费力，付出时间、精力与金钱，而且可能会因判决的存在而受既判力原则（或禁反言原则）的制约，无法向其他国家的法院另行寻求司法救济。在这种状况下，当事人对法院的选择将会受自身或者他人先前经验、教训的影响，也会受文化传统、意识形态、教育背景、国际舆论等因素的影响，而且一旦这些影响因素得到当事人的观念接受，可能因此产生某种程度的思维定势而难以更改。正因如此，我们发现，虽然国际社会在和平与发展观念下演进了数十年，全球化与可持续发展思想促进了国际社会的紧密联系和共同发展，但是受历史因素、教育背景、意识形态等各方面因素的影响，国际民商事关系当事人仍然可能因为先前的思维定势而不太愿意信任多数发展中国家的法治，也不太愿意相信广大发展中国家法院的审理经验与能力，进而选择发展中国家的法院作为他们争议的管辖法院。这种情况在发达国家当事人那里表现得更为明显。而需要注意的是，在涉外协议管辖中，当事人实际地位的状况基本上决定着被选择法院的方向；因而，法治发达国家的法院以及有着丰富经验法官的法院通常是国际民商事关系当事人首选的对象。

值得注意的是，在 2005 年海牙公约体制下，国际商事主体在法院选择上的观念可能会有一定程度的变化。在先前国际社会依靠互惠原则进行判决承认与执行的时代里，由于互惠原则适用上通常体现的是报复主义而非激励功能，各国在判决的承认与执行上都几乎无一例外地面临着"囚徒困境"，从而难以实现判决在国际社会自由流动的目标。欧盟成员国之间因为《布鲁塞尔公约》体制的实际作用实现了其法院判决在欧盟成员国之间的自由流动，但其他非欧盟成员国的法院并不能享有这种利益，且欧盟的这种体制在缺乏共同基础也无经济共同体与政治共同体这样宏大目标的国际社会中也无法进行复制。因而，在国际社会中，当事人对法院的选择通常并不会对判决承认与执行这一因素作出更多的考量。毕竟，各国的判决都面临这种困境，虽然欧盟成员国能够在欧盟境内实现判决的自由流动，但不能在其他非欧盟成员国境内达至判决的自由流动从而使得意义有限。所以，在缺乏有效的判决承认与执行国际合作的机制下，在法院选择上对判决的承认与执行因素进行考量多数情况下对于当事人而言都是缺乏现实意义的。但是，在 2005 年海牙公约体制下，情况显然发生了变化，因为批准了该公约的国家法院作出的判决能够因此实现判决在公约范围内的自由流动，甚至还会影响其他国家对该国有关互惠关系的消极观念，从而使得当事人对判决承认与执行因素的考察就有了实际的价值，进而会对国际商事主体的观念乃至思维定势带来效应。毕竟，国际商事法庭的建设确立了制度优势与程序便利，这些基本上都是各国普通法院并不享有的，即使成熟法域的国家也是如此，国际商事法庭的这些优势对于国际商事主体而言显然有极大的吸引力，从而改变先前的固有观念；与此同时，如果国际商事法庭的判决能够获得国际社会的承认与执行，解决一直困扰国际社会的"囚徒困境"，则对于国际商事主体来说这个国际商事法庭就可能相当完美地符合了他们对优秀法院认定的要求与标准。

另外，可能更为重要的是，对 2005 年海牙公约的批准并因此对公约缔约国法院判决的承认与执行实践，可以被视为该国对于承认与执行外国判决的意愿和实践，或者至少会像"柏林高等法院承认无锡中院判决案"中德国法院期望的那样："在外国法院承认我国判决后我国将会积极跟进，承认互惠关系的存在进而对外国判决予以承认与执行。"那么，2005 年海牙公约批准的这种行为，可能将对国际社会形成一个较为强烈的信号，即该国愿意在判决承认与执行领域加强国际合作，并且有明显的对外国判决给予承认与执行的一般观念。这种结果不仅会有效地推动公约缔约国之间在判决承认与执行的国际合作，也将有利于与非公约缔约国之间互惠关系的启动，从而促进与非公约缔约国间的判决承认与执行。因为对于公约的非缔约国而言，一国对 2005 年海牙公约的批准某种程度上相当现实地表明其在互惠原则的适用上已经"先走出了一步"，已经表现出在判决承认与执行上加强国际合作的一般意愿。很显然，这非常有利于对国际商事主体形成积极的观念。国际商事主体的积极观念对于国际商事法庭的建设有着直接且现实的意义，对于新兴国家的国际商事法庭建设尤其如此，使得他们在管辖法院的选择上更愿意接受并选择这些国家的国际商事法庭。

第四章

我国国际商事法庭建设对我国批准 2005 年
海牙公约的影响效果

　　2005 年海牙公约以选择法院协议为载体的判决公约实质，使得公约对于各国的意义将取决于当事人的私人协议，取决于当事人是否选择该国法院。因为，只有选择法院协议所选择法院作出的判决才能依据 2005 年海牙公约获得承认与执行。那么，对于我国这样一个经济不断发展、法治不断进步的发展中大国[1]来说，由于我国法院在国际商事实践中不是国际商事主体选择的基本对象，如果批准了公约，可能会因为我国法院难以被国际商事主体选择为管辖法院而无法真正享有公约利益，甚至会导致我国法院受案少却需要对其他国家被选择法院所作判决进行承认与执行多的不利状况。因而，与多数发展中国家的情况相同，我国在相当长一段时间内可能也会面临对 2005 年海牙公约批准弊大于利的消极局面。

　　不过，2005 年海牙公约及其批准对国际商事法庭建设的实际意义，对于我国国际商事法庭也将有着同样的价值。因而，我国推动国际商事法庭建设的情况，又实质性地要求对 2005 年海牙公约的批准问题应当加强进一步的审视，全面权衡我国国际商事法庭建设的内在功能，以及我国国际商事法庭建设需要借力的合理支持。需要注意的是，我国国际商事法庭的建设并非仅仅在于为日益增多的国际商事争议提供一个解决机构，而更是为"一带一路"建设提供公平高效的司法服务和保障，并在这个过程中增强我国国际商事法庭的司法能力和水平，进而提升我国司法竞争力，并使其能够有效参与司法

---

　　[1]　在我国看来，可能绝大多数发展中国家在 2005 年海牙公约的批准问题上都将处于这种弊大于利的消极局面，在批准该公约后的一段时间内将面临案件受理少却需要承认与执行外国判决多的不利状况。

的国际竞争。与此同时，我国国际商事法庭的价值目标实现，不仅取决于我国相关法律制度的建设，也同样需要取得国际商事主体的积极认可。那么，2005 年海牙公约对于判决承认与执行国际合作的实际效果，对于深受判决承认与执行现实困境之苦的国际商事主体来说，显然会对其观念带来良好的效应，在管辖法院的选择上将更倾向于批准了该公约的缔约国法院。某种程度上，受制于我国发展中大国的地位以及我国当事人在国际商事关系领域尚处于普遍性的弱势地位的因素，我国国际商事法庭在建设上需要付出更大的努力；而促进我国判决在国际社会的广泛认可，是当前可以采取且成效将较快显现的诸多努力之一。2005 年海牙公约的批准对于我国判决承认与执行的促进作用，会使我国国际商事法庭的判决能够获得公约利益，从而在与其他国际商事法庭的司法竞争中呈现出较大的优势或者至少不落入下风，这在主要基于当事人协议管辖基础的国际商事法庭中显得尤为重要。正是如此，虽然基于 2005 年海牙公约以选择法院协议为载体的判决公约实质总体上对我国来说并不有利，但是我国国际商事法庭的建设及其建设效果的未来状况，可能将显著地改变我国对 2005 年海牙公约批准的存在基础，从而需要根据新型情况予以重新审视，并给予适度的调整。

第一节　我国国际商事法庭建设的基本价值目标

在"一带一路"建设的驱动下，基础设施联通、贸易畅通和资金融通初步形成的局面，客观上要求更优质高效的司法服务与保障。我国国际商事法庭的建设，是基于"一带一路"建设需要的产物，从而通过依法妥善处理"一带一路"建设过程中的商事争端，来营造公平公正的营商环境，推动开放型世界经济的建设。因而，我国国际商事法庭的建设并不仅仅是为"一带一路"建设提供一个国际商事争端解决机构，而有着更加深远的价值目标追求。

一、我国国际商事法庭的建设背景

（一）我国国际商事法庭的建设

当今世界正经历百年未有之大变局，我国也日益走到世界舞台的中央。为此，基于人类命运共同体的观念，我国提出了"一带一路"倡议，坚持共商共建共享原则以促进全球经济的共同发展进步和利益共享。

　　"一带一路"倡议形成之后，得到了国际社会的广泛支持和积极参与，各国在坚持共商共建共享原则的基础上共同制定合作方案，共同采取合作行动，基本形成了发展融合、利益共享的良好局面。当然，与此同时，随着"一带一路"基础设施联通、贸易畅通和资金融通的深化，国际商事领域的争议也日益增多。那么，这种情况下，合理有效的争议解决也有了更加现实的需要，以避免国际商事争议解决的不公平、不统一、不及时而引发当事人有关合理权益未得到有效保护的消极观念，或者避免国际商事主体或相关国家将法律争端政治化解决，从而影响国际商事关系的正常发展，进而影响"一带一路"建设的有效进行。因此，更高程度的司法能力与水平、更大的司法透明度、更强的多元化纠纷解决机制、更高水平的司法服务就呈现出现实的价值；为此，建立一套公平、公正、合理的国际商事争端解决机制和机构，为国际商事纠纷解决提供高效、便利、快捷、低成本的方案就具有明显的必要性了。

　　随着"一带一路"建设的推进，更加公平高效的国际商事争议解决机制和机构的建设是提供有效法治保障的积极措施。为此，中共中央办公厅、国务院办公厅 2018 年印发了《关于建立"一带一路"国际商事争端解决机制和机构的意见》（以下简称《"一带一路"机构意见》），为"一带一路"建设提供有力的司法服务与保障，并因此创建符合"一带一路"建设需要的国际商事争议解决机制和机构。《"一带一路"机构意见》指出，积极促进"一带一路"国际合作，依法妥善化解"一带一路"建设过程中产生的商事争端，平等保护中外当事人合法权益，努力营造公平公正的营商环境，进而为推进"一带一路"建设、实行高水平贸易和投资自由化便利化政策、推动开放型世界经济的形成，因而需要为此提供更加积极、有效、合理的司法服务和保障，是"一带一路"建设顺利推进所必不可少的要素。公平高效地处理"一带一路"建设过程中出现的国际商事争议，涉及国际商事关系当事人正当权益的保障，也关系"一带一路"建设的推进成效；毕竟，倡导共商共建共享的"一带一路"建设需要国际社会的共同努力、通力合作，也需要国际商事主体的积极融入、广泛参与，因而国际商事争议解决的公平、便利、高效不仅对于国际商事主体而言极为重要，也可以避免商事争议解决的政治化对国家关系带来的消极后果。因此，《"一带一路"机构意见》提出了建设国际商事法庭的构想，由最高人民法院设立国际商事法庭，并牵头组建国际商事专家委员会，支持"一带一路"国际商事纠纷通过调解、仲裁等方式解决，推动建立诉讼与调解、仲裁有效衔接的多元化纠纷解决机制，形成便利、快捷、低成本的"一站式"争端解决中心，为参与"一带一路"建设的当事人提供优质高效的法律服务。2018 年 6 月 27 日，最高人民法院发布了《关于设立国际商事法庭若干问题的规定》（法释〔2018〕11 号），明确规定设立国际商事法庭，且该法庭是最高人民法院的常设审判机构。2018 年 6 月 29 日，最高人民法院分别在深圳、西安设立第一国际商事法庭和第二国际商事法庭。

一般认为，我国国际商事法庭的设立意义在于通过坚持共商、共建、共享原则，充分发挥专业化争端解决的优势，以更好地应对"一带一路"的新形势，通过公正、高效、便利且低成本地解决包括涉"一带一路"建设纠纷在内的各类商事纠纷，从而平等保护中外当事人合法权益，努力营造稳定、公平、透明、可预期的法治化营商环境，推动"一带一路"建设的顺利进行。

（二）我国国际商事法庭建设的必要性

我国国际商事法庭[1]建设是营造"一带一路"法治化营商环境的重要举措，有助于增进"一带一路"参与国的法治认同，保障"一带一路"建设行稳致远。2019 年最高人民法院《进一步司法服务和保障意见》（法发〔2019〕29 号）就指出，推动形成更广范围以规则为基础的稳定公平透明可预期的国际化法治化便利化营商环境，是高质量共建"一带一路"各方的共同关切，是新时代人民法院全方位服务保障"一带一路"建设的根本任务。"一带一路"国家法治的多元化，既可能是引发国际商事争议的重要因素，也

---

[1] 需要注意的是，我国现行国际商事法庭存在两种不同层级的性质，一是最高人民法院级别的国际商事法庭，即最高人民法院第一国际商事法庭和第二国际商事法庭；二是对国际商事案件实施集中管辖的中级人民法院级别的国际商事法庭，如苏州国际商事法庭、成都国际商事法庭、厦门国际商事法庭等，这种中级人民法院级别的国际商事法庭主要审理本区域的国际商事争议或依据集中管辖制度来行使管辖权。法国、德国的国际商事法庭建设采用的就是这种模式，利用数量繁多的专门性国际商事法庭来有效解决国际商事争议。这种模式的国际商事法庭的优势在于其专业化、数量多，通过各个国际商事法庭的共同努力来提升本国的司法审判水平，促进国际商事主体对其司法的认可与接受。本书仅以最高人民法院级别的国际商事法庭（我国国际商事法庭）作为分析对象，主要的原因在于以下几个方面：一是我国国际商事法庭的基本管辖权基础为协议管辖，而协议管辖是本书分析的主要基础；二是本书主要基于"一带一路"建设为分析的起点，虽然各中级人民法院级别的国际商事法庭也在为"一带一路"建设起司法服务与保障的作用，但相较于我国国际商事法庭，其作用的明显程度更小；三是本书主要从国家层面来探讨司法竞争力和国家软实力问题，中级人民法院级别的国际商事法庭在此意义上的功能相对更为间接。当然，需要指出的是，本书并不否认中级人民法院级别的国际商事法庭，也不否定其在提高国家司法竞争力和国家软实力等方面的积极作用。

可能会导致争议解决的复杂化；毕竟，不同国家的法律传统和法律制度的不同，会使得国际商事争议在不同国家法院处理可能带来不同的案件结果。根据我国学者的研究，"一带一路"国家的法律体系涉及三大法系即大陆法系、伊斯兰法系和英美法系，七大法源（法圈、法律传统）即印度教法传统、佛教法传统、苏联法传统、东盟法圈、阿盟法圈、欧盟法圈和 WTO 法圈。[1]虽然这种分析方法只是大致地阐明了各国法律体系的一般状况而并没有真正探究出各国法律体系的真实，但是为国际社会揭示出了"一带一路"国家法治状况的复杂程度。那么，如此复杂的法治状况将会导致明显的法律冲突现象，并使参与国际商事关系的国际商事主体受到影响。而且，在国际商事争议的解决上，不同国家的法院在法律适用上也会呈现出多样化的情形，这在法律适用"回家去"的趋势下更是如此。毫无疑问，这种法律多元化的存在有现实的国际社会基础，但可能并不利于"一带一路"建设的顺利推进，不同法律之间的冲突不仅会带来国际私法中的法律冲突问题，也会对国际商事交往的顺利进行、国际商事关系的正常发展带来不利后果。所以，我国适时地进行国际商事法庭的建设，着力于通过公平高效地解决国际商事争议来推动"一带一路"的建设，进而构建"一带一路"的规则体系，形成有利于"一带一路"建设的国际商事规则体系和争端解决制度体系。当然，除此之外，国际社会晚近出现的国际商事法庭建设浪潮，也为我国国际商事法庭的建设提出了现实的要求。正是如此，我国国际商事法庭的建设具有一定的时代必要性。

第一，促进我国涉外商事审判发展的现实要求。贸易与投资的繁荣发展促进了我国国际经济政治地位的提升，也导致了越来越多的国际商事争议，这使我国可能成为国际商事争议解决的集结地之一；而"一带一路"建设所带来的贸易与投资的迅速发展扩大，使得这种可能性变得更加明显。作为参与国际商事关系的理性人，国际商事主体在其争议解决上不仅期望得到公平合理的判决结果，也期望在程序上能够便利快捷，二者应该得以兼顾。正因如此，当前国际社会日益广泛接受的新司法哲学要求从先前的"正确性"（真实维度）这个一维评价体系逐渐转向"正确性"＋"效率性"（时间维

---

〔1〕 何佳馨：《"一带一路"倡议与法律全球化之谱系分析及路径选择》，载《法学》2017 年第 6 期，第 92～105 页。

度）＋"适宜性"（成本维度）的三维评价体系，要求法院在解决争议时不仅有义务作出正确的裁判结果，也必须在合理的时间内以适宜的成本作出裁判。毫无疑问，新司法哲学对各国司法或者国际商事仲裁提出了更高的要求，要求他们承担更大的责任；但符合国际社会对于形式正义和实质正义融合发展的一般趋势，当然更适合国际商事主体的内在期望。"一带一路"建设的互联互通目标和国际公共品的目标性质，显然也要求在对建设过程中形成的国际商事争议的解决上能够合理地实现新司法哲学的目标，使国际商事主体不仅能够在"一带一路"建设中获得利益，也能在争议发生后得到公平合理有效的解决中感受到法律和司法的力量与温度，从而能够更加安心顺意地参与其中。作为"一带一路"的倡导者，我国司法应当做好充分的准备，提供公平高效的司法服务和保障，进而促进"一带一路"建设的顺利进行。

　　我国司法已经得到了长足的发展，也取得了巨大的成就。在海事海商、金融、知识产权等领域表现得尤为明显，并且成立了专业性质的法庭来提供司法服务。当然，另一方面，我国涉外商事审判仍有较大的提升空间，我国司法对国际商事主体的吸引程度也仍存在进步空间。国际商事主体协议管辖选择我国法院的案件不足，一定程度上表明国际商事主体仍然并不太愿意选择我国法院的这样一种现实，从而也从侧面显示出国际商事主体对我国涉外商事审判的水平与能力仍有怀疑。根据我国学者搜集到的 2014 年有关协议选择我国法院的案件的数据来看，从"中国裁判文书网"上仅搜集到 123 个案例，其中 96 件是涉港澳台案件，仅有 27 件属于实质意义上的涉外国案件（这其中有 5 件当事人国籍不明）。[1] 由于协议管辖具有事先确定管辖法院的功能，从而可以消除案件审理程序中常见的管辖权争议，所以当前我国法院如此之少的涉外协议管辖案件可能更多地显示出国际商事主体对我国法院的信任程度不足。虽然协议管辖体现的是当事人双方的共同意愿，是当事人对法院的共同选择，但现实也表明双方当事人的实际地位将会实质性地影响协议管辖的实际效果；我国当事人的经济实力、谈判水平等方面的不足使得其在协议管辖上话语权不多。当然，更大程度的可能性应该还是因为国际商事

---

[1]　相关数据可参见杨育文：《论中国加入海牙〈选择法院协议公约〉的可行性分析——以 2014 年、2015 年中国司法实践为视角》，载《武大国际法评论》2016 年第 2 期。

主体对我国涉外审判以及水平的信任度不足、接受意愿不强。毫无疑问，国际商事主体的这些观念有些因循守旧、一叶障目，也有地域偏见歧视意识的影响因素；尽管如此，国际商事主体的观念却会对我国法院的选择带来实际的效果，甚至还会因为国际商事主体的态度对我国法院的声誉产生影响，进而进一步影响我国法院被国际商事主体的管辖法院选择。很显然，这种状况不利于我国法院国际商事争议解决的经验积累与司法水平提高。那么，建设专业化的高水平国际商事法庭，应该是扭转我国法院不利状况的一个途径。

我国法院在涉外商事审判上面临着逐渐增长的国际商事争议，这些争议的合理解决会对我国国际商事关系的正常发展带来积极效果，因而，这些不断增长的国际商事争议对我国法院涉外审判的能力与水平提出了更高的要求；与此同时，我国法院也面对着国际商事主体并不愿意通过涉外协议管辖主动选择我国法院作为管辖法院的情形，这种状况会影响我国法院在国际商事主体观念中的地位。因此，专业化的国际商事法庭的建设就成了一种现实的必然。事实上，晚近国际社会日益形成的国际商事法庭建设的趋势，表明国际商事法庭由于专业化程度的提高而在审理水平上的能力提升的现实，也表明国际商事法庭有利于国际商事主体的观念接受。我国国际商事法庭也可通过专业化的制度建设来提升我国法院的涉外审判能力与水平，并因此促进国际商事主体对我国法院固有观念的改变，从而逐渐形成国际商事主体与我国国际商事法庭二者之间的良性关系。而且，"建设专业化的国际商事法庭有利于促进我国经济与商事活动的进一步发展，也将带动我国法律制度的进一步完善"。[1]很显然，这对于我国法院、我国司法的发展、我国司法与法律制度的完善都是有积极意义的。

第二，为"一带一路"建设提供公平高效的司法服务与保障的实际需要。"一带一路"建设依据共商共建共享原则来实现基础设施联通、贸易畅通和资金融通，并打造政治互信、经济融合、文化包容的利益共同体，促进人类命运共同体的建设。在 2015 年国家发改委、外交部和商务部联合发布的《推动共建丝绸之路经济带和 21 世纪海上丝绸之路的愿景与行动》（以下简称 2015年《愿景与行动》）中指出，"一带一路"建设旨在促进经济要素有序自由

---

[1]　何其生课题组等：《论中国国际商事法庭的构建》，载《武大国际法评论》2018 年第 3 期，第 2~3 页。

流动、资源高效配置和市场深度融合，推动沿线各国实现经济政策协调，开展更大范围、更高水平、更高层次的区域合作，共同打造开放、包容、均衡、普惠的区域经济合作框架。正因如此，提供公平高效的司法服务与保障，是合理解决国际商事争议的基础与要求，是促进"一带一路"建设顺利推进的现实保障。因此，相较于普通法院，专业的国际商事法庭对国际商事主体的积极观念更有利于促进"一带一路"建设的顺利进行。

"一带一路"建设需要各国积极参与其中，通过共商共建共享促进利益共同体的形成。在全球化日益深化的背景下，任何国家都难以独自发展，也难以独自面对全球化过程中产生的问题；因而各国的共同努力推进"一带一路"建设，有助于实现基础设施联通、贸易畅通和资金融通，促进国家经济的持续发展、社会的稳定进步，促进民心的相通。与此同时，"一带一路"建设也需要国际社会（并不只是周边国家）的国际商事主体的广泛参与，需要国际商事主体积极进行国际商事交往。那么，对于国际商事交往过程中产生的国际商事争议的解决，不仅关系国际商事主体的权益保护，也会影响国际商事主体继续参与国际商事关系的信心与能力。而且"一带一路"建设中的国际商事争议涉及诸多领域，这些专业性的案件会对审理案件法院的能力与水平有更高的要求；事实上，这也是专门法院如海事法院、金融法院、知识产权法院或专业法庭在国际社会普遍形成的基本因素，专业法庭（法院）利用专业法官的专业知识，或者案件审理形成的专业经验在专业性案件的处理上能够更加自如。除此之外，"一带一路"建设中的国家法律文化传统、法律制度的多元化，也对审理案件的法院提出了更高程度的要求。毫无疑问，"一带一路"建设中的国际商事争议的复杂性与合理解决的深远意义，客观上对案件审理法院的更高水平有了现实的需求。这显然为我国国际商事法庭的建设提供了客观基础。正如有学者指出的："一带一路"国家复杂的法律制度可能会给审判带来一定的不确定性，而建设专业化的中国国际商事法庭，其所具备的专业服务能力，无疑有助于复杂的国际商事纠纷得以公正而高效的解决。[1]

第三，增强我国司法的竞争力积极参与司法国际竞争的必然结果。晚近

---

〔1〕　何其生课题组等："论中国国际商事法庭的构建"，载《武大国际法评论》2018 年第 3 期，第 4~5 页。

国际社会已经形成了建设国际商事法庭的浪潮。成熟法域的英国、美国以及在商事法庭建设上有着较长历史的法国、德国等都不同程度地对国际商事法庭进行了修正和提升，以进一步使其国际商事法庭增强司法竞争力，扩大国际商事争议解决领域的市场份额；而且，法国、德国等还因为英国脱欧可能会导致的国际商事争议解决国际影响力下降的因素，主动积极地进行了国际商事法庭的制度调整与改变，从而期望由此填补英国商事法庭形成的空缺、抢占英国商事法庭退出后可能形成的市场份额，或者积极应对来自新兴国家国际商事法庭的司法竞争，从而继续增强其国际商事争议解决中心的地位。新兴国家则通常基于国际商事争议解决中心或者国际金融中心打造的目标加强国际商事法庭的建设，如新加坡基于地处亚洲但面向世界的国际商事争议解决中心的目标而进行了新加坡国际商事法庭的建设，从而与国际商事仲裁中心、国际商事调解中心一起构建起国际商事争议解决中心；地处中东的迪拜国际金融中心法院、阿布扎比全球市场法院、卡塔尔国际法院与争议解决中心等都志在为国际金融中心的建设提供公平、便利且高效的司法保障。随着国际经济关系的持续发展进步，越来越多的国家应该会逐渐加入国际商事法庭建设的队伍之中，以有效的司法支持与保障来形成良好的国际经济市场与秩序，进而增强国际商事主体参与市场、从事贸易和投资的信心与动力。

积极参与国际司法的竞争，是我国涉外审判发展的必然要求，我国国际经济发展的持续进步要求我国涉外审判能够提供有效的司法支持；是"一带一路"建设的客观需要，"一带一路"建设的持续进行不仅需要各国的广泛参与，也需要国际商事主体的有效融入，进行贸易和投资，那么，有效的司法支持和保障在其中有着重要的作用，也是改变国际商事主体观念以提升我国司法竞争力的现实要求。司法的国际竞争力体现在司法制度、司法经验与水平、法院的独立与公正等，也体现在国际商事主体的认可与选择上；毕竟，在当前国际管辖权的扩张态势以及协议管辖制度被普遍承认的情形下，国际商事主体对法院的选择或者挑选基本上都能够得以实现。所以，如果国际商事主体不愿意接受，那司法的竞争力可能并不一定能真正体现出来。我国涉外审判已经获得了长足的发展与进步，这在海事诉讼领域表现得非常明显；尽管如此，我国涉外审判也仍有需要改进的方面。而且，更为重要的是，我国发展中国家的身份、我国当事人在国际商事关系领域经济能力、国际经验、谈判能力等方面仍相对处于弱势的地位，使得我国法院在国际社会的层面仍未得到国际商事主体的广泛认可，因而需要进一步加强建设，提升我国法院的司法能力与水平。

"一带一路"建设对我国司法审判能力提出了更高程度的要求。"一带一路"国家法律体系的多元化、法治发展程度的多样性，可能会导致在国际商事争议解决上的复杂性，从而会对积极参与"一带一路"建设中的当事人的权益产生影响，进而影响他们参与"一带一路"建设的信心。我国司法审判水平的提高，不仅能够吸引当事人将其国际商事争议提交我国法院，还能够通过案件的审判形成具有国际影响力的司法审判规则，从而在一定程度上实现案件在各国法院审理都能够形成相对的可预见性和一致性判决结果。正因如此，我国国际商事法庭的建设，能够通过专业化程度的提高来提升涉外司法的水平，并因此改变国际商事主体对我国司法的片面观念。很显然，这将促进国际商事主体对我国国际商事法庭的认可与接受，并在案件审理过程中对我国司法和法治发展形成正确的观念。

二、我国国际商事法庭建设的价值目标追求

客观上看，我国国际商事法庭主要是基于"一带一路"建设的需要得以形成的，从而为"一带一路"建设提供公平高效的司法服务与保障；这在"一带一路"国家法律体系与法治状况多元化的情形下尤为重要。当然，我国国际商事法庭的建设，也是期望提升我国司法的竞争力，从而对国际商事主体形成吸引力，并在司法审判过程中形成司法审判规则，实现判决结果的一致性和可预见性，进而促进"一带一路"建设的顺利推进。

（一）为"一带一路"建设提供优质高效的司法服务与保障

"一带一路"建设在于实现基础设施联通、贸易畅通与资金融通，推动世界贸易与投资的自由化、便利化，促进国际经济的共同发展进步。在全球化日渐深化的时代，国际社会更加需要共同的努力与共同合作来促进国际经济的相互融合。2015 年《愿景与行动》指出，"一带一路"建设致力于亚欧非大陆及附近海洋的互联互通，建立和加强沿线各国互联互通伙伴关系，构建全方位、多层次、复合型的互联互通网络，实现沿线各国多元、自主、平衡、可持续的发展。努力实现区域基础设施更加完善，安全高效的海陆空通道网络基本形成；互联互通达到新水平；投资贸易便利化水平进一步提升，高标

准自由贸易区网络基本形成，经济联系更加紧密，政治互信更加深入；人文交流更加广泛深入，不同文明互鉴共荣，各国人民相知相交、和平友好。所以，"一带一路"建设是在经济全球化背景下与沿线各国[1]加强经济联系与社会流动，共同致力于一个公平互利、和平包容的人类命运共同体的建设。当然，"一带一路"建设也期望在全球治理的新发展阶段，通过国际社会的共同合作促进共同参与、合作共赢的全球治理新模式。正如有学者指出的："一带一路"建设还需要在促进国际经济发展进步的基础上形成全球治理的新思维和新模式，从而以新路径生发新动力、以新机遇拓展新空间，进而为国际社会贡献新型的公共产品。[2]

正是如此，"一带一路"建设需要在法治轨道上有效推进并实现合理预期，正如2015年《愿景与行动》所指出的，在"一带一路"建设中，法治是重要保障，司法的作用不可或缺。为"一带一路"建设提供公平高效的司法服务与保障，是法治轨道中的一环，是司法机关助力法律秩序的确立与稳定、合理解决建设过程中产生的国际商事纠纷为当事人提供司法救济的重要措施与手段。我国国际商事法庭的建设本质上是在这个目标的基础上进行的，通过国际商事法庭的建设，确立合理的特殊法律制度，将优秀的司法力量充实到国际商事法庭，吸引优质专家资源参与国际商事纠纷的解决，从而极大提升我国司法的公信力与竞争力，提高涉外法律服务水平，进而营造稳定、公平、透明、可预期的法治化营商环境，促进国际商事主体积极通过贸易、投资等参与到"一带一路"建设中来。对于"一带一路"建设过程中形成的国际商事争议提供公平高效的司法解决，不仅涉及当事人的权益保护，还会影响国际商事主体的观念、影响国家法治状况的对外展示；因而，这对国际商事争议解决的机构提出了更高的要求，甚至需要更灵活多样的法律制度来进行保障。

我国涉外司法的能力经过一段时间的经验积累、总结与转化，已经取得了长足的进步；尽管如此，我国法院的涉外审判能力与水平仍有需要继续改进的方面。在2015年最高人民法院《司法服务和保障意见》中，最高人民法院就提出了我国法院在涉外审判需要努力改进和完善的方面："要不断提高适

---

〔1〕 当然，从人类命运共同体建设的角度，我国也期望整个国际社会能够积极参与到"一带一路"的建设之中。

〔2〕 廖宇羿：《论"一带一路"倡议下中国国际商事法庭的定位》，载《经贸法律评论》2019年第2期，第86页。

用国际条约和惯例的司法能力，在依法应当适用国际条约和惯例的案件中，准确适用国际条约和惯例……要注意沿线不同国家当事人文化、法律背景的差异，适用公正、自由、平等、诚信、理性、秩序以及合同严守、禁止反言等国际公认的法律价值理念和法律原则，通俗、简洁、全面、严谨地论证说理，增强裁判的说服力。"而且，国际商事主体对我国司法的认可与接受程度不高的情况，也实质性地要求我国法院在涉外审判能力方面需要作出更大的努力、采取更多的合理措施，从而以实际的司法能力来改变国际商事主体对我国司法的固有观念。那么，我国国际商事法庭专业化法庭的设立、合理有效法律制度的规定，基本的目标显然在于此。毕竟，专业化的国际商事法庭在国际商事争议解决领域所起的作用以及所具有的地位，国际社会的实践已经较为充分地显现了出来。事实上，晚近国际商事法庭建设的浪潮，也是促进我国国际商事法庭建设观念形成的重要原因之一。

因此，我国国际商事法庭的建设以及相应法制度的确立，其重要的价值目标在于通过专业化法庭更好地为"一带一路"建设提供司法服务与保障，通过公平高效的国际商事争议的解决来保护国际商事主体的正当权益，从而促进他们积极参与"一带一路"的建设，并改变他们对我国法治状况和司法能力的固有观念。

（二）增强我国涉外司法的竞争力

晚近国际社会正在形成国际商事法庭的建设浪潮，通过高水平的专业化法院建设来提升司法能力，进而对国际商事主体形成良好的观念认可该国的法治状况与司法水平，并最终为国际商事争议解决中心或国际金融（经济）中心的建设提供基础。这些国际商事法庭的建设，对我国国际商事法庭的建设是一个促进、一种经验的支持，同时也是一种挑战，在"一带一路"建设的背景下可能尤其如此。因为，"一带一路"国家法律文化与法律体系的多元化状况，对国际商事争议的解决提出了更高的要求，从而通过判决结果的一致性和可预见性来增强参与其中的国际商事主体的信心；但是很显然，国际社会国际商事法庭的建设将会极大地吸引国际商事主体，而不同国家的国际商事法庭在国际商事争议解决的结果与"一带一路"建设的要求并不一定能够相符。

纵观国际社会，成熟法域的英国和美国在其拥有较成熟经验的国际商事法庭的基础上，面对全球化发展的新情况以及来自其他国家国际商事法庭建设所带来的司法竞争局面，通过法律制度的调整来进一步扩大其司法竞争力。德国、法国、荷兰等发达国家在英国脱欧之际都积极地加强了国际商事法庭的建设，其中德国、荷兰等国还强调国际商事法庭建设是促进其法律体系在国际商事领域得以适用的一种重要方式，从而增强其法律的国际适用效力以及国际影响力。新兴国家也日益认识到司法在国际经济发展中的作用；毕竟，英国伦敦与美国纽约作为国际金融（经济）中心、同时也发展成为国际商事争议解决中心的事实，已经向国际社会呈现出二者之间的内在关联，尽管国际社会并没有充分地证明究竟是国际金融中心的地位形成了国际商事争议解决中心的事实，还是国际商事争议解决中心的存在促进了国际金融中心地位的形成。但是，对于旨在国际金融中心建设的新兴国家，已经越来越多地肯定有效的司法服务是使国际金融中心建设得以成就的重要保障措施的观念。某种程度上，中东国家的国际商事法庭建设，是其国际金融中心建设中的一个重要的配套措施、一个基本的保障手段。新加坡国际商事法庭虽然建设时间不长，但其所取得的成就以及未来的发展，已经初步得到了国际社会的肯定。在英国司法部主持的研究项目中，研究者发现那些经常参与国际商事业务或处理国际商事争议的经验丰富的受访者[1]普遍认为，对英国法院（主要是指伦敦商事法院）构成威胁的主要有美国、新加坡和其他欧盟国家的法院，其中新加坡国际商事法庭将成为伦敦商事法院强有力的竞争者（a serious competitor）。[2]虽然这个研究报告可能会有夸大的成分，以引起英国司法界对国际商事法庭建设以及提高诉讼费用可能带来的效果等问题的重视，但是受访者的观念还是表明新兴国家国际商事法庭的建设起到了明显的积极成效，提升了参与司法国际竞争的能力。司法竞争力的提升，不仅是一国司法国际地位的提高，也表明国际商事主体对该国司法的认可与接受态度，而这是一国法院在协议管辖领域能够获得当事人选择的观念基础。

我国国际商事法庭主要基于"一带一路"建设的现实需要，从而为"一

---

〔1〕 这些受访者涉及各种各样的利益相关者，诸如国际商事案件的当事人、经常从事国际商事业务的律师事务所、法官、法律协会、研究人员等。

〔2〕 Eva Lein et al., Factors Influencing International Litigants´ Decisions to Bring Commercial Claims to the London Based Courts, UK Ministry of Justice Analytical Series, 2015, https://assets. publishing. service. gov. uk/government/uploads/system/uploads/attachment_ data/file/396343/factors−influencing−international− litigants−with−commercial−claims. pdf.

带一路"建设提供优质高效的司法服务与保障。毕竟,"一带一路"沿线各国法律文化传统与法律体系的多元化局面,可能会导致国际商事争议解决的多样化与差异性,难以实现判决结果的一致性与可预见性,从而影响国际商事主体参与"一带一路"建设的信心。与此同时,我国司法的当前状况可能也不足以有效支撑"一带一路"建设的要求;当然,造成这种样态的因素具有多元性,尤其是国际商事主体对我国法治状况和司法能力的错误观念与地域偏见。受思维定势的影响,这些观念的转变需要一段相当长的时间,也需要现实可感的审判事实来支持。而国际商事法庭在晚近国际社会的建设浪潮,可能使国际商事主体更青睐于这些国家的法院来解决他们之间的国际商事争议。很显然,这种状况不利于我国司法的发展,对于"一带一路"的建设也可能无法有效地起到促进的效果。为此,借鉴国际社会的经验加强专业化法庭的建设,通过公平、优质、高效的司法服务来保障"一带一路"建设,也就具有了时代的客观性价值。

　　我国加强了国际商事法庭的制度建设。其一,确立了我国国际商事法庭的最高人民法院组成部门的级别制度。[1]具有最高层次的法院级别,我国国际商事法庭就实际性地拥有了我国最高水平的法官组成,这对于保证判决的公平与权威有着重要意义,甚至在判决的承认与执行上也可能呈现出一定的优势。其二,建立了国际商事专家委员会制度。[2]国际商事专家委员会中的专家委员来自不同的国家或地区,基本上是域外知名的已退休法官、知名仲裁员、著名法学专家等,主要的作用在于主持商事调解、提供域外法律,从而在一定程度上增强域外知名法律专家参与我国国际商事法庭纠纷解决的活动,有效利用域外知名专家的经验与能力,并利用其影响力对国际商事主体有关我国司法的固有观念带来影响。其三,确立三位一体的"一站式"国际商事争端解决机制。国际商事争议解决的多元化需求与有效性保障,是国际商事争议当事人的普遍期望。我国国际商事法庭可以根据当事人的意愿,委托国际商事专家委员会和符合条件的国际商事调解机构进行调解;在当事人选择仲裁后,当事人可以向国际商事法庭申请证据、财产

---

　　〔1〕　最高人民法院《关于设立国际商事法庭若干问题的规定》第 1 条规定,最高人民法院设立国际商事法庭。国际商事法庭是最高人民法院的常设审判机构。

　　〔2〕　最高人民法院《关于设立国际商事法庭若干问题的规定》第 11 条规定,最高人民法院组建国际商事专家委员会。

或者行为保全，也可以在仲裁裁决作出后向国际商事法庭申请执行或撤销。除此之外，还对我国传统的诉讼程序进行了一些创新，并对诉讼程序信息化制度加以明确。毫无疑问，我国国际商事法庭的制度建设，目的就在于赋予我国国际商事法庭在国际商事争议解决上的灵活性、开放性与专业性，从而通过合理高效的争议解决来吸引国际商事主体，并促进他们对我国法治状况和司法水平的观念转变，愿意将其国际商事争议提交我国国际商事法庭来加以解决。

需要指出的是，增强并提升我国国际商事法庭司法竞争力的这个价值目标是建立在为"一带一路"建设提供司法服务与保障目标的基础之上的。在国际社会加强国际商事法庭建设的情况下，加强我国国际商事法庭的建设、提升我国国际商事法庭的司法竞争力既是对现行趋势的准确把握，也是促进国际社会改变对我国法治状况与司法水平错误观念的有效措施，进而总体上提升我国司法的竞争力。

(三) 增强我国的国家软实力

我国国际商事法庭建设的外在功能是促进国际商事争议的公平高效解决，从而为"一带一路"建设提供优质高效的司法服务与保障；除此之外，我国国际商事法庭的建设应该也有一个内在的潜在功能，即通过司法审判推动国际司法规则的形成。正如 2015 年《司法服务和保障意见》提出的，要"积极参与相关国际规则制定，不断提升我国司法的话语权"。我国国际商事法庭的建设是将《司法服务和保障意见》中的目标加以具体执行的相应举措。正如有学者指出的：从根本上来说，我国国际商事法庭作为"一带一路"司法服务保障的"2.0"版本，[1]不应再仅仅将自己视为一个"客体"，而应当突出自身的"主体"地位，从法治的角度为"一带一路"的国际治理秩序构想作

---

〔1〕 该文作者所言的所谓"2.0"版本，主要的意思是有关我国对"一带一路"建设提供的司法服务与保障措施有两个层次：第一个层次主要体现在 2015 年最高人民法院《司法服务和保障意见》中所提出的人民法院需要进行的各项工作，而这些法院工作虽然具有为"一带一路"建设提供司法保障的功能，但属于各级法院的一般工作，本质上并非专为"一带一路"建设所进行的特别工作；第二个层次则体现在 2018 年最高人民法院《关于设立国际商事法庭若干问题的规定》中提出的我国国际商事法庭的建设，是直接为"一带一路"建设提供司法服务与保障的重要举措，通过公平高效地解决各类国际商事争议，来努力营造稳定、可预期的法治化营商环境，从而促进"一带一路"建设。相关内容可参见廖宇羿：《论"一带一路"倡议下中国国际商事法庭的定位》，载《经贸法律评论》2019年第 2 期，第 81~97 页。

出重要的贡献。[1]

国际司法规则乃至国际法律规则的形成背后是国家软实力对国际法律过程的全面渗透。因而，我国国际商事法庭的建设根本的目标追求是通过国际商事争议的公平高效解决来增强我国的国家软实力，从而提升我国司法的国际话语权。

国家软实力利用其吸引力和诱惑力吸引其他国家接受或尊重一国的利益，更为重要的是，国家软实力还有助于一国制定有利于自身利益的国际制度和法律规则，形成国际法律体系，使国际社会遵守并维护国际体制，从而最终实现对本国利益的有效保护和期望目标的有效尊重。因此，国际社会日益重视国家软实力的提升，从而增强国家在国际社会的影响力与推动力。我国国际商事法庭建设所期望的为"一带一路"建设提供司法服务与保障的目标追求，本质上在于增强我国的国家软实力，从而吸引与激励沿线各国以及国际商事主体积极参与到"一带一路"的建设之中。而国际商事法庭通过对国际商事争议的公平高效解决，提升我国司法的话语权，引导国际社会形成有利于"一带一路"建设的具有一致性与可预见性价值的司法规则和国际法律体系。通常认为，司法话语权可以表现为国际商事主体的普遍接受与认可，愿意在协议管辖上选择该国法院作为其国际商事争议的管辖法院；司法话语权也表现为国际司法交流、国际司法规则形成上的有效参与和确定的能力。

第二节　我国国际商事法庭建设对 2005 年海牙公约批准的必要性

很显然，我国国际商事法庭的建设并非只是期望增加一个国际商事争议的解决机构，也并非仅仅为了更好地解决国际商事争议，而是有更高的价值追求、有更宏大的价值目标。那么，我国国际商事法庭的建设需要各种法律制度的支持，从而促进国际商事法庭对国际商事争议的公平高效解决，提高国际商事主体对我国司法的肯定态度；为此，我国采取了相应的措施。其一，对协议管辖制度进行了调整，允许当事人协议选择最高人民法院作为其争议的管辖法院。根据我国民事诉讼法的规定，协议管辖不得违反级别管辖的规

---

[1]　廖宇羿：《论"一带一路"倡议下中国国际商事法庭的定位》，载《经贸法律评论》2019年第 2 期，第 88 页。

定；那么，对最高人民法院进行选择的管辖协议，有利于促进国际商事主体对国际商事法庭的选择。其二，确立了我国国际商事法庭的最高人民法院组成部门的级别制度。具有最高层次的法院级别，国际商事法庭通常对国际商事主体会产生较强的吸引效力。其三，建立了国际商事专家委员会制度。由域外知名法律专家参与国际商事法庭的司法活动，不仅有效利用域外知名专家的经验与能力，并能利用其影响力对国际商事主体有关我国司法的固有观念带来影响。其四，确立三位一体的"一站式"国际商事争端解决机制。"一站式"机制的效率对国际商事主体也有很强的吸引力。其五，为了解决国际商事法庭（当然也期望包括所有法院在内）判决的承认与执行，采取了相应的促进措施。（1）强调判决承认与执行的推定互惠制。2017 年第二届中国——东盟大法官论坛的《南宁声明》就强调各国法院间加强交流与合作，通过推定互惠制促进各国间判决的承认与执行。这种声明不具有条约的效力，但体现了各国在判决的承认与执行上加强合作的积极态度。2019 年最高人民法院《进一步司法服务和保障意见》也要求采取推定互惠的司法态度。（2）与其他国家法院之间签署有关判决承认与执行的谅解备忘录，如 2018 年我国最高人民法院与新加坡最高法院签署了相互承认与执行金钱判决的谅解备忘录。需要注意的是，这些备忘录并不具有普遍的法律效力，在性质上最多属于两个法院之间的一种制度安排；尽管如此，这种备忘录的签订表现了一种两个法院相互确认互惠关系存在的立场，由于这两个法院均为各自的最高法院，因而也会对各自的下级法院带来观念上的影响效果。除此之外，我国立法还对我国传统的诉讼程序进行了一些创新，并对诉讼程序信息化制度加以明确，以促进国际商事法庭的审判效率和灵活性。毫无疑问，这些特殊法律制度的确定与调整对于我国国际商事法庭的建设具有重要的价值，有利于我国国际商事法庭在国际商事争议解决上的公平与高效，进而促进国际商事主体对我国国际商事法庭的接受与认可。

不过，另一方面，我国国际商事法庭的这些特殊法律制度在国际社会是否具有真正意义的特殊性，是否因此能够形成真正的制度优越性，从而在与其他国家法院尤其是国际商事法庭的司法竞争中占有优势，是需要深入思考的问题，以免进入误区，以为通过这些特殊制度就能够有效实现我国国际商事法庭的迅速发展。需要注意的是，其他国家在其国际商事法庭的建设上也作出了相应的努力，这就可能使得有关国际商事法庭的制度建设不再具有独特的制度优势了。与此不同的是，国际商事法庭所作判决的承认与执行则可能日益成为各国国际商事法庭竞争力比拼的基本要素，对国际商事法庭的建设起着关键作用。

在当代社会，法院判决的承认与执行问题将会影响法院司法权威的实现，也影响着当事人权益的有效实现；而且，判决的承认与执行问题也最终会对当事人的观念带来重要的效果，进而影响当事人对法院的选择。影响涉外协议管辖的因素是多方面的，而法院判决的承认与执行因素在国际民商事关系当事人的协议管辖上将会日益占据重要地位，正如有学者注意到的："判决的承认与执行会成为倒逼当事人协议管辖的重要因素。为避免当事人协议选择的法院所做判决无法得到承认与执行带来司法成本的浪费与期望的落空，作为理性的当事人，会充分考虑最终判决承认与执行的结果后综合选择管辖法院，因此判决承认与执行的顺畅与否直接决定着备选法院对当事人的吸引程度。"[1]更为严重的是，那种不考虑判决的承认与执行因素的协议管辖还可能使当事人面临司法救济受阻的不利后果："当事人协议选择与我国没有司法协助条约亦未建立判决的相互承认的互惠关系的国家或地区的法院诉讼，如果被告在诉讼国以及可能承认诉讼国法院判决的国家没有财产，其判决将无法执行，而当事人诉讼到我国法院，我国法院又不行使管辖权，其权利将得不得司法救济。如此，当事人的协议管辖使得当事人的权利成为空中楼阁，束缚了当事人寻求司法救济的途径。"[2]因而，法院作出的判决不能获得承认与执行，对于当事人而言不仅是耗时费力，甚至还可能因协议管辖的效力使当事人的司法救济陷入实际的僵局之中。各国的国际商事法庭也面临着这个问题。

当前我国商事判决的承认与执行可利用的机制主要涉及互惠体制和双边司法协助条约机制。我国已经与 30 多个国家签订了双边民商事司法协助条约。不过，这些双边司法协助条约并未发挥出其本应有的作用，目前似乎尚未有法院真正直接以双边条约为依据来进行判决的相互承认与执行；而且，与我国签订双边民商事司法协助条约的国家数量并不多，且未能完全容纳与

---

〔1〕　刘元元：《中国国际商事法庭司法运作中的协议管辖：挑战与应对措施》，载《经贸法律评论》2020 年第 6 期，第 8 页。

〔2〕　李旺：《当事人协议管辖与境外判决的承认与执行法律制度的关系初探》，载《清华法学》2013 年第 3 期，第 105 页。

我国有密切民商事交往的世界经济大国。在我国目前的判决承认与执行国际合作中，相对普遍的实践是运用单边的互惠体制。受"五味晃案"的现实影响，我国法院普遍坚持的是互惠原则，强调外国不承认我国法院判决的，我国就应不承认该国法院的判决；坚持的是事实互惠，强调外国没有承认我国判决的实际，则两国之间就不存在实际的互惠关系。毫无疑问，在互惠原则上的这种立场，最终可能导致互惠关系无法启动从而使互惠原则的适用陷入困境之中。很显然，这种状况并不符合我国当前的需要，尤其不符合我国加强"一带一路"建设的要求。正因如此，最高人民法院在为"一带一路"建设提供司法服务与保障的两个司法文件[1]中要求采取推定互惠制，目的就在于消除互惠原则适用上所形成的消极状况。但是，这种推定互惠制的效果如何、其他国家是否愿意跟进，目前尚不能完全确定。

正因如此，具有全球性效应的判决公约在判决承认与执行的确定性价值，对于各国国际商事法庭的建设有着真正的意义。

一、我国判决承认与执行的状况对我国国际商事法庭建设的影响

(一) 我国判决承认与执行的一般状况

我国面临越来越多我国法院判决需要其他国家法院予以承认与执行、越来越多外国法院判决请求我国法院予以承认与执行的局面。这些都对我国在判决承认与执行国际合作的需要提出了新的要求，需要通过加强相互间的合作来实现各自法院判决的流动，从而实现当事人的正当期望与合理预期，使法院的司法权威得以实现，进而促进国际民商事关系的顺畅发展、保障资本的合理流动、促进国际商事主体参与"一带一路"建设的信心。为此，我国在判决的承认与执行上加强了国际合作。

目前来看，我国基本形成了两种合作体制相互作用的状况。其一，互惠体制。所谓互惠体制，是利用互惠原则的相互激励和背弃报复的功能来实现相互承认与执行法院判决目标的一种合作方式。美国联邦最高法院 Hilton 案确立了互惠原则在判决承认与执行领域的地位之后，在判决的承认与执行领域国际社会基本适用互惠原则进行审查，以断定两国之间互惠关系的存在与

---

[1] 这两个司法文件是最高人民法院 2015 年《司法服务和保障意见》和 2019 年《进一步司法服务和保障意见》。

否来决定对外国判决的承认与执行。从 1991 年《中华人民共和国民事诉讼法》开始，互惠体制就获得了我国立法的肯定，要求在判决的承认与执行上进行互惠原则的审查；而 1995 年"五味晃案"则强化了互惠体制在我国司法实践中的地位。受"五味晃案"影响，各级法院基本上坚持了把互惠关系与国际条约相挂钩的立场，即两国之间存在国际条约，则互惠关系存在，否则就认为缺乏互惠关系，并因此形成了事实互惠的实践。这种实践的结果是，互惠体制的适用，事实上成了法院审查是否存在条约关系的实践；如果两国之间不存在条约关系，则主观上不承认互惠关系的存在，需要请求人提出原审国存在承认与执行我国法院判决的证据，从而产生事实互惠的结果。其二，双边民商事司法协助条约体制。从国际法理论层面上看，双边条约是多边条约的先导和有益补充。从相应实践看，由于适用范围的广泛性、缔结程序的简单化、缔约内容的合理性以及缔约主体的可选择性等因素，双边条约更易于缔结。所以，美国著名学者荣格（F. Juenger）教授就曾提出：美国在与其他国家有关判决承认与执行的合作中，缔结双边条约应该更为合适与可行，尤其对于美欧两方而言，由于社会、政治、经济、文化等方面的一致性，它们在双边条约的谈判中能够确实地实现"有予有取"（give-and-take）的效果，即使在管辖权领域也是如此，美国显然会在谈判中作出让步。[1]当然，事实上，美国并没有与其他任何国家签订过双边司法协助条约。在外国判决承认与执行国际合作领域，由于生效的多边条约极少，这确实使得双边司法协助条约有了更为广泛的生存空间和用武之地。我国在双边司法协助条约的缔结上已经取得了较大的成效，已经与 30 多个国家签订了民商事司法协助条约。

尽管如此，难以否认的是，我国在判决承认与执行的国际合作方面却并不顺畅，不仅鲜有外国判决在我国法院获得承认与执行的情况，也少有我国判决被外国法院认可的情形。虽然我国已经与 30 多个国家有双边司法协助条约，但目前似乎尚未有依据双边司法协助条约相互承认与执行判决的情形。"安托瓦纳·蒙杰尔申请中国法院承认法国普瓦提艾商业法院对法国百高洋行

---

[1] Friedrich K. Juenger, "A Hague Judgments Convention?", *Brooklyn J. Int'l L.*, 1998（24），pp. 121~122.

破产案"[1]实际上是一个涉及中法双边司法协助条约来进行判决承认与执行的案件，但是我国被请求法院在其确认判决中根本未对该双边条约加以任何说明，在法律适用依据上也未提及中法双边司法协助条约。这个案件实质性地表明了双边司法协助条约在判决承认与执行领域适用上不被重视的现象。互惠原则的适用则一定程度上处于不确定的状态。对于先前严格强调条约互惠与事实互惠所形成的互惠关系难以形成、互惠原则无法启动的消极局面，最高人民法院为"一带一路"建设提供司法服务与保障的两个司法文件强调了推定互惠制，从而有利于改变先前各级人民法院普遍坚持的事实互惠制，有助于消除互惠原则适用上互惠关系无法启动的障碍，破除互惠原则仅起到报复作用却难以利用激励功能的困境。事实上，我国法院已经依据推定互惠原则认可了一些外国法院的判决，我国法院的判决也获得了德国、以色列等国法院的承认与执行。在德国"柏林高等法院承认无锡中院判决案"[2]中，德国法院在中德两国缺乏互惠实践的情况下率先承认了我国法院的判决。很显然，德国法院的这种立场充分注意到了我国司法对于互惠原则的观念变化，从而作出了合理的选择，这有利于互惠原则激励功能的发挥。尽管如此，值得注意的是，上述个案是否具有普遍性意义，是否意味着两国之间确实形成了推定互惠制甚至形成了实质性的互惠关系，目前尚难有效预见；而且，互惠体制内在的单边性，可能无法得出确定性的结论。

（二）我国国际商事法庭建设对判决承认与执行国际合作的现实需要

我国国际商事法庭的建设对判决承认与执行的国际合作提出了现实的要求。与国内的普通法院明显不同，各国国际商事法庭在建设上基本强调了国际性与专业性；前者主要体现在诸如受案的范围、司法人员、审判程序、司法合作等方面，都不再局限于本国，后者则主要通过建立专业化的精英法官队伍、对审判和诉讼进行专业化改革等途径来加以体现。客观而言，国际商事法庭国际性与专业性的制度本质，根本原因就在于提升国际商事法庭的司法竞争力，正如德国参议院 2018 年《引入国际商事法庭立法草案》中所提道的："德国的国际商事法庭将把重要的经济法案件审理吸引过来……通过更多

---

[1] 广州市中级人民法院［2005］穗中法民初三字第 146 号民事裁定书。

[2] 案件详情可参见马琳：《析德国法院承认中国法院民商事判决第一案》，载《法商研究》2007 年第 4 期，第 150～155 页。

当事人协议选择德国法院可使德国法在国际合同关系中得到更广泛的适用。"
〔1〕不可否认，国际商事法庭国际性与专业性建设的程度，将对国际商事主体的
观念认可和吸引度提升形成积极的效果。除此之外，国际商事法庭的广泛兴起
所导致的各国国际商事法庭事实上的竞争状况，客观上使得各国国际商事法庭
的成功和价值目标追求的实现很大程度上取决于当事人对其的选择，取决于国
际商事主体的观念认可，愿意将其争端提交给国际商事法庭。

　　正是如此，当前各国无一例外地在国际商事法庭的制度设置和规则便利
上作出了诸多的努力，甚至采取了一些突破本国传统实践的特殊制度，例如
引入国际法官制度和外国律师代理制度、作为非英语国家却以英语为审判语
言的制度、在诉讼程序上强调灵活化与宽松度等，不一而足。这些特殊制度
的根本目的就在于提升本国国际商事法庭的审判水平以及对当事人的吸引力，
获得国际商事主体的观念认可从而愿意将他们之间的国际商事争端提交给国
际商事法庭。为此，各国在国际商事法庭的制度设置和规则便利等方面无一
例外都竭尽所能，从而期望在日益激烈的国际商事法庭协议管辖的竞争中占
得先机。当然，问题的另一个方面是，各国针对国际商事法庭建设的这些便
利措施相对于国内或其他国家的普通法院具有了极强的制度优势，进而使国
际商事法庭相比这些普通法院有更强的能力潜质，也对国际商事主体具有更
强烈的吸引力；不过，由于这些便利措施的同质性或类似性，各国的国际商
事法庭之间却不再具有了独创性或特殊性，进而失去了相对的优越性，难以
凸显出优势。那么，在这种情形下，国际商事法庭所作判决的可承认与执行
程度以及便利程度就成了各国国际商事法庭竞争力比拼的关键因素；而且，
国际商事法庭判决的承认与执行状况，将会对国际商事主体产生直观的感受
效应，进而在国际商事行业中被广泛流传。对于国际商事主体来说，如果国
际商事法庭作出的判决不能顺利获得承认或执行，则他们所得到的法庭判决
也如同一张废纸，甚至因而使得国际商事法庭在审理程序上的各种制度优越
和规则便利此时也意义不彰。

　　当前判决承认与执行国际合作的现实困境，为国际商事法庭的建设提出
了挑战，也形成了新的机遇。毕竟，判决的承认与执行牵涉当事人权益的真

---

〔1〕　转引自毛晓飞：《独特的德国国际商事法庭模式——解析〈联邦德国引入国际商事法庭立法
草案〉》，载《国际法研究》2018 年第 6 期，第 99 页。

正实现，对于国际商事主体有着直接可感的意义；而国际合作的困境将使判决承认与执行的价值更明显地呈现出来。事实上，为了促进新加坡国际商事法庭司法竞争力的提升以及对国际商事主体的观念形成，新加坡就在判决承认与执行方面采取了一些有力措施，以实现新加坡国际商事法庭所作判决在国际社会自由流动的价值目标。其一，批准 2005 年海牙公约，并为此制定《选择法院协议法案》（Choice of Court Agreements Act 2016）的国内立法。对 2005 年海牙公约的批准，不仅能够有效地利用公约体系，从而使得新加坡国际商事法庭的判决能够在公约范围内获得有效的承认与执行；更重要的是，这实际上向国际社会发出了一个明确的信号，即新加坡愿意在外国判决承认与执行上加强国际合作，并愿意对外国判决予以承认与执行。毫无疑问，新加坡的这种明确信号显然有着相当积极的价值，有利于其他国家对新加坡判决给予灵活宽松的态度。其二，积极参加中国—东盟大法官论坛。该论坛通过的《南宁声明》明确了"推定互惠"原则。推定互惠极大地增强了互惠关系存在的可能性，从而可以有效避免互惠体制无法启动的消极局面。而且，参加论坛体现的是一种愿意合作的积极态度，在论坛中发表观点加强交流，可以促进各国之间消除误解、加强合作，这在当前判决承认与执行"囚徒困境"的境况下显得尤为重要，使各国在互惠原则的适用上能够合理地关注互惠原则的激励功能，促进互惠关系的形成。其三，积极与其他国家的相关法院签署有关判决承认与执行的备忘录。如与澳大利亚、阿联酋等国法院签署了有关判决承认与执行的备忘录，2018 年新加坡最高法院与我国最高人民法院签署了《关于承认与执行商事案件金钱判决的指导备忘录》。其他国家也有相同的实践，如迪拜国际金融中心法院也与 10 多个国家的法院签订了司法合作的备忘录。虽然这些备忘录不具有法律效力，但是，"能够为当事人在两国法院申请承认和执行对方国家法院的判决提供更加清晰的指引，有助于双方在相互承认和执行判决的司法协助方面常态化和制度化，增进了各自判决在对方法院获得承认和执行的可预期性"。[1]除此之外，新加坡首席大法官和法律部长还共同发起设立新加坡国际调解中心（Singapore International Mediation Centre），并积极参与《新加坡调解公约》的制定并予以签署，从而在新加坡

---

〔1〕 张勇健、杨蕾：《司法机关相互承认执行民商事判决的新探索》，载《人民司法》2019 年第 13 期，第 22 页。

建立起一个诉讼、仲裁、调解"三位一体"的国际商事纠纷解决服务平台与中心。毫无疑问，国际商事纠纷解决中心的建立，无疑是新加坡愿意在判决承认与执行领域加强国际合作的明显证据。可以合理地预见，新加坡为了加强其国际商事法庭判决的承认与执行而采取的相关措施，应该会有力地促进新加坡国际商事法庭判决在国际社会的承认与执行。这在当前判决承认与执行国际合作的困境中将会愈发凸显出可明显感知的优越性，进而对国际商事主体的观念形成产生良好效应，有利于增强国际商事主体对新加坡国际商事法庭的信心与观念。事实上，英国司法部主持项目的研究报告就明确指出，新加坡国际商事法庭将发展成为伦敦商事法院最重要的威胁。

如前所述，我国国际商事法庭的建设并不是仅仅增加一个国际商事争议的解决机构，更是在于提升我国司法的竞争力，进而为"一带一路"建设提供优质高效的司法服务与保障，也提升国家的软实力，增强我国在国际法律制度、国际司法规则形成上的话语权。所以，我国国际商事法庭承载着我国司法的价值追求。为此，我国在国际商事法庭的建设上加强了制度便利的强化，规定了最高法院级别的层级、组建了由国际知名专家组成的国际商事专家委员会、确立了调解、仲裁、诉讼有机衔接的"一站式"国际商事纠纷解决机制等具有重要意义的制度措施。不过，这些制度便利的措施虽然相对于国内法院而言具有重大的优越性，但在国际商事法庭之间则不具有过多的独特意义，从而难以形成真正的制度优势。

在这种情况下，判决的承认与执行状况就在相当程度上成了各国国际商事法庭比拼的基本对象。作为理性人，国际商事主体会因国际商事法庭的高规格而对其有更高的期望，也有更高的要求；所以，对于国际商事法庭作出的判决难以承认与执行的局面将产生更大的落差。毕竟，经历了良好的制度优越和程序便利的体验，法院作出的判决不能得到承认与执行的结果所带来的心理落差将是巨大的。正是如此，如前所述，各国在国际商事法庭判决承认与执行制度上都作出了诸多努力。我国在判决承认与执行国际合作的不利状况，对于我国国际商事法庭建设的不利将会明显地体现出来。基于错误观念、地域偏见甚至意识形态等多种因素的作用，国际商事主体对我国法治与司法状况存在不同程度的消极观念。因而，在他们对管辖法院的选择上，我国国际商事法庭并不具有优势；我国判决承认与执行的消极局面，则将会进一步加深国际商事主体的错误观念，从而不愿意选择我国国际商事法庭。正因如此，近些年来我国采取了一系列的措施以促进我国国际商事法庭判决的承认与执行，例如通过《南宁声明》、与有关国家法院签署"备忘录"，以增进各国法院间在判决承认与执行上的理解与互信。毕竟，如果我国国际商事法庭判决能够获得承认与执行，将会使当事人从判决承认与执行的利益收获中逐渐改变对我国法治和司法的固有观念，进而认可我国国际商事法庭。尽管如此，需要正视的是，我国采取的这些促进我国国际商事法庭判决承认与执行的措施并不具有法律效力，更多的只是制度的安排或者各个法院之间的一种意愿，无法为我国国际商事法庭判决的承认与执行提供法律确定性的保障。

二、我国国际商事法庭建设对 2005 年海牙公约批准的现实要求

与单边性的互惠体制和双边司法协助条约不同，2005 年海牙公约作为一个全球性判决公约，在判决承认与执行的国际合作上有着实际的价值和现实的意义，缔约国应当依据公约的规定对其他国家的法院判决加以承认或予以拒绝，因而具有充分的明确性和确定性。

（一）我国在 2005 年海牙公约批准上的困境

1. 2005 年海牙公约的批准对我国的积极意义

作为一个判决公约，2005 年海牙公约的适时通过以及对公约的批准将会有效地形成判决承认与执行的多边公约体制，从而有利于解决我国判决承认与执行所面临的问题。

（1）有利于促进我国判决的承认与执行

作为一个判决公约，2005 年海牙公约的规定将促进判决的承认与执行。其一，2005 年海牙公约把判决承认与执行事项明确为公约的"关键条款"，缔约国必须承担承认与执行被选择法院判决的义务。依据公约规定，被请求法院只能依据公约规定的例外事由来拒绝被选择法院所作出的判决。毫无疑问，2005 年海牙公约的这种义务性规定强化了判决的承认与执行，从而消除我国判决承认与执行所面临的困境。其二，2005 年海牙公约有关对外国判决形式审查标准的规定有利于我国判决的承认与执行。公约首先规定被请求法院不得对原审判决的实体问题进行审查；其次，公约要求被请求法院应当受原审法院为确认管辖权所作之事实认定的约束。很显然，2005 年海牙公约形式审查标准的确立，不仅将会提高判决承认与执行的效率，还会提升判决承认与执行的有效率。其三，2005 年海牙公约有关外国判决效力判断标准的规

定有利于解决我国判决效力"终局性"困境，从而有利于我国判决的承认与执行。有关外国判决的终局性问题，目前成了外国判决承认与执行国际合作上一个难以逾越的障碍。2005 年海牙公约有关判决效力判断标准的灵活规定，显然将消除我国法院判决承认与执行上的严重障碍。公约第 8 条第 3 款规定："判决只有在原审国有效才能获得承认，判决只有在原审国有执行力才能获得执行。"其四，2005 年公约有关拒绝承认与执行事由的穷尽性规定有利于我国判决的承认与执行。2005 年海牙公约第 9 条明确了外国判决承认与执行的七项例外事由。[1]这种穷尽性的例外事由规定，可以使我国判决的承认与执行更具有确定性与可预见性。需要注意的是，虽然公约以及公约解释报告并未明确这七项例外事由的穷尽性特征，不过，一方面，公约实现判决在全球范围内自由流动的价值目标表明了上述例外事由的穷尽性，否则，如果在公约之外允许缔约国内国法另行决定是否对外国判决予以承认与执行，公约的期望就难以有效实现；另一方面，公约例外事由的穷尽性也是公约期望借鉴 1958 年《纽约公约》的必然结果。而《纽约公约》有关拒绝承认与执行外国仲裁裁决例外事由的穷尽性显然是公约借鉴的基本内容之一。

（2）互惠关系形成的直接证据

或许更为重要的是，我国对 2005 年海牙公约的批准，形成了互惠关系存在的直接证据，从而将有效地破解当前我国与其他国家之间在判决承认与执行上的"囚徒困境"。互惠原则在其适用形式上所表现出来的多样性与复杂性，[2]导致各国对于互惠关系的存在与否产生了消极的认知，并给当事人为提供互惠关系的存在强加了过多的证明责任。正如德国学者贝尔（Behr）所指出的："事实上，不是要不要互惠要求的问题，而是如何适用该要求的问题，后者被证明乃是当事人的一项负担和国际合作的一个障碍。"[3]由于最高

---

〔1〕　2005 年海牙公约第 9 条规定的这些例外事由包括：协议无效、当事人无缔约能力、通知的缺陷、欺诈例外、公共政策、被请求法院国存在一个不一致判决、另一外国存在一个不一致判决。具体内容可参见王吉文：《2005 年海牙〈选择法院协议公约〉研究》，东南大学出版社 2008 年版，第 164~1172 页。

〔2〕　对于互惠原则适用上的诸多形式的具体阐述，可参见徐崇利：《经济全球化与外国判决承认和执行的互惠原则》，载柳经纬主编：《厦门大学法律评论》（第 8 辑），厦门大学出版社 2004 年版，第 63~69 页。

〔3〕　Volker Behr, "Enforcement of United States Money Judgments in Germany", *The Journal Law and Commercial*, 1994（13），p. 222.

人民法院"五味晃案"的严格立场，各级法院在互惠原则的适用上通常仅认可条约互惠和事实互惠，使得当事人很难有效地证明互惠关系的实际存在。我国法院对互惠关系拒绝认可的态度，最终由互惠原则的"回响效应"导致外国法院拒绝承认与执行我国法院的判决，从而在我国与其他国家之间形成了判决承认与执行国际合作的现实困境。"在互惠机制实施过程中，一旦一方偏离合作的轨道，导致对方报复，由此可能会滋生相互怨恨，并会无限制地持续下去。"[1]在当前判决的承认与执行实际处于"重复博弈"的情境下，这种"回响效应"所具有的消极效果更容易显现出来。

那么，我国对 2005 年海牙公约的批准，在缔约国之间就形成了互惠关系存在的直接证据。在 2005 年海牙公约的缔约国之间，必须依据公约的规定在相互之间进行判决的承认与执行，因而对 2005 年海牙公约的批准就形成了缔约国间的互惠关系。这种基于 2005 年海牙公约的批准所形成的互惠关系，是一种不需要举证证明的条约互惠。更为重要的是，我国对公约的批准并因此对公约缔约国法院判决的承认与执行实践，可以被视为我国有承认与执行外国判决的意愿和实践；对于公约的非缔约国而言，我国对公约的批准某种程度上就现实地表明我国在互惠原则的适用上已经"先走出了一步"，表明我国有承认与执行外国法院判决的意愿。外国判决承认与执行"囚徒困境"的形成，很大程度上是因为一国无法有效地预见其他国家的策略选择与未来走向，因而不愿意承担对外国判决给予承认却可能得不到同等对待所带来的利益不对等的风险。因此，在不愿意"为他人作嫁衣"的思维下，就先行基于互惠原则的观念拒绝对外国判决进行承认与执行。那么，在我国批准 2005 年海牙公约之后，虽然依据条约对第三国既无损也无益的原则对公约非缔约国不产生效应，但是这种批准行为本身可能被国际社会看作是一种在判决承认与执行上坚持愿意态度的积极立场，从而能够在一定程度上破除"囚徒困境"的存在基础。正是如此，我国对 2005 年海牙公约批准所可能形成的"先走出了一步"的状况，不仅有利于其他国家在互惠原则适用上的跟进，也减轻了我国判决当事人证明互惠关系存在的举证责任。乐观地看，我国与其他国家之

---

〔1〕 R. A. Brand, "Recognition of Foreign Judgments as a Trade Law Issue: the Economics of Private International Law", in Jagdeep S. Bhandari & Alan O. Sykes ed., *Economic Dimensions in International Law*, Cambridge University Press, 1997, p. 626.

间互惠原则适用上的"囚徒困境"或许可以因此真正得以消除。

2. 2005 年海牙公约的实质对我国批准 2005 年海牙公约的消极影响

2005 年海牙公约其实是一个对依据选择法院协议行使管辖权的法院所作出判决进行承认与执行的判决公约。为此，2005 年海牙公约要求缔约国应当对依据选择法院协议行使管辖权的法院作出的判决予以承认与执行，除非存在公约明确规定的例外事由，各被请求法院不得予以拒绝。更为重要的是，2005 年海牙公约的实质其实是以选择法院协议为载体的判决承认与执行公约，要求国际社会应对基于当事人选择法院协议行使管辖权的法院所作出的判决予以承认与执行。为此，2005 年海牙公约明确规定了三个"关键条款"，即被选择法院必须行使管辖权、未被选择法院不得行使管辖权、各国必须对依据选择法院协议作出的法院判决予以承认和执行。[1]其中，被选择法院必须行使管辖权的义务规定是 2005 年海牙公约目标实现的前提，因为如果被选择法院不尊重当事人协议的效力拒绝行使管辖权，则会使判决公约的存在价值遭受损害。未被选择法院应当尊重被选择法院管辖权行使的义务则是公约目标实现的保障，否则，不仅当事人协议效力将受到影响，还可能会因为存在两个以上的法院判决而最终损害判决自由流动的目标。正因如此，2005 年海牙公约确立了选择法院协议独立性原则[2]和选择法院协议有效性适用被选择法院地法规则[3]这样一种"组合"。需要注意的是，2005 年海牙公约这种"组合"的目的显然在于赋予被选择法院协议以完全的效力：一方面，选择法院协议的有效性由当事人协议来确定，这样的规定将使选择法院协议变得有效，因为当事人通常不会选择一个可能使其协议无效的国家法院作为管辖法院；另一方面，选择法院协议有效性受当事人所选择法院地的法律来确定，而非国际社会普遍认可的"程序问题适用法院地法"规则，那么，作为理性人，当事人选择法院协议有效性受不利影响的可能性也将极为低下。与此同时，上述"组合"还赋予了被选择法院极大的权力，被选择法院可以基于管

---

〔1〕　Trevor C. Hartley, Masato Dogauchi, Convention on Choice of Court Agreements: Explanatory Report (First Draft) of May 2006, Paragraph 1.

〔2〕　2005 年海牙公约第 3 条第 4 款规定了选择法院协议独立性原则：构成合同一部分的排他性选择法院协议应被视为独立于该合同其他条款之外的独立协议。排他性选择法院协议的有效性不得仅因为该合同无效而被认为无效。

〔3〕　2005 年海牙公约第 5 条第 1 款涉及了被选择法院地法规则：排他性选择法院协议所指定的缔约国法院应当行使管辖权审查协议所涉的争议，除非依据被选择法院地法该协议是无效的。

辖条款独立性原则来审查选择法院协议的有效性，并依据本国法律[1]来进行审查。毫无疑问，在当前国际社会普遍扩张本国管辖权的状况下，2005 年海牙公约的"组合"使得选择法院协议的效力具有极强的可预见性，从而使当事人的正当期望更易于实现。在判决的承认与执行上，2005 年海牙公约不仅规定缔约国应当尊重被选择法院所作出的判决，还明确了穷尽性的拒绝事由，被请求法院仅能依据公约例外事由而予以拒绝。应当认为，上述三个关键条款所构成的公约核心内容构成了相互联系的一个整体，"据此，在公约体制下，如果一项国际商事合同中载有选择法院协议，则不仅各国有关的管辖权规则可以得到统一，有关法院作出的判决也可在其他国家得到承认与执行，以实现判决的自由流通"。[2]

因而，2005 年海牙公约的规定使得其成了一个仅涉及选择法院协议这一单一管辖权依据的判决公约，是以选择法院协议为载体的判决公约。那么，2005 年海牙公约的这种实质使得 2005 年海牙公约之于各国的意义，实际上取决于当事人的私人协议，取决于当事人对各国法院的选择。对于其所属法院被当事人协议选择的国家，能够因此享有公约利益实现其法院判决在缔约国境内自由流动的价值；相反，其法院不被当事人协议选择的国家，则无法享有公约利益，还必须尊重当事人选择法院协议的效力、尊重被选择法院管辖权的行使并对其所作判决加以承认与执行，从而处于不利的状态之中。毫无疑问，2005 年海牙公约的这种实质，将会因此引发不同国家在公约利益享有上的现实差异：被当事人协议选择的法院，其判决能够因此享有公约利益，该法院地国也因此享受了其判决在其他国家获得承认与执行的利益；相反，不为当事人看好并被选择的法院以及法院地国，其判决无法从公约缔约国承认与执行而带来的公约利益。[3]正因如此，2005 年海牙公约显然与一般性判决公约明显不同，其对国家及其法院的效应会受到国际商事主体因素的实际

---

[1] 依据 2005 年海牙公约规定，被选择法院地的"法律"既包括其实体法，也包括冲突法在内。

[2] 孙劲：《海牙〈选择法院协议公约〉评介》，载《中国国际私法学会 2005 年年会发言代表论文集》，第 522 页。

[3] 王吉文：《我国对 2005 年〈海牙公约〉的批准问题——以 2005 年〈海牙公约〉的实质为视角》，载中国国际私法学会、武汉大学国际法研究所主办：《中国国际私法与比较法年刊》（第 18 卷），法律出版社 2015 年版，第 76 页。

影响，从而使得不同国家可能处于实质性的不均等状态之中，使不同的国家在公约利益的享有上形成较大的差距。

作为一个发展中国家，我国如今已经发展成了世界第二大经济体，由此而来的是国际商事关系的迅速发展、人们参与国际商事关系的能力与水平的快速提升以及法律意识的逐步形成。但是，这并不因此意味着我国当事人在国际商事关系中开始占据优越的地位。整体上看，与其他发达国家相比，我国当事人在诸多领域仍处于弱势方的地位，从而可能会对我国批准 2005 年海牙公约的可行性因素带来不利影响。受整体经济实力总体不足、国际商事实际经验与能力相对欠缺等方面的影响，我国当事人的这种不利状况会影响到我国当事人在我国批准 2005 年海牙公约后所能够享有的公约利益。2005 年海牙公约对选择法院协议效力的义务性规定，以及公约所确立的"致命组合"赋予了当事人选择法院协议完全的法律效力，显然将使得我国弱势当事方（也包括其他广大发展中国家当事人在内）处于不利的地位。

与此同时，当事人的观念转变可能是一个长期的过程，并将会受到文化传统、所受教育、意识形态、地域偏见等相关因素的现实影响，所以，发达国家的强势方对发展中国家及其法院的认可与接受并不那么容易。在这种状况下，我国作为发展中国家的实际地位可能难以有效避免所可能面对的不被当事人接受的消极后果，进而在当事人的法院选择中处于不利的地位。当事人选择的结果将会导致"案件的国际转移"现象。2005 年海牙公约的义务性规定以及"组合"规定，将根本性地消解广大发展中国家（当然包括我国在内）挑战当事人选择法院协议效力的能力。那么，当前国际商事关系中人强我弱的情形显然不利于我国法院作为当事人选择的对象，外国强势方可能基于多种考虑而倾向于选择更有经验、他们更熟悉甚至有地域偏见法官的西方国家法院；相反，作为法治仍在进步的发展中国家，我国法院难以有竞争优势。很显然，从国家层面来看，2005 年海牙公约的批准也是不利的。

（二）2005 年海牙公约批准对我国国际商事法庭建设的积极价值

2005 年海牙公约的这种以选择法院协议为载体的判决公约的实质，必然会对各国在公约的批准问题带来影响。对于广大的发展中国家，由于其法院难以被国际商事主体选择，因而在公约利益的享有上就处于明显不利的消极状况之中。因为 2005 年海牙公约的效应，当事人在法院的选择上就无须过多地考虑法院判决的承认与执行问题，而把考虑的重点放在其他相关因素诸如国家的经济政治发展水平、国家法治发展程度、法院和法官的公正程度与经验水平等，并最终会倾向于发达国家的法院。这种选择的结果是法治完善的发达国家法院被选择的机会更多，而法治相对不完善的发展中国家不仅其法院难以被当事人选择从而无法享有公约利益，还会面临需要更多地承认与执行外国被选择法院所作判决的不利情形，导致受理案件少却承认与执行外国判决多的双重困难局面。发达国家则由于法治发展程度、法院审理经验与水平甚至国际商事关系当事人的文化或地域偏见等因素，其法院更容易被国际商事主体接受从而被选择为管辖法院，因而在公约利益的享有上拥有更大的优势。这种差异的存在，必然会对两类国家对 2005 年海牙公约的批准带来不同的效果。

那么，2005 年海牙公约的实质将会使得国际社会（尤其是广大的发展中国家）面临两种不同的选择，即其一，拒绝批准 2005 年海牙公约从而避免受理案件少却承认与执行外国判决多的局面；其二，努力提升本国法院的建设，通过本国法院司法竞争力的提高来改变不被当事人选择的不利状况，进而在对 2005 年海牙公约批准后获得公约利益。第一种选择可以使处于相对不利境况的国家减轻可能面对的消极后果，但是很显然，这也必然导致游离于 2005 年海牙公约体制之外的局面；更为严重的是，久而久之，还可能会使国际商事主体对这些国家形成一个不利的思维或观念，使他们错误地认为这些国家在判决承认与执行上拒绝给予合作。所以，从发展的观念和辩证的思维来看，这种选择具有一定程度的短视与故步自封。第二种选择中的加强本国法院的建设进而提升本国法院竞争力水平，从而改变国际商事主体固有观念的实践，无疑是更为积极的实践和更为有效的应对方案，是一种符合我国锐意进取精神的合理措施。

但是，需要明确的是，提升本国法院的竞争力、获得国际商事主体的认可与接受或者改变其固有的观念，需要一个长期持续的过程，也需要国家付出巨大的努力。思维定势理论揭示了人们观念转变的复杂性与矛盾性，所以要对作为理性人的国际商事主体有关各国及其法院的观念加以转变，显然并不容易。不过，我国国际商事法庭的建设，为国际商事主体固有观念的转变提供了一个合理的基础，并因此对 2005 年海牙公约的批准提出了实际的要求。

我国国际商事法庭是"一带一路"建设的产物，从而为"一带一路"建设提供优质高效的司法服务与保障。有鉴于此，并且为了在与其他国家法院尤其是国际商事法庭的司法竞争中占据优势或者至少不落下风，我国为国际商事法庭的建设规定了一些特殊的法律制度，诸如最高人民法院的层级制度、国际商事专家委员会制度等。尽管如此，我国国际商事法庭的这些特殊法律制度在国际社会是否具有真正意义的特殊性，是否因此能够形成真正的制度优越性，是需要深入思考的问题。因为，在其他国家也明确了相应的制度设置的情况下，这些特殊的法律制度可能就不再具有独特的制度优势了。

与此不同的是，国际商事法庭所作判决的承认与执行则可能日益成为各国国际商事法庭竞争力比拼的基本要素，这对国际商事法庭的建设起着关键作用。造成这种状况的基本原因，其实就在于当前判决承认与执行国际合作的现实困境。我国如今也面临着这种困境，现行的双边司法合作条约和互惠体制都未起到应有的作用。如前所述，2005 年海牙公约对于判决承认与执行的国际合作意义重大。有鉴于此，我国国际商事法庭的建设客观上为我国对2005 年海牙公约的批准提供了必要性基础以及客观的需要。

我国国际商事法庭是在为"一带一路"建设提供优质高效的司法服务与保障的基础之上所形成的。"一带一路"国家法律体系和法治状况的多元化情形，将对"一带一路"的建设带来一定程度的影响效果，也因此对我国国际商事法庭的建设提出了更高程度的要求。在一定程度上，我国国际商事法庭的制度建设并不具有优势，尤其在国际法官制度、外国律师代理制度上，受制于我国法律制度，我国国际商事法庭的建设并未肯定这些制度的法律地位。从国际社会的当前实践可以发现，国际商事法庭聘任的国际法官都是国际社会知名的专家，有深厚的理论知识与丰富的实践经验，有较高的国际声望，从而对于那些新兴国家的国际商事法庭尤其重要。新加坡国际商事法庭的实践经验就表明了，以国际法官作为新加坡国际商事法庭的法官，极大地提升了法院的司法水平、提高了法院的服务质量，并拓宽了案件的来源。[1]英国司法部在主持的研究项目中承认，新加坡国际商事法庭将成为伦敦商事法院最大的威胁者，主要的原因在于那些经常参与国际商事关系的受访者都认为新加坡国际商事法庭对他们有很大的吸引力。毫无疑问，这些国际法官的成熟经验和极大的国际声望，显然是使新加坡国际商事法庭能够在短时间内效

---

〔1〕　何其生课题组等：《当代国际商事法院的发展——兼与中国国际商事法庭比较》，载《经贸法律评论》2019 年第 2 期，第 68 页。

果显著的基本因素之一。而且，在国际商事主体看来，法官的国际化更具有某种程度的声明效果与宣示效应，体现国家在文化多元性、宽容性的一种明确态度，以及对自由开放性的一种确定立场。毕竟，在强调司法主权、管辖权国际扩张的当前国际环境下，法官的国际化呈现出一种鲜明的说服力，表明国家在国际商事争议的解决领域更注重私人权益而非国家司法管辖权的保护。那么，在当前国际商事争议解决领域形成司法竞争市场与司法竞争理念的情况下，法官的国际化对于国际商事主体可能将呈现强烈的吸附效应，从而提升国际商事关系当事人对国际商事法庭的信心，吸引国际商事主体的选择。外国代理律师制度在体现国家自由开放立场以及兼容并蓄态度方面也发挥着重要作用，因而也能增强国际商事主体的信心；而且，外国律师对于该国当事人在国际商事纠纷解决机制以及管辖法院的选择上会产生较大的作用，正如有学者提出的：外国代理律师制度对于吸引当事人选择该国法院解决纠纷意义重大，因为律师在建议当事人选择纠纷解决机构上有很大作用，方便了律师就等于赢得了市场。[1]对于大多数国际商事主体来说，法律并不是他们熟悉的领域与熟练的技能，对于其他国家的法律则更是知之甚少，所以，在国际法律事务上国际商事主体也会在心理层面上更依赖本国的律师或者与本国有相同法律体系国家的律师。正是如此，外国代理律师制度对于吸引国际商事主体也具有重要作用。当然，英国、美国、德国、法国等成熟法域的国际商事法庭没有承认国际法官制度与外国代理律师制度；其中，既有这些国家法律制约的因素，也可能有存在地域偏见和错误观念的原因，不当地认为本国的法律体系、法律制度、法官水平、律师法律服务能力具有世界的优越性。因此，这些国家的实践并不能简单地视为这些独特制度的有效性不佳，新加坡国际商事法庭的成功某种程度上已然显示出这些制度的优越性。

因此，从总体上看，我国国际商事法庭在制度建设上并不具有实质性的优势，没有明确国际法官制度，也未对外国律师代理制度加以规定。那么，在这种情况下我国需要将努力的重心转向我国国际商事法庭的判决承认与执行领域，促进国际商事法庭所作判决在国际社会的承认与执行。毫无疑问，这种努力不仅可以使国际商事主体的正当权益得到有效保护，还在当前判决

---

[1] 蔡伟：《国际商事法庭：制度比较、规则冲突与构建路径》，载《环球法律评论》2018 年第 5 期，第 181 页。

承认与执行国际合作困境的局面下有着明显的宣示性效应；也能够因此有效地改变我国在判决承认与执行上不愿合作的国际社会观念。毕竟，对于理性人的国际商事主体，在当前判决承认与执行国际合作的现实困境状况下，可能更会关注国际商事法庭所作判决能否获得承认与执行。因此，我国对 2005 年海牙公约加以批准，不仅可以促进我国国际商事法庭判决的承认与执行，也能够因此弥补我国国际商事法庭制度建设上优势不足的问题。

如前所述，2005 年海牙公约以选择法院协议为载体的判决公约实质，对于我国这样一个发展中大国确实并不有利，我国在批准该公约后的一段较长时间内可能要面对案件受理少却需要承认与执行外国判决多的不利局面；尽管如此，对 2005 年海牙公约的批准，对于我国国际商事法庭的建设仍有有利的地方，能够极大地增长我国国际商事法庭的制度优势，并因此对国际商事主体形成吸引力，进而又对国际商事法庭的建设形成促进效果。我国对 2005 年海牙公约的批准，虽然由于我国普通法院的司法竞争力不足而对我国呈现出弊大于利的局面，但是在我国国际商事法庭层面，却可能会显现出不同的局面。我国国际商事法庭以协议管辖为其管辖权行使的基本依据，为此，允许国际商事主体在协议管辖上选择我国国际商事法庭作为其争议的管辖法院。毫无疑问，这种不符合我国协议管辖制度的规定实际上表明对于我国国际商事法庭建设的支持；因为我国最高人民法院的级别不仅保证了我国国际商事法庭的能力与水平，也为国际商事法庭判决的承认与执行提供了基础保障。那么，如果当事人对我国国际商事法庭的选择，不仅使当事人从中得到了我国最高级别法院的管辖权行使与案件审理，也使法庭的所作判决能够获得公约范围内的承认与执行效力，这将使得当事人得到双重性质的权利保障，进而使国际商事主体形成对我国国际商事法庭的吸引力。由此看来，我国国际商事法庭的建设，客观上形成了对 2005 年海牙公约进行批准的必要，以有效避开目前我国判决承认与执行国际合作的困境，并使国际商事主体对我国国际商事法庭的协议管辖获得双重利益的保障。

与此同时，我国国际商事法庭建设对 2005 年海牙公约的批准带来的客观要求，也与新司法哲学的要求相一致。新司法哲学要求，当事人选择将争议提交给第三方来处理，则该第三方不仅有义务作出正确的裁判结果，而且还必须在合理的时间内以适宜的成本作出裁判。新司法哲学反映了全球化时代社会分工越来越细、社会节奏越来越强的实际，因而对司法提出了更高程度的要求。毕竟，仅有正确性的结果却缺乏时间的效率性与成本的节约性，既不符合资源节约的价值要求，也会影响及时补救[1]的意义，对当事人的利益和国际商事关系的正常都可能会带来不利后果。我国对国际商事法庭加强了制度的建设，虽然并不是所有方面的便利措施都在制度层面进行了确认，但是我国国际商事法庭最高法院层级的级别及其相应层次的法官能力与水平，以及对当事人选择我国最高级别法院的协议管辖效力加以肯定的制度，应当能够对我国国际商事法庭制度建设的欠缺有弥补的效应；但是，我国当前判决承认与执行国际合作的实际困境，却可能会使得我国国际商事法庭建设的努力难以真正展现实际的成效。毕竟，判决无法获得承认与执行，在国际商事主体眼中就如同一张废纸，而法院先前所作的各种努力和提供的各种便利，也最终无法掩盖权益不能实现而给当事人带来的失望之情，因为一些国际商事主体有可能会由于判决确认的赔偿得不到承认与执行而陷入生产、经营的困境甚至破产。新司法哲学要求司法应该实现公平、正义、效率与适宜，因而不仅要求法院作出合乎情理的公平判决，也要求判决权利义务的实现，实现定分与止争。毕竟，任何一个方面出现了缺漏或者形成了瑕疵，都会影响当事人对司法的感受与观念。那么，对 2005 年海牙公约的批准，可以使国际商事主体选择我国国际商事法庭作为其争议的管辖法院的协议效力获得国际社会的充分肯定，也能够使国际商事主体因对我国国际商事法庭的选择不仅享受到我国最高级别法院的案件审理，还能够通过 2005 年海牙公约得到法庭判决在公约范围内承认与执行所带来的权益保护。

因此，我国对 2005 年海牙公约的批准，将增强我国国际商事法庭判决在公约范围内的承认与执行；而且，对于非缔约国，我国对 2005 年海牙公约的批准也表明了我国的一种积极态度，有利于改变国际社会由于"五味晃案"对我国所形成的消极观念，把我国对 2005 年海牙公约的批准视为在互惠关系的确定上"先走出了一步"。那么，我国对于 2005 年海牙公约的批准行为，也能促进我国国际商事法庭判决在非缔约国得到承认与执行的效果。

除此之外，其他国家在判决承认与执行上的优势，也要求我国对 2005 年

---

〔1〕 这里的"及时补救"既涉及司法救济的补救，也涉及权益保护的补救以及商事关系继续发展的补救等方面，因为与先前偶尔的商事交易不同，如今的商事关系呈现出持续性、连续性等特点。司法过度冗长或者成本过高，则对于国际商事关系的继续将带来严重的后果甚至因此陷入经济的困境之中。

海牙公约加以批准，从而消除对我国国际商事法庭建设的不利因素。欧盟成员国之间受《布鲁塞尔条例Ⅰ》的约束，实现了成员国之间判决的自由流动，而且欧盟也作为成员方批准了 2005 年海牙公约，从而使得欧盟成员国的法院判决能够依据 2005 年海牙公约获得承认与执行。毫无疑问，这对于德国、法国、荷兰等国家的国际商事法庭建设极为有利。英国在脱欧后，为了避免脱欧对英国的司法地位带来损害，英国仍然继续沿用欧盟的司法体系。新加坡也批准了 2005 年海牙公约，从而将有效地实现新加坡国际商事法庭判决的承认与执行。美国确实是一个例外，因为美国没有与其他国家签订判决承认与执行的双边司法协助条约，也未批准 2005 年海牙公约。受限于美国的联邦体制，美国在 2005 年海牙公约的批准上存在宪法体制的实际障碍。[1]Erie 案[2]确立了美国联邦法与州法、联邦法院与州法院之间的关系，涉外民商事案件的管辖权事项与外国判决的承认与执行事项归属于州法和州法院的管辖范围，从而使得美国难于以联邦名义对外批准 2005 年海牙公约。当然，美国冲突法学界也有不需要公约的主张，认为由于外国被告通常在美国境内有足够的财产以供执行，所以美国法院的判决无须到外国进行承认与执行。[3]当然，很显然，这种主张在美国并不是主流观点，在 2005 年海牙公约的批准上，美国多数学者都持积极的态度。[4]需要注意的是，美国未批准 2005 年海牙公约的情况，不应作为我国国际商事法庭建设无须借力 2005 年海牙公约的支持理由。某种程度上，美国法律与司法状况以及美国政治、经济的国际地位，已经获得了国际商事主体的认可。正如英国上诉法院的丹宁法官曾用略带嘲讽却也显无奈的口吻这样描述过的：诉讼当事人就像飞蛾扑向火焰一样扑向美国。只要他能将案件送进美国法院，就将赢得机会。[5]因而，美国即使不对其国际商事法庭进行特殊的建设，可能也不会对其司法竞争力带来太大的影响。客观

---

〔1〕　William J. Woodward, JR, "Saving the Hague Choice of Court Convention", *Uni. Pennsylvania J. Int'l L.*, 2008（29）, pp. 669~713.

〔2〕　Erie Railroad Co. v. Tompkins, 304 U. S. 64（1938）.

〔3〕　Friedrich K. Juenger, "A Hague Judgments Convention?", *Broklyn J. Int'l L.*, 1998（24）, p. 114.

〔4〕　See The Harvard Law Review Association, "Recent International Agreement: Private International Law - Civil Procedure - Hague Conference Approves Uniform Rules of Enforcement for International Forum Selection Clauses—Convention on Choice of Court Agreements", concluded June 30, 2005, *Harvard L. Rev.*, 2006（119）, p. 931.

〔5〕　Smith Kline & Fren. H. Labs Ltd. V. Bloch,（1983）LW. L. R. 730, 734（C. A.）.

而言，这些国家在判决承认与执行上形成的优势，可能在国际商事主体眼中就会彰显出我国判决承认与执行困境的不足。有鉴于此，对 2005 年海牙公约进行批准，应该是我国加强国际商事法庭建设的一个合理措施，因而具有客观的必要性价值。

第三节 我国国际商事法庭建设对 2005 年海牙公约批准的可行性问题

客观上看，对于批准 2005 年海牙公约的缔约国，2005 年海牙公约的效力将有效地弥补互惠原则的单边效应，并且合理解决不具有法律效应的诸如备忘录或者《南宁声明》这类机制对各国法律约束力欠缺的问题，使我国国际商事法庭的判决能够在公约缔约国间自由流动从而显示出优越性。而且，我国对 2005 年海牙公约的批准，对于非缔约国而言，也一定程度上表明了我国在判决承认与执行相互合作的一般立场，从而可能促进他们对我国国际商事法庭的判决基于推定互惠而予以承认与执行。可以合理预见，我国国际商事法庭的内在优越性加上在未来判决承认与执行上的优势，无疑会对国际商事主体的观念产生正面的影响。正因如此，对 2005 年海牙公约加以批准，应当是当前解决我国判决承认与执行国际合作困境最便捷有效的路径，并且是助力我国国际商事法庭司法竞争力提升的有效方式，从而摆脱广大发展中国家经常面临的其法院难以被当事人协议管辖的困境。

与此同时，我国国际商事法庭的建设，也为我国批准 2005 年海牙公约提供了现实的可行性基础，使得对该公约的批准成了一个可行的要求。

一、我国国际商事法庭建设对司法竞争力的提升所形成的可行性

促进司法竞争力的提升进而促进国际商事主体对国际商事法庭的选择，是各国国际商事法庭建设的一个目标追求。司法不仅体现的是国家司法权对私人争议的干预和调整，还是国家司法机关对私人的司法救济权的尊重与保护，因而司法应当坚持公平正义的法律原则；而且司法也呈现出司法服务与保障的功能，是国家司法机关对私人争议提供争议解决服务的活动。在国际商事争议解决领域，司法的形式不仅包括诉讼，也涉及仲裁、调解等多元化

争端解决机制，诉讼早已不再具有唯一性；而且，在国际商事争议的解决中，当事人也不再只是关注司法的正确性，也要求司法应同时具有效率性与适宜性，从而对司法提出了更高的要求。司法的上述情形带来了司法的国际竞争力问题，一国司法不仅面对着国际商事仲裁、调解的管辖竞争，也日益遭受其他国家司法的管辖权行使压力。当事人意思自治原则被国际社会普遍接受的现实，使得这种竞争压力不仅现实而且明显；国际商事关系当事人对争议解决的选择通常都为国际社会所认可的事实，使得司法的国际竞争力成为国际商事主体进行协议选择的重要因素。与此同时，司法也被认为是国家软实力的重要组成，一国司法能力与竞争力水平，是国家软实力的一个组成部分，是体现国家软实力高低的一个因素，也是促进本国法律国际适用的关键因素。而且，各国也日益发现，对于国际商事争议的管辖权行使，会带来司法服务市场的经济利益以及衍生的相关行业的经济增长。那么，增强本国司法的竞争力，符合国家利益的要求。

"国家竞争力是一个国家参与国际竞争的所有资源与要素的组合效率及其在国际市场上所表现出来的竞争能力。这种能力主要是以更低的价格、更好的质量、更优的服务和更高的信誉而战胜竞争对手，获得本国经济快速持久发展的能力。"[1]因而，一个国家的司法竞争力是在与其他国家竞争过程中呈现出来的能力。通常而言，国家的司法竞争力水平会涉及多种影响因素。司法本身的能力、水平与便利程度，以及国家对司法提供的各种便利措施与保障机制等是国家司法竞争力高低的内在因素。司法机构的专业化、国际化，以及为当事人参与司法提供的便利化，将促进司法解决国际商事争议的公平、合理、高效。而国际商事主体的认可与接受，愿意在国际商事争议的解决上选择一国司法机制，则是国家司法竞争力水平的外在原因。这种外在原因体现的是司法对当事人权利的保护程度，从而对当事人的观念、态度、心理形成实际效果。

受我国发展中国家身份以及我国当事人在国际商事领域仍处于弱势地位的影响，我国司法的竞争力仍然不占优势。与发达国家较长时间国际商事司法的制度建设与经验积累相比，我国国际商事司法无论在制度建设、措施保

---

〔1〕　周子学：《经济制度与国家竞争力——基于中国经济制度变迁视角》，上海三联书店 2008 年版，第 2 页。

障、司法观念、服务意识等方面都还不能与这些发达国家比肩；而且，受法律文化差异、地域偏见甚至意识形态等因素的影响，国际商事主体对我国司法的接受程度也仍有不足。思维定势理论认为，人们容易受潜在观念的影响，而且这种观念形成后会呈现出持续性特征而难以改变。所以，我国法治发展和司法进步的状况对国际商事主体观念转变的效果仍需时日。正因如此，2005 年海牙公约以选择法院协议为载体的判决公约的实质，就会因为我国法院难以获得国际商事主体的协议选择而无法真正享有公约利益，从而使得我国在该公约的批准上处于弊大于利的消极局面。不过，我国国际商事法庭的建设将有效地改变这种状况，并提升我国的司法竞争力。我国加强了国际商事法庭的制度建设，确立了最高法院层级的法院级别；这不仅代表了我国最强水平的审判能力，也使得法庭作出的判决在承认与执行上更容易获得终局性与权威性，从而消除判决承认与执行上终局性这个难以逾越的障碍。[1]此外，国际商事专家委员会制度及其国际知名专家成员的组成，也会有效地提升我国国际商事法庭的国际知名度，进而对国际商事主体形成吸引力。

国际社会国际商事法庭的发展演变以及当今的建设表明，国际商事法庭的专业性法庭性质在国际商事争议解决上有着特别的优势，也因此对国际商事主体选择国际商事法庭的观念形成提供了基础。新加坡国际商事法庭在较短时间内就获得了国际商事主体的广泛关注和积极支持的事实，表明了即使是新兴国家的国际商事法庭也能迅速发展，对国际商事主体形成较大的吸引力。我国国际商事法庭的最高法院层级所呈现出来的优越性对于理性人的国际商事主体显然具有显著的意义，因而随着时间的推移我国国际商事法庭将日益因国际商事主体的认可与接受而获得日益增长的案件审理经验，并在双向的互动过程中日渐促进我国国际商事法庭司法竞争力的提升。在这种情况下，我国对 2005 年海牙公约的批准将有力地促进我国国际商事法庭判决在公约范围的承认与执行，甚至还会因为对公约的批准而被公约的非缔约国视为在互惠关系上的一种主动信号，进而在公约非缔约国中也能实现互惠关系的有效启动从而促进我国国际商事法庭判决在非公约缔约国境内的承认与执行。

---

〔1〕 王吉文：《判决终局性：外国判决承认与执行上一道难以逾越的坎》，载《云南大学学报（法学版）》2011 年第 4 期，第 137~141 页。

而且，随着我国国际商事法庭对国际商事争议解决的增多，国际商事主体通过我国国际商事法庭的司法活动将更加深入地了解我国法治和司法的真正状况，从而促进其先前观念的转变。这也将最终提升我国法院的整体司法竞争力。那么，这种情形显然将使得如今影响我国批准 2005 年海牙公约的不利因素得以有效缓解甚至消除，从而改变我国法院难以被当事人选择而处于案件受理少却需要承认与执行外国判决多的消极状况，并因此有效地改变在 2005 年海牙批准上弊大于利的消极局面。应当认为，这形成了我国对 2005 年海牙公约批准的有利基础。

当然，需要指出的是，我国国际商事法庭建设对其司法竞争力的快速提升以及对国际商事主体积极观念的形成，并不一定会同步且同等效应地作用于我国的普通法院之上。这种因我国国际商事法庭建设对国际商事主体的积极观念而对我国整体司法所形成的弥散性效应，需要一个时间积累的发展过程，而不太可能是一朝一夕或者自然而然的结果。有鉴于此，2005 年海牙公约的批准对我国司法的一般性后果仍可能是消极的性质，因而需要我国司法继续加强努力提升整体的司法竞争力，而并非仅依靠我国国际商事法庭的建设就能确实对国际商事主体的固有观念带来改变的效果，也并非我国国际商事法庭的建设就完全改变了我国在 2005 年海牙公约批准上不利状况的局面。尽管如此，我国国际商事法庭对"一带一路"建设提供的司法服务与保障将促进国际商事活动的顺利发展，并在司法过程中为国际商事主体带来良好体验，切身感受我国司法和法治的发展进而给其带来观念的转变。

二、我国国际商事法庭建设对国际商事主体观念的改变所形成的可行性

在当前有关 2005 年海牙公约批准的国内外研究中，几乎都是从 2005 年海牙公约的全球性判决公约以及判决承认与执行国际合作这两个主要视角来进行的，从而论证出公约与国家法律之间有相合性，公约有利于促进法院判决的承认与执行的合理结论后确认公约批准的可行性与必要性。但其实 2005 年海牙公约是一个以选择法院协议为单一管辖权依据的判决公约，因而公约对于一国的意义并不完全在于公约的批准成为公约的缔约国，而实质性地取决于国际商事主体（并不局限于缔约国的身份）的私人协议。依据 2005 年海牙公约规定，只有当事人协议选择的缔约国法院作出的判决才能在公约范围内得到承认与执行；那么，所在国未批准公约的被选择法院作出的判决不能

获得公约利益，缔约国的未被选择法院作出的判决[1]也不能在公约范围内获得承认与执行，所以，一国对 2005 年海牙公约的批准行为并不必然导致对公约利益的享有。某种程度上，这也是导致我国这样一个国际商事关系和国际商事争议解决的大国在 2005 年海牙公约批准上却难于合理取舍的重要原因。

值得注意的是，国际商事主体在其争议管辖法院的选择上会受到各种因素的影响。英国司法部在主持的研究项目中就发现，国际商事主体选择英国法院（主要是伦敦商事法院）作为其争议的管辖法院涉及多种因素。其中，主要的因素有两个，即法官的声望与经验、支持英国法的法律选择条款和法院选择条款的组合；次要的因素涉及八个，即有效率的救济措施、程序的有效性、法院的中立、对商业惯例的认可与适用、英语作为国际商事领域的通用语言、高效的英国律师服务、诉讼程序的快速、英国判决在外国的可执行性；其他方面的因素涉及七个，即快速的临时措施如临时禁令、财产扣押令等，司法制度的中立、公正与透明度，信息披露制度，良好的法院设施和专业的支持体系，不存在陪审团制度，不适用惩罚性赔偿制度，商事法院对国际商事仲裁的支持态度。[2]不可否认，这种对英国法院选择因素的项目研究可能具有一定的预设性，从而向国际社会引导一种英国法院已经是国际商事主体普遍认可的商事争议管辖法院的观念；而且，事实上，这个研究项目所确定的受访者主要是在英国从事国际商事业务的人，因而他们的观念是否具有充分的中立性与客观性、能否代表国际社会的国际商事主体的一般观念，可能并不具有确定性价值。尽管如此，这个研究却反映出国际商事主体对管辖法院的选择通常并非随意，也不是盲目的，而且通常不会仅考虑一个

---

　　[1]　这里的"未被选择法院作出的判决"主要是指当事人没有选择这个国家法院情况下的法院判决；当然，在一种特殊情况下未被选择法院作出的判决是能够在公约范围内获得承认与执行的，即当事人选择了缔约国的甲法院，但甲法院依据其国内法规定将案件移送本国的乙法院，在这种情况下，乙法院虽然不是当事人选择的法院，但其作出的判决也能够在公约范围内获得承认与执行。2005 年海牙公约第 5（3）（b）条中规定了国内管辖权分配规则的例外，允许被选择法院依据国内法规定进行案件的移送。

　　[2]　Eva Lein et al. , Factors Influencing International Litigants' Decisions to Bring Commercial Claims to the London Based Courts, UK Ministry of Justice Analytical Series, 2015, https://assets. publishing. service. g-ov. uk/government/uploads/system/uploads/attachment_ data/file/396343/factors - influencing - international - litigants-with-commercial-claims. pdf.

因素，而是多个因素共同结合最终形成的结果。除此之外，这个研究还表明国际商事主体选择管辖法院的影响因素中会有主要因素和其他因素，当然何者为主要因素、何者为其他因素，则可能会在不同案件、不同商事主体中有所不同。

应当认为，国际商事主体选择管辖法院的影响因素虽然会因为时间、观念等的发展变化而发生改变，但也会因思维定势而保持相对的稳定性，这也是导致广大发展中国家法院在涉外协议管辖中难以获得国际商事主体选择从而处于不利地位的当事人观念方面的重要因素。思维定势理论认为，思维定势通常有两种形式，即适合思维定势和错觉思维定势，前者是指人们在思维过程中形成的某种定势，在条件不变时，能迅速地感知现实环境中的事物并作出正确的反应，可促进人们更好地适应环境；后者是指人们由于意识不清或精神活动障碍，对现实环境中的事物感知错误，作出错误的解释。所以，人们在受到先前经验或观念的影响时所产生的意识，将会对以后的认识或思维带来效果，形成思维定势；即使条件已然发生变化，受思维定势的影响，也可能会继续先前的观念；同时，观念又进一步增强既有的思维定势，导致定势促进观念的稳定。因而，在观念型塑的过程中，思维定势显然起着重要的作用，既定的思维将不断强化日渐形成的观念；与此同时，受传统文化、教育经历、社会阅历乃至意识形态的影响所形成的世界观和价值观也反过来强化甚至固化思维定势。

当前发达国家普遍处于强势地位的当事人受传统文化、地域偏见、错误观念等因素的影响不愿意接受发展中国家法院的管辖，甚至还会因为意识形态的原因对发展中国家法治与司法加以拒绝；而且，国际商事主体还经常被发达国家通过的所谓"权威发布"的各种报告误导而对广大发展中国家的法治与司法状况形成错误的观念甚至敌意。例如美国就经常发布"国别人权报告"对发展中国家的司法状况提出错误的指责，诸如指责加勒比海国家的司法状况糟糕、法官经常受到生命威胁也经常接受贿赂等。毫无疑问，这些报告将对从事国际商事关系的美国以及其他发达国家的商人们产生认识上的主观性与片面性错觉，久而久之也会对其他国家的国际商事主体形成相应的效果。那么，受这些固有观念的潜在影响，发展中国家的法院在涉外协议管辖中就难以被国际商事主体选择作为他们争议的管辖法院。作为发展中大国，我国的情况可能并不比其他发展中国家更好，甚至某种程度上我国法院更不易于被国际商事主体接受，因为意识形态以及对我国迅猛发展势头的不满，一些国家故意对我国法治与司法状况加以贬低。不可否认，要对当前这种状况加以改变，需要我国作出更大的努力；"一带一路"建设是我国期望通过互利互惠合作的方式来促进国际社会共同发展进步的努力。2015 年《愿景与行动》指出，共建"一带一路"旨在促进经济要素有序自由流动、资源高效配置和市场深度融合，推动沿线各国实现经济政策协调，开展更大范围、更高水平、更深层次的区域合作，共同打造开放、包容、均衡、普惠的区域经济合作框架。那么，"一带一路"的建设所形成的各国间的交融与合作，可能会有效地促使参与其中的广大国际商事主体逐步对我国社会、经济、司法等形成正确的观念。

我国国际商事法庭建设的适时进行，是我国实现"一带一路"建设愿景的一个具体行动，从而为"一带一路"建设提供优质高效的司法服务与保障。正如 2019 年最高人民法院《进一步司法服务和保障意见》中指出的，推动形成更广范围以规则为基础的稳定公平透明可预期的国际化法治化便利化营商环境，是高质量共建"一带一路"各方的共同关切，是新时代人民法院全方位服务保障"一带一路"建设的根本任务。为此，我国加强了国际商事法庭的制度建设，尤其是确立了我国国际商事法庭最高法院层级的法院级别制度、国际商事专家委员会制度。我国最高法院层级的级别制度，不仅反映了我国最高水平的司法能力，也体现了我国对国际商事法庭的重视程度，从而实现我国国际商事法庭案件审理的公平公正与高水平、案件审理程序的有序与稳定、所作判决的正当与权威。而国际商事专家委员会制度某种程度上是我国国际商事法庭不能确立外国法官制度的一种灵活处置，正如有人指出的：这种做法具有现实意义，有效弥补了我国国际商事法庭没有外国法官的现状。[1]虽然国际商事专家在国际商事法庭中的作用有限，主要是主持调解和进行外国法查明，但是，国际商事专家委员会制度有利于将国际知名专家纳入我国国际商事法庭体系之中。很显然，这些国际知名专家拥有不同的文化背景和法律体系，为我国国际商事法庭的国际性与多元化提供了国际社会可以直接感知的方面，也有利于提升我国国际商事法庭的国际知名度与司法公信力。因

---

〔1〕 蔡伟：《国际商事法庭：制度比较、规则冲突与构建路径》，载《环球法律评论》2018 年第 5 期，第 187 页。

而，虽然我国国际商事专家委员会制度在司法层面的功能可能相比国际法官制度稍显逊色，但其对国际社会的效应也将明显地展现出来。对于理性人的国际商事主体来说，法官的国际知名度与法官国籍的多元化是保证司法公平正义的重要措施和基本保障，可以避免司法的保护主义。受主权原则对本国国家利益和国民利益进行保护的影响，司法的保护主义其实无法绝对地避免或消除。那么，出于理性人的选择，由多国籍或者有本国国籍的法官构成的某一外国法院显然比由全部该国法官组成的外国法院更具有可选择的合理性。虽然当事人的这种观念并不具有合理性基础，但是并不妨碍其作为理性人保持谨慎小心态度的基石；毕竟，即使是国际法院，都进行了特殊的制度设置来对国家的利益保护需要加以肯定。为了平衡当事各国的利益，在争端当事国一方中有其国际法院的法官而另一当事国没有国际法院法官时，国际法院规则中设立了一种特殊的"专案法官"制度，允许无国际法院法官的国家选派一个"专案法官"参与案件的审理。国际法院的"专案法官"制度，反映出了即使是国家、即使是由品格高尚的国际法专家构成的国际法院，都需要在利益平衡方面作出相应的努力，也需要考虑争端当事国家的担心。当然，正如有学者研究发现的："国际实践表明，当国际法院绝大多数法官的表决不利于其当事国时，专案法官通常是唯一的持不同意见者。"[1]所以，国际法院的"专案法官"制度似乎并没有呈现出积极的价值，这种"专案法官"没有体现出明显的中立性与独立性；尽管如此，"专案法官"制度在国际法院体系中存在的事实，表明了国际社会对于司法公正、独立的相对性特征有着清晰的认知。故而，国际商事主体寻求具有多元化法官构成的法院作为其争议的管辖法院的内在心理，并不是无端猜疑的结果；而且，在涉及权益保护和权利救济的司法层面上，错误选择所形成的后果显然是相当严重的而且将产生确定性的法律意义。正是如此，虽然我国国际商事专家委员会制度相比法官国际化制度在功能与作用方面有所不足，但对国际社会的影响性效应可能会有着相似的意义，可以一定程度上减轻国际商事主体对在我国参与司法的担心。

我国国际商事法庭将为"一带一路"建设提供优质高效的司法服务与保

---

[1] Forest L. Grieves, *Supranationalism and International Adjudication*, Urbana: University of Illinois Press, 1969, p. 111.

障，进而对国际商事主体的观念带来积极的效果，并因此愿意选择我国国际商事法庭作为他们争议的管辖法院；与此同时，国际商事主体通过参与我国国际商事法庭的案件审理可以真切地感知我国法律体系和司法能力的状况，从而也能够因此形成积极的观念，甚至因此愿意选择我国法院来管辖他们的争议。很显然，我国国际商事法庭建设对国际商事主体固有观念的改变，将形成我国对 2005 年海牙公约批准的良好基础。我国当前在 2005 年海牙公约批准上的主要障碍在于我国法院在涉外协议管辖中的不利局面，使得我国在公约的批准后可能会面临着案件受理少却需要承认与执行外国判决多的消极状况。所以，我国国际商事法庭建设对国际商事主体固有观念的转变，认可并愿意接受我国法院作为其争议的管辖法院，那么我国也就有效地消除了当前影响我国批准 2005 年海牙公约的现实障碍。

三、我国国际商事法庭对"一带一路"建设的保障作用所形成的可行性

"一带一路"建设是经济全球化、社会信息化、市场扁平化下中国倡议的旨在促进经济要素有序自由流动、资源高效配置和市场深度融合以推动共建国家实现经济政策协调的一项造福世界人民的伟大事业，以及需要坚持共商共建共享的系统工程，从而开展更大范围、更高水平、更深层次区域合作，共同打造开放、包容、均衡、普惠区域经济合作框架。对于"一带一路"建设的基本价值目标，2015 年《愿景与行动》指出，"一带一路"建设期望通过共建国家的合作共建以实现政策沟通，构建多层次政府间宏观政策沟通交流机制，深化利益融合，促进政治互信，达成合作新共识；设施联通，在尊重主权和安全、强化绿色低碳基础上，共建国家加强基础设施建设规划、技术标准体系的对接，共同推进国际骨干通道建设；贸易畅通，共建国家着力解决投资贸易便利化问题，消除投资和贸易壁垒，构建良好营商环境，共建自由贸易区增强区域合作；资金融通，共建国家深化金融合作，推进亚洲货币稳定体系、投融资体系和信用体系建设，加强金融监管合作；民心相通，传承和弘扬友好合作精神，广泛开展各种形式的交流合作，形成深化国际合作的民意基础。

很显然，"一带一路"建设期望实现的政策沟通、设施联通、贸易畅通、资金融通和民心相通的宏大目标需要沿线各国乃至整个国际社会的共同努力和共同参与。与此同时，沿线各国法律体系与司法状况的多元化，

将会引发法律冲突现象进而导致国际商事争议以及争议解决的复杂性。因此，在 2019 年《进一步司法服务和保障意见》中，最高人民法院提出，要推动形成更广范围以规则为基础的稳定公平透明可预期的国际化法治化便利化营商环境，是高质量共建"一带一路"各方的共同关切，是新时代人民法院全方位服务保障"一带一路"建设的根本任务。最高人民法院为此要求各级人民法院坚持需求导向，大力支持国际仲裁、调解发展，完善新型国际商事争端解决机制；坚持强化程序正义，平等保护中外当事人合法权利，准确适用国际规则，积极参与国际规则制定，做国际法律规则的参与者、引领者；坚持共商共建共享，加强与"一带一路"建设参与国的司法交流，深化司法合作。

我国国际商事法庭的建设是"一带一路"建设提供司法服务与保障的重要措施，是"作为'一带一路'司法服务与保障的'2.0'版本"，[1]因为我国国际商事法庭在功能上已经不再只是有效地解决"一带一路"建设中出现的国际商事争议，也不只是基于我国司法的角度来为"一带一路"建设提供司法服务与保障，而是要"参与和主导国际规则的制定，以司法作为切入点，通过提升中国司法的国际话语权，进而加强中国在整个国际社会中的制度性影响力"。[2]也就是说，我国国际商事法庭为"一带一路"建设提供的司法服务与保障，并非局限于通过对"一带一路"建设中的国际商事争议进行有效解决来加以实现，也是通过国际商事争议的解决来提升我国司法的国际竞争力，进而提升我国司法的话语权和国家软实力，从而形成符合整个国际社会共同利益和人类命运共同体利益、促进符合国际社会治理新理念的国际法治产品与机制的形成。由此看来，我国国际商事法庭为"一带一路"建设提供司法服务与保障有着深远的意义，也包含着丰富的内涵。

我国加强了国际商事法庭的制度建设，以增强我国国际商事法庭为"一带一路"建设提供优质高效司法服务与保障的功能。我国国际商事法庭最高法院层级的级别制度不仅代表着我国最高的司法水平，也体现了我国司法的最高权威，这对于那些不太信任我国司法能力、又怀疑我国存在司法保护主

---

〔1〕　廖宇羿：《论"一带一路"倡议下中国国际商事法庭的定位》，载《经贸法律评论》2019年第 2 期，第 87 页。

〔2〕　廖宇羿：《论"一带一路"倡议下中国国际商事法庭的定位》，载《经贸法律评论》2019年第 2 期，第 87 页。

义的外国当事人来说无疑是一个良好的机制。事实上，最高人民法院的法官有着较高水平的理论知识和丰富的实务经验，经常处理的都是重大疑难复杂或者具有全国范围内重大影响效应的案件，而且在争议的解决上也通常不会受制于部门或地方的利益，这些对于争议解决的有效性与公平性都无疑有重要的意义，对于国际商事主体的观念也有安定的效果。我国国际商事专家委员会制度虽然是对外国法官制度的一种变通，是对我国法律难以有效兼容外国法官制度的一种灵活处置；尽管如此，这并不意味着这种制度必然在效果上绝对不佳。一方面，国际商事专家委员会制度可以容纳更多数量、更多国别的国际知名专家，有效利用他们的丰富经验和国际知名度，形成对外宣传的积极效应；另一方面，国际商事专家委员会制度可以合理体现我国对多元法律体系的兼容并蓄。国际商事专家的国际知名度对于国际商事主体这些经常从事国际商事活动的理性人有着很强的说服力和吸引力，使得他们逐渐增强对我国国际商事法庭和我国司法的信心。此外，国际商事专家委员会并不只是一个象征，而是可以通过对案件进行调解来裁决当事人之间的争议，或者在外国法查明上发挥积极的作用。外国法的查明关系到法律适用的有效性；但由于外国法查明上的现实困境，[1]在外国法的查明上经常出现外国法无法查明的现象；当然，在法院作为外国法查明的责任主体时，经常出现的情况是法院不愿主动承担这种责任从而导致外国法"无法查明"滥用的现象。[2]因而，我国国际商事专家委员会制度对外国法的查明将有利于法律适用结果的公平合理，也能消除我国法院不合理适用外国法"无法查明"理由对国际商事关系当事人带来的不好观念。

所以，我国国际商事法庭通过对国际商事争议（主要是涉"一带一路"建设的国际商事争议）公平高效解决的基本目标，是为"一带一路"建设提供优质高效的司法服务与保障，并促进法治化便利化营商环境的形成，从而增强我国与共建国家积极的经济、政治关系的形成，促进国际社会的可持续

---

〔1〕 这种现实困境主要是指在外国法查明上需要付出时间、金钱和精力，且可能因此需要承担外国法无法查明或者错误适用的法律后果或责任；而在现实中，外国法的查明并不是能够轻易实现的，相反可能在查明主体穷尽一切方法之后仍无法查明。这也导致了无论是当事人，还是法院，都不愿承担起外国法查明的责任，从而导致了外国法查明上的实际困境现象。

〔2〕 焦燕：《我国外国法查明新规之检视——评〈涉外民事关系法律适用法〉第 10 条》，载《清华法学》2013 年第 2 期，第 167 页。

发展，推动人类命运共同体的建设。"一带一路"建设顺利推进所促进的政策沟通、设施联通、贸易畅通、资金融通和民心相通宏大目标最终有利于增强沿线各国人民尤其是深入参与"一带一路"建设的国际商事主体的利益；与此同时，我国国际商事法庭为"一带一路"建设提供的优质高效司法服务与保障，则使得国际商事主体的正当权益与合理期望能够真正得以实现。很显然，这对于国际商事主体的利益保护与观念转变都有着特殊的意义，促进国际商事主体固有观念加以转变。

那么，我国国际商事法庭为"一带一路"建设提供优质高效司法服务与保障的这种情况对于我国国际商事法庭判决的承认与执行提出了更高的要求，国际商事主体也会有更高的期望。否则，如前所述，我国国际商事法庭作出的判决最终无法得到有效认可，则不仅使得我国判决的效力不能得到尊重，也使得当事人的合法权益和正当期望无法有效实现；而这将对国际商事主体的观念带来不利后果。2005 年海牙公约的目标追求是使被选择法院作出的判决获得国际社会的承认与执行，被请求法院不得以公约之外的事由对被选择法院所作判决拒绝承认与执行。因而，对于以协议管辖作为基本管辖权依据的我国国际商事法庭，2005 年海牙公约可以促进我国国际商事法庭判决的承认与执行，进而消除当前我国判决承认与执行国际合作上的实际困境。与此同时，我国国际商事法庭为"一带一路"建设提供的司法服务与保障，最终有利于国际商事主体的利益，不仅使国际商事主体能够从参与"一带一路"建设中获得商事利益，也能够在发生国际商事争议时使这种利益得到有效的尊重与保障。而且，随着我国国际商事法庭的不断发展，对"一带一路"建设的积极效应将会对国际商事主体的固有观念产生影响，促进国际商事主体对我国法治和司法状况形成正确的观念，而不是先前基于错误观念、地域偏见或者听信发达国家有意歪曲言论所形成的错误认识。

在这种情况下，国际商事主体对我国司法的接受态度，为我国国际商事法庭甚至我国普通法院被国际商事主体的选择提供了基础。以当事人意思自治为基础的协议管辖制度，强调的是当事人对法院选择的意思自由和效力保证；因而，如果当事人对一国司法存在偏见，则通常会避免对该国法院的选择，以避免协议管辖制度所内在具有的赋予管辖权与剥夺管辖权效力而形成的法律后果。那么，我国国际商事法庭对"一带一路"建设所形成的司法服务与保障作用，不仅最终将有利于国际经济的发展进步以及国际商事主体的经济利益，也可以对国际商事主体的观念产生影响，进而愿意对我国国际商事法庭以及其他法院进行选择。毫无疑问，这种结果将有效地消除 2005 年海牙公约以选择法院协议为载体的判决公约的实质对我国可能产生的不利后果，从而形成对 2005 年海牙公约批准的可行性基础。

余　论

　　我国国际商事法庭的设立初衷，是为"一带一路"建设提供有效的司法服务和保障，进而营造"一带一路"法治化营商环境；与此同时，促进司法竞争力的提升也是我国国际商事法庭需要努力完成的任务，从而通过国际案件的广泛审理来增强国际商事主体对我国法律和法治状况的认识与接受。正如我国学者所言："对于国际民商事案件的当事人来说，一个国家的国际民事诉讼制度是当事人可供选择的化解争议的服务。从此层面来说，如果此种服务不具有一定的优势，很难对当事人产生吸引力，也有可能阻止当事人在该国从事更多的跨国民商事活动。"[1]正因如此，加强国际商事法庭的制度建设和规则便利，是各国的普遍实践，也是赋予其国际商事法庭司法竞争力的坚实基础。在这种情况下，促进本国国际商事法庭判决在外国获得承认与执行，对于国际商事法庭司法竞争力的提升无疑有着显而易见的客观意义。为此，在当前判决承认与执行国际合作的现实困境状况下，各国基本上都采取了各种相关措施，其中包括了不具有法律效力的诸如签订备忘录、《南宁声明》或者参加国际商事法庭常设论坛等此类措施。这些措施虽然法律价值有限，但对于增强各国法院间的互信有一定的作用，从而可能起到助力本国国际商事法庭竞争力的作用。尽管如此，法律约束力的欠缺将会导致判决承认与执行机制的稳定性与可预见性不足，因而这些措施的实际效果尚待时间和各国具体实践的检验。相反，2005 年海牙公约的条约效力，却是判决承认与执行相互合作的最有效保障，有效地消除了上述措施在判决承认与执行上可预见性

---

　　〔1〕　何其生：《大国司法理念与中国国际民事诉讼制度的发展》，载《中国社会科学》2017 年第 5 期，第 137 页。

不足的缺陷。正是如此，我们有理由认为，2005 年海牙公约的批准将为我国国际商事法庭判决的承认与执行提供公约基础，进而在与其他国家国际商事法庭的竞争中占得先机。

当然，另一方面，2005 年海牙公约的批准对我国国际商事法庭的价值实现，可能并不完全取决于对公约的批准。毕竟，2005 年海牙公约的判决公约实质，对它的批准为我国国际商事法庭判决的承认与执行提供了公约基础；不过，2005 年海牙公约以选择法院协议为载体的判决公约实质，我国国际商事法庭的判决要真正获得公约利益，还是取决于国际商事主体的观念支持和法院选择。否则，即使对 2005 年海牙公约予以了批准，我国国际商事法庭也并不必然能够享受公约利益，从而在与其他国家国际商事法庭的竞争中无法因此占据优势，也无法对国际商事主体的观念形成提供合理基础。为此，需要对我国国际商事法庭的协议管辖规则加以制度改进，以有效促进我国批准 2005 年海牙公约之后我国国际商事法庭的效用发挥，以及国际商事主体对我国国际商事法庭的选择。

目前来看，我国国际商事法庭协议管辖的"实际联系原则"可能是影响我国国际商事法庭效用发挥的关键因素，因而需要加以改进。与 2005 年海牙公约并不要求当事人选择的法院必须与争议存在实际联系从而允许当事人选择中立法院不同，我国国际商事法庭的协议管辖规则仍然强调了"实际联系原则"。一般认为，我国国际商事法庭协议管辖规则的"实际联系原则"是受制于现行民事诉讼法的结果。[1]尽管如此，在国际商事法庭的协议管辖上要求"实际联系原则"，将实质性地使法庭成为"涉外"性的商事法庭而非真正意义的"国际"商事法庭，从而无法把所有涉"一带一路"的国际商事争端都涵盖在法庭的管辖范围之中。这种状况既影响国际商事法庭营造"一带一路"法治化营商环境价值目标的实现，也将对法庭司法竞争力的提升效果带来影响，并可能会对国际商事主体的观念形成产生不利。毕竟，对中立法院的选择普遍有效的情况下，国际商事主体对我国国际商事法庭的选择却被认定为无效，二者之间的反差可能会对国际商事主体带来观念的混乱甚至形

---

[1] 《中华人民共和国民事诉讼法》第 35 条规定："合同或者其他财产权益纠纷的当事人可以书面协议选择被告住所地、合同履行地、合同签订地、原告住所地、标的物所在地等与争议有实际联系的地点的人民法院管辖，但不得违反本法对级别管辖和专属管辖的规定。"

成错误的观念。在当前"国际商事法庭设置的一大趋势体现为多数国际商事法庭均向离岸法庭转型"〔1〕的状况下，我国国际商事法庭协议管辖规则的"实际联系原则"多少有些背道而驰，不符合国际商事主体对中立法院的现实需要。而且，在我国批准 2005 年海牙公约之后，我国国际商事法庭协议管辖的"实际联系原则"〔2〕也将导致与 2005 年海牙公约的冲突状态。

　　笔者认为，对于我国国际商事法庭协议管辖规则的"实际联系原则"，有两个改进路径可以采用：一是在立法层面上作出特殊的制度安排。在不对民事诉讼法进行修订的情况下，对国际商事法庭的协议管辖规则作出特殊的制度安排有合理性，也符合我国的立法实践。事实上，《中华人民共和国海事诉讼特别程序法》第 8 条就对民事诉讼法的"实际联系原则"作出了特殊制度规定，"即使与纠纷有实际联系的地点不在中华人民共和国境内，中华人民共和国海事法院对该纠纷也具有管辖权"。当然，在当前我国国际商事法庭的设立是通过最高人民法院司法解释的方式来实现的情形下，要对国际商事法庭的协议管辖规则确定特殊的制度安排，可能会存在合法性与合理性欠缺的问题；尽管如此，立法路径显然属于最合理有效的解决方式。二是在司法解释上扩张"实际联系"。在现行立法体制下，通过司法解释来对"实际联系原则"进行扩张性解释，这种方式是可行且有效的。对"实际联系"进行扩张，除了可以将实际联系地加以补充，更合适的途径或许是确立实际联系原则的"法律适用标准"，即如果案件适用我国法律，则当事人对我国国际商事法庭的协议管辖就符合了"实际联系原则"的要件。这种"法律适用标准"的实践在《瑞士联邦国际私法》第 5 条第 3 款第 2 项〔3〕中得到了确认。事实上，最高人民法院在"中东公司诉中化公司合同纠纷管辖权异议案"的批复中也试图采用"法律适用标准"：在该案中当事人选择适用瑞士法，这一事实足以

〔1〕　杨临萍：《"一带一路"国际商事争端解决机制研究——以最高人民法院国际商事法庭为中心》，载《人民司法》2019 年第 25 期，第 37 页。

〔2〕　当然，这种冲突状态在我国整个涉外协议管辖领域都存在，而并非仅局限于我国国际商事法庭的协议管辖。对于我国涉外协议管辖"实际联系原则"与 2005 年海牙公约之间冲突问题的相关论述以及解决途径，可参见王吉文：《2005 年海牙〈选择法院协议公约〉研究》，东南大学出版社 2008 年版，第 204~210 页。

〔3〕　《瑞士联邦国际私法》第 5 条第 3 款规定，有下列情形之一时，外国当事人选择的法院不得拒绝管辖权：（1）一方当事人在该法院所在的州内有住所、惯常居所或营业所；（2）根据本法，瑞士法律适用于该诉讼。

表明瑞士与本案的争议有实际的联系；在此基础上当事人又选择了瑞士苏黎世法院，就进一步表明双方当事人选择了一个"与争议有实际联系的地点的法院"来管辖他们之间的争议。客观上看，法律适用一定程度上决定着争议的实体结果和当事人的实体权利，而且，当事人协议选择了该国法院且案件又适用该国法律，表明该国与争议确实存在某种实质性联系；所以，将"法律适用标准"扩张至与争议有实际联系的范围之中，并不必然违反"实际联系原则"的初衷。

此外，可以对我国国际商事法庭协议管辖的推定排他性效力加以明确。对于协议管辖的效力问题，我国立法一直未作明确，我国国际商事法庭的协议管辖规则也付之阙如。2005 年海牙公约则明确了协议管辖的排他性推定，且规定对一国的一个以上法院的选择也视为排他性的。[1]这种排他性推定的意义在于有利于保证被选择法院管辖权的行使，并防止被选择法院所作判决不会因为存在不一致判决[2]而难以获得承认与执行。因而，在国际商事法庭的情形下，把当事人的协议管辖推定为排他性，可以适当保证我国国际商事法庭管辖权的确定，从而避免国际平行诉讼的发生概率，也因此使得我国法庭所作判决能够顺利享有 2005 年海牙公约利益。不过，需要注意的是，协议管辖的排他性推定并不一定符合当事人的本意和国际社会的实践，所以，这种排他性推定对国际商事主体的选择意愿会产生何种程度的影响效果，可能并不具有确定性意义。尽管如此，把我国国际商事法庭协议管辖的效力明确为推定排他性，则能够使之与 2005 年海牙公约的规定保持一致，在具体的实践中也可以使当事人对我国国际商事法庭的选择意愿获得有效的尊重。

---

〔1〕 2005 年海牙公约第 3 条第 2 款规定，除非当事人另有明确约定，指定一个缔约国法院或一个缔约国法院的一个或多个特定法院的选择法院协议应被认为是排他性的。

〔2〕 依据 2005 年海牙公约第 9 条第 6 款与第 7 款规定，不一致判决存在两种情形，即被请求国法院作出了一个与请求国法院不一致的判决以及另一外国作出了一个与请求国法院不一致的判决。

参考文献

一、著作

（一）中文著作

1. 李浩培：《条约法概论》，法律出版社 2003 年版。

2. 李浩培：《国际民事程序法概论》，法律出版社 1996 年版。

3. 卢峻：《国际私法之理论与实际》，中国政法大学出版社 1998 年版。

4. 何其生：《比较法视野下的国际民事诉讼法》，高等教育出版社 2015 年版。

5. 何其生主编：《国际商事法院研究》，法律出版社 2019 年版。

6. 宋连斌：《国际商事仲裁管辖权研究》，法律出版社 2000 年版。

7. 王吉文：《2005 年海牙〈选择法院协议公约〉研究》，东南大学出版社 2008 年版。

8. 王吉文：《外国判决承认与执行的国际合作机制研究》，中国政法大学出版社 2014 年版。

9. 王吉文：《〈选择法院协议公约〉的批准问题研究》，中国政法大学出版社 2017 年版。

10. 王吉文：《国际私法与中国海外权益保护》，中国政法大学出版社 2019 年版。

11. 肖永平、朱磊主编：《批准〈选择法院协议公约〉之考量》，法律出版社 2017 年版。

12. 阎学通：《中国国家利益分析》，天津人民出版社 1997 年版。

13. 杨泽伟：《主权论——国际法上的主权问题及其发展趋势研究》，北京大学出版社 2006 年版。

14. 周子学：《经济制度与国家竞争力——基于中国经济制度变迁视角》，上海三联书店 2008 年版。

15. ［美］约瑟夫·奈：《软力量——世界政坛成功之道》，吴晓辉、钱程译，东方出版社 2005 年版。

16. ［美］约瑟夫·S. 奈：《硬权力与软权力》，门洪华译，北京大学出版社 2005 年版。

17. ［美］约瑟夫·奈：《美国定能领导世界吗》，何小东等译，军事译文出版社 1992

年版。

18. ［美］杰克·戈德史密斯、埃里克·波斯纳：《国际法的局限性》，龚宇译，法律出版社 2010 年版。

19. ［美］亚历山大·温特：《国际政治的社会理论》，秦亚青译，上海人民出版社 2014 年版。

20. ［英］戴维·赫尔德：《民主的模式》，燕继荣等译，中央编译出版社 1998 年版。

21. ［英］阿德里安·A. S. 朱克曼主编：《危机中的民事司法：民事诉讼程序的比较视角》，傅郁林等译，中国政法大学出版社 2005 年版。

22. ［英］J. H. C. 莫里斯主编：《戴西和莫里斯论冲突法》，李双元等译，中国大百科全书出版社 1998 年版。

23. ［加纳］理查德·弗林蓬·奥蓬：《非洲经济一体化的法律问题》，朱伟东译，社会科学文献出版社 2018 年版。

24. ［葡］叶士朋：《欧洲法学史导论》，吕平义、苏健译，中国政法大学出版社 1998 年版。

25. ［法］亨利·巴蒂福尔、保罗·拉加德：《国际私法总论》，陈洪武等译，中国对外翻译出版公司 1989 年版。

26. ［德］马丁·沃尔夫：《国际私法》，李浩培、汤宗舜译，法律出版社 1988 年版。

（二）英文著作

1. David A. Smith etc, ed. , *States and Sovereignty in the Global Economy*, Routledge Limited London, 1999.

2. Friedrich K. Juenger, *Choice of Law and Multistate Justice*, Martinus Nijhoff Publishers, 1993.

3. Forest L. Grieves, *Supranationalism and International Adjudication*, Urbana：University of Illinois Press, 1969.

4. G. B. Born, *International Arbitration and Forum Selection Agreements：Drafting and Enforcing*, Kluwer Law International, 2010.

5. Joseph and Frances Gies, *Life in a Medieval City*, Harper Perennial, 1981.

6. Leon E. Trakman, *The Law Merchant：the Evolution of Commercial Law*, Fred B. Rothman & Co. of Littleton, Colorado, 1983.

7. L. Collins et al, *Dicey, Morris & Collins on the Conflict of Laws*, Sweet & Maxwell, 2012.

8. Joseph S. Nye, *The Paradox of American Power：Why the World's Only Superpower Can't Go It Alone*, New York：Oxford University Press, 2002.

9. P. Barnett, *Res Judicata, Estoppel, and Foreign Judgments*, Oxford University Press, 2001.

10. Richard Fentiman, *Foreign Law in English Courts, Pleading, Proof and Choice of Law*, Oxford University Press, 1998.

二、论文

（一）中文论文

1. 蔡彦敏：《独立审判探源及其现实分析——寻求实现立法与现实的契合》，载《法学评论》1999 年第 2 期。

2. 蔡伟：《国际商事法庭：制度比较、规则冲突与构建路径》，载《环球法律评论》2018 年第 5 期。

3. 范健：《商事审判独立性研究》，载《南京师大学报（社会科学版）》2013 年第 3 期。

4. 高鸿钧：《法律移植：隐喻、范式与全球化时代的新趋向》，载《中国社会科学》2007 年第 4 期。

5. 顾维遐：《全球国际商事法庭的兴起与生态》，载《南大法学》2022 年第 6 期，第 92~116 页。

6. 郭洁敏：《当前我国软力量研究中若干难点问题及其思考》，载《社会科学》2009 年第 2 期。

7. 黄进、刘静坤、刘天舒：《中国国际商事法庭制度改革探析》，载《武大国际法评论》2020 年第 6 期。

8. 何佳馨：《"一带一路"倡议与法律全球化之谱系分析及路径选择》，载《法学》2017 年第 6 期。

9. 何其生：《大国司法理念与中国国际民事诉讼制度的发展》，载《中国社会科学》2017 年第 5 期。

10. 何其生课题组等：《当代国际商事法院的发展——兼与中国国际商事法庭比较》，载《经贸法律评论》2019 年第 2 期。

11. 何其生课题组等：《论中国国际商事法庭的构建》，载《武大国际法评论》2018 年第 3 期。

12. 廖宇羿：《论"一带一路"倡议下中国国际商事法庭的定位》，载《经贸法律评论》2019 年第 2 期。

13. 蒋惠岭：《现代司法理念中的司法中立"》，载《法制日报》2003 年 2 月 10 日。

14. 刘莲莲：《国家海外利益保护机制论析》，载《世界经济与政治》2017 年第 10 期。

15. 刘元元：《中国国际商事法庭司法运作中的协议管辖：挑战与应对措施》，载《经贸法律评论》2020 年第 6 期。

16. 刘怀惠：《思维定势在认识中的地位和作用》，载《中州学刊》1989 年第 4 期。

17. 刘相平：《对"软实力"之再认识》，载《南京大学学报（哲学·人文科学·社会科学）》2010 年第 1 期。

18. 李旺：《当事人协议管辖与境外判决的承认与执行法律制度的关系初探》，载《清华法学》2013 年第 3 期。

19. 焦燕：《我国外国法查明新规之检视——评〈涉外民事关系法律适用法〉第 10 条》，载《清华法学》2013 年第 2 期。

20. 蒋德海：《公平正义与司法公信》，载《华东师范大学学报（哲学社会科学版）》2013年第 5 期。

21. 梁根林、陈尔彦：《中国死刑民意：测量、解构与沟通》，载《中外法学》2020 年第 5 期。

22. 林娜编译：《"卓越法院"的国际评价标准（上）》，载《人民法院报》2013 年 3 月 1 日。

23. 马守仁：《美国对外国法院判决的承认与执行》，载中国国际法协会主编：《中国国际法年刊》，中国对外翻译出版公司 1984 年版。

24. 马琳：《析德国法院承认中国法院民商事判决第一案》，载《法商研究》2007 年第 4 期。

25. 毛晓飞：《独特的德国国际商事法庭模式——解析《联邦德国引入国际商事法庭立法草案》》，载《国际法研究》2018 年第 6 期。

26. 单文华：《国际商事法庭建设域外经验与中国贡献》，载《中国审判》2018 年第 15 期。

27. 王逸舟：《国家利益再思考》，载《中国社会科学》2002 年第 2 期。

28. 王崇兴：《美国拒绝批准联合国〈儿童权利公约〉原因探析》，载《南京师大学报（社会科学版）》2006 年第 2 期。

29. 王吉文：《论我国对外国判决承认与执行的互惠原则——以利益衡量方法为工具》，载《法学家》2012 年第 6 期。

30. 王吉文：《我国对 2005 年〈海牙公约〉的批准问题——以 2005 年〈海牙公约〉的实质为视角》，载中国国际私法学会、武汉大学国际法研究所主办：《中国国际私法与比较法年刊》（第 18 卷），法律出版社 2015 年版。

31. 王吉文：《判决终局性：外国判决承认与执行上一道难以逾越的坎》，载《云南大学学报（法学版）》2011 年第 4 期。

32. 王吉文：《我国涉外协议管辖制度限制条件的正当性探讨》，载《武大国际法评论》（2011 年）。

33. 王欣濛：《新加坡国际商业法庭的司法制度及启示》，载《湖北社会科学》2015 年第 6 期。

34. 肖永平、龙威狄：《论中国国际私法中的强制性规范》，载《中国社会科学》2012 年第 10 期。

35. 徐崇利：《经济全球化与外国判决承认和执行的互惠原则》，载柳经纬主编：《厦门大学法律评论》（第 8 辑），厦门大学出版社 2004 年版。

36. 徐崇利：《软硬实力与中国对国际法的影响》，载《现代法学》2012 年第 1 期。

37. 徐国建：《建立国际统一的管辖权和判决承认与执行制度——海牙〈选择法院协议公约〉述评》，载《时代法学》2005 年第 5 期。

38. 徐浩：《中世纪西欧商人法及商事法庭新探》，载《史学月刊》2018 年第 10 期。

39. 俞新天：《软实力建设与中国对外战略》，载《国际问题研究》2008 年第 2 期。

40. 杨临萍：《"一带一路"国际商事争端解决机制研究——以最高人民法院国际商事法庭为中心》，载《人民司法》2019 年第 25 期。

41. 赵理海：《我国批准〈联合国海洋法公约〉问题》，载《海洋与海岸带开发》1994 年第 1 期。

42. 赵理海：《联合国海洋法公约》的批准问题》，载《北京大学学报（哲学社会科学版）》1991 年第 4 期。

43. 赵立行：《论中世纪的"灰脚法庭"》，载《复旦学报（社会科学版）》2008 年第 1 期。

44. 周洪钧：《我国应尽快批准海洋法公约》，载《法学》1995 年第 3 期。

45. 左海聪：《直接适用条约问题研究》，载《法学研究》2008 年第 3 期。

46. 张勇健、杨蕾：《司法机关相互承认执行民商事判决的新探索》，载《人民司法》2019 年第 13 期。

47. 张春良：《直接适用的法与相关制度的体系平衡》，载《法学研究》2018 年第 3 期。

（二）英文论文

1. Armen A. Alchian, "Uncertainty, Evolution and Economic Theory", *ournal of Political Economy*, 1950 (58).

2. Andrew Godwin et al., "International Commercial Courts: The Singapore Experience", *Melbourne J. Int'l L.*, 2017 (18).

3. Andrew Clark, "A Toast from Wall Street: Examines London's Pre-eminence in Bank Litigation", *Financial Times*, 1995-12-19 (9).

4. A. T. von Mehren, "Adjudicatory Jurisdiction: General Theories Compared and Evaluated", *Boston Uni. L. Rev.*, 1983 (63).

5. Anne-Marie Slaughter, "International Law in a World of Liberal States", *Eur. J. Int'l L.*, 1995 (6).

6. Adam Kerns, "The Hague Convention and Exclusive Choice of Court Agreements: An Imperfect Match", *Temp. Int'l & Comp. L. J.*, 2006 (20).

7. Antonio F. Perez, "The International Recognition of Judgments: The Debate between Private and Public Law Solutions", *Berkeley J. Int'l L.*, 2001 (19).

8. Bishop, Reed, "Practical Guidelines for Interviewing, Selecting and Challenging Party-Ap-

pointed Arbitrators in International Commercial Arbitration", *Arb. Int'l*, 1998 (14).

9. Charles Gross, "The Court of Piepowder", *The Quarterly Journal of Economics*, 1906 (20).

10. Celia W. Fassberg, "Rule and Reason in the Common Law of Foreign Judgments", *Can. J. & Juris.*, 1999 (12).

11. Dalma R. Demeter, Kayleigh M. Smith, "The Implication of International Commercial Courts on Arbitration", *J. Int'l Arb.*, 2016 (33).

12. Damien P. Horigan, "The New Adventures of the Common Law", *Pace Int'l L. Rev.*, 2009 (1).

13. Friedrich K. Juenger, "A Hague Judgments Convention?", *Broklyn J. Int'l L.*, 1998 (24).

14. F. Juenger, "The Recognition of Money Judgments in Civil and Commercial Matters", *Am. J. Comp. L.*, 1988 (36).

15. Guangjian Tu, "The Hague Choice of Court Convention: A Chinese Perspective", *Am. J. Comp. L.*, 2007 (55).

16. James R. Maxeiner, "Some Realism about Legal Certainty in the Globalization of the Rule of Law", *Houston J. Int'l L.*, 2008 (31).

17. James Fearon, Alexander Wendt, "Rationalism v. Constructivism: A Skeptical View", in Walter Carlsnaes et al. ed., Handbook of International Relations, London: Sage Publications Ltd., 2002.

18. Jeffrey Talpis, Nick Krnjevic, "The Hague Convention on Choice of Court Agreements of June 30, 2005: The Elephant that Gave Birth to a Mouse", *Sw. J. L. & Trade Am.*, 2006 (13).

19. M. Whincop, "The Recognition Scene: Game Theoretic Issues in the Recognition of Foreign Judgments", *Melbourne Univ. L. Rev.*, 1999 (23).

20. Matthew H. Adler, Michele C. Zarychta, "The Hague Convention on Choice of Court Agreements: The United States Joins the Judgment Enforcement Band", *NW. J. Int'l L. & Bus.*, 2006 (27).

21. Maryellen Fullerton, "Enforcing Judgments Abroad: the Global Challenge", *Brooklyn J. Int'l L.*, 1988 (24).

22. Martin Hunter, "Ethics of the International Arbitrator", *Arbitration*, 1987 (53).

23. Pamela k. Bookman, "The Adjudication Business", *The Yale J. Int'l L.*, 2020 (45).

24. R. A. Brand, "Recognition of Foreign Judgments as a Trade Law Issue: the Economics of Private International Law", in Jagdeep S. Bhandari & Alan O. Sykes ed., *Economic Dimensions in International Law*, Cambridge University Press, 1997.

25. Robert O. Keohane, "Realism, Neorealism, and the Study of World Politics", in Robert O. Keohane ed., *Neorealism and its Critics*, New York: Columbia University Press, 1986.

26. Stephen E. Sachs, "From St. Ives to Cyberspace: The Modern Distortion of the Medieval Law Merchant", *Am. Univ. Int'l L. Rev.*, 2006 (21).

27. Thalia Kruger, "The 20th Session of the Hague Conference: A New Choice of Court Convention and the Issue of EC Membership", *Int'l & Comp. L. Q.*, 2006 (55).

28. The Harvard Law Review Association, "Recent International Agreement: Private International Law–Civil Procedure–Hague Conference Approves Uniform Rules of Enforcement for International Forum Selection Clauses–Convention on Choice of Court Agreements, concluded June 30, 2005", *Harvard L. Rev.*, 2006 (119).

29. Tim Dunne, "The Spectre of Globalization", *Indiana Journal of Global Legal Studies*, 1999 (7).

30. T. T. Arvind, "The Draft Hague Judgments Convention: Some Perspectives from Arbitration", *Netherland Int'l L. Rev.*, 2004 (51).

31. Uta Oberdorster, "Why Ratify? Lessons from Treaty Ratification Campaigns", *Vand. L. Rev.*, 2008 (61).

32. Volker Behr, "Enforcement of United States Money Judgments in Germany", *The Journal Law and Commercial*, 1994 (13).

33. William J. Woodward, JR, "Saving the Hague Choice of Court Convention", *Uni. Pennsylvania J. Int'l L.*, 2008 (29).

三、其他资料

1. Eva Lein et al., Factors Influencing International Litigants' Decisions to Bring Commercial Claims to the London Based Courts, UK Ministry of Justice Analytical Series, 2015, https://assets. publishing. service. gov. uk/government/uploads/system/uploads/attachment_ data/file/39 6343/factors–influencing–international–litigants–with–commercial–claims. pdf.

2. Trevor C. Hartley & Masato Dogauchi, Convention on Choice of Court Agreements: Explanatory Report (First Draft) of May 2006.

3. Erie Railroad Co. v. Tompkins, 304 U. S. 64 (1938).

4. Hilton v. Guyot, 159 U. S. 113 (1895).

5. International Shoe Co. v. State of Washington, 326 U. S. 310 (1945).

6. Michigan Trust Co. v. Ferry, 228 U. S. 346 (1913).

7. Piper Aircraft Co. v. Reyno, 454 U. S. 235 (1981).

8. Smith Kline & Fren. H. Labs Ltd. V. Bloch, (1983) LW. L. R. 730, 734 (C. A.).

9. The Bremen v. Zapata Off–Shore Co., 407 U. S. 1 (1972).

10. The Eleftheria, [1970] P 94.

11. Teras Offshore Pte Ltd v. Teras Cargo Transport (America) LLC, [2016] SGHC (I) 02.

后 记

本书的出版获得法治江西建设协同创新中心出版经费资助。

由于 2005 年海牙公约以选择法院协议为载体的判决公约实质，使得各国之于公约的意义取决于当事人的选择法院协议，因而导致不同国家在 2005 年海牙公约批准上能够享有的公约利益并不相同，对于广大发展中国家而言，甚至还可能出现公约批准后受理案件少却需要承认与执行外国判决多的消极局面，从而引发不同国家在 2005 年海牙公约批准上的不同立场。某种程度上，当前国际社会对于 2005 年海牙公约批准问题的探讨都忽视了 2005 年海牙公约的实质，从而导致积极的研究结果却与消极的公约批准局面实际共存的局面。应当认为，从成员方的数量看，2005 年海牙公约远未达到大获全胜的地步，或者说达到条约普遍性的目标，尤其是当今国际社会的主要经济体如美国、中国、日本、加拿大等国家都尚未批准公约成为公约的成员国，从而必然影响公约的有效性。虽然各国的原因各异，但对于大多数发展中国家，在涉外协议管辖领域的不利地位显然是关键的因素。不过，国际商事法庭的建设却为国家批准 2005 年海牙公约提供了实际的客观需要和充分的可行性基础，从而要求国际社会在 2005 年海牙公约的批准问题上重新加以考量。很显然，目前国际社会对它们之间关系的关注程度仍需进一步提高。

需要指出的是，本书的出版得益于中国政法大学出版社和丁春晖主任的大力支持。我确信，没有你们的热忱与鼓励，本书的出版不可能如此顺利。

王吉文

2023 年 7 月